PRENTICE HALL MATEMÁTICAS

CURSO 2

Recursos para la evaluación

PEARSON
Prentice Hall

Needham, Massachusetts
Upper Saddle River, New Jersey

PEARSON
Prentice Hall

ISBN: 0-13-037742-2

1 2 3 4 5 6 7 8 9 10 07 06 05 04 03

Recursos para la evaluación

Contenido

Contenido

ıtroduction

:sessment Resources is a booklet designed to help the teacher assess ıdents' skills throughout the Prentice Hall Mathematics *Course 2* ·urse. The tests and exercises cover the full spectrum of ıderstanding—from literal level to higher-level thinking skills.

ıe booklet contains the following elements:

- **Beginning-of-Course Diagnostic Test** *(Prueba de diagnóstico de principio de curso)* helps the teacher evaluate student knowledge of pre-course skills and concepts.
- **Checkpoint Quizzes** *(Pruebas de control)* provide a tool for assessing student understanding at the lesson level.
- **Chapter Tests** (Forms A and B) *(Pruebas de los capítulos (Versiones A y B))* provide comprehensive assessment of each chapter of Prentice Hall Mathematics *Course 2.*
- **Alternative Assessments** (Form C) *(Evaluaciones alternativas (Versión C))* provide more open-ended formats for assessing each chapter.
- **Cumulative Reviews** *(Repasos acumulativos)* provided on a pre-chapter basis, help students keep skills sharp.
- **Quarterly Tests** (Forms A and B) *(Pruebas de cuarto de curso (Versiones A y B))* each of which covers three consecutive chapters in Prentice Hall Mathematics *Course 2*, provide practice in responding to open-response questions.
- **Mid-Course Tests** (Forms A and B) *(Pruebas de mitad de curso (Versiones A y B))* cover concepts taught in Chapters 1–7 of Prentice Hall Mathematics *Course 2.*
- **Final Tests** (Forms A and B) *(Pruebas de final de curso (Versiones A y B))* cover concepts taught throughout the entire course.

nswers for all exercises are at the end of the book.

Nombre ______________________ Clase ______________ Fecha ______________

Beginning-of-Course Diagnostic Test

Prescriptive Remediation

The chart below correlates each skill tested on the Beginning-of-Course Diagnostic Test with a page in the Prentice Hall Mathematics *Course 2* Student Edition. Instruction and practice of these skills can be found in the Skills Handbook of the student edition.

Skill	Beginning-of-Course Diagnostic Test Skill Exercise(s)	Skills Handbook
1. Decimals and Place Value	1–4	Page 700, Exercises 1–32 Page 701, Exercises 1–17
2. Comparing and Ordering Decimals	5–9	Page 696, Exercises 1–14
3. Rounding	10–13	Page 697, Exercises 1–33 Page 701, Exercises 1–36
4. Multiplying Decimals	20–22	Page 703, Exercises 1–32
5. Zeros in a Product	23–26	Page 704, Exercises 1–36
6. Dividing Decimals by Whole Numbers	27–30	Page 705, Exercises 1–30
7. Multiplying and Dividing by Powers of 10	31–35	Page 706, Exercises 1–32
8. Dividing Decimals	36–38	Page 705, Exercises 1–30 Page 707, Exercises 1–39
9. Adding and Subtracting Fractions With Like Denominators	47–50	Page 708, Exercises 1–21

Nombre ______________________ Clase ______________ Fecha ______________

Prueba de diagnóstico de principio de curso

1. Escribe el valor del dígito subrayado en $523.6\underline{5}4$.
2. Escribe el valor del dígito subrayado en $402.\underline{6}59$.
3. Escribe el número que corresponde a cincuenta y uno con seis milésimas.
4. Escribe 7.325 en palabras.

Usa <, > ó = para comparar los decimales.

5. 2.648 __?__ 2.64
6. 6.25 __?__ 6.250
7. 0.004 __?__ 0.03
8. Ordena de menor a mayor.
   3.21, 0.321, 32.1, 0.32, 2.31
9. Ordena de menor a mayor.
   77.7, 777.7, 77.777, 7.7777
10. Redondea 75,845 al millar más cercano.
11. Redondea 256.24 al número entero más cercano.
12. Redondea 546.256 a la décima más cercana.
13. Redondea 2.5879 a la centésima más cercana.

Suma.

14. $\begin{array}{r} 1.645 \\ \underline{+7.869} \end{array}$
15. $\begin{array}{r} 6.59 \\ \underline{+13.5} \end{array}$
16. 9.356 + 6.2

Resta.

17. $\begin{array}{r} 7.58 \\ \underline{-5.6} \end{array}$
18. $\begin{array}{r} 4.2 \\ \underline{-0.7} \end{array}$
19. $\begin{array}{r} 8.06 \\ \underline{-4.2} \end{array}$

Multiplica.

20. $\begin{array}{r} 4.6 \\ \underline{\times 0.7} \end{array}$
21. $\begin{array}{r} 0.421 \\ \underline{\times 5.6} \end{array}$
22. 3.08 × 12.4
23. $\begin{array}{r} 0.7 \\ \underline{\times 0.02} \end{array}$
24. 0.032 × 0.06
25. 0.28 × 0.07
26. 0.06 × 0.2

Divide.

27. $5\overline{)10.16}$
28. $13\overline{)34.918}$
29. 27.05 ÷ 2
30. 0.036 ÷ 24

Multiplica.

31. 0.07 × 1,000
32. 478.24 × 0.01
33. 0.001 × 0.04
34. 0.9 × 1,000
35. 6.04 × 0.01

Divide.

36. 2.688 ÷ 1.6
37. 0.832 ÷ 0.26
38. 0.5031 ÷ 0.039
39. $0.42\overline{)0.273}$
40. $0.03\overline{)0.144}$
41. 0.00027 ÷ 0.18
42. 0.018 ÷ 0.9

Nombre ______________________ Clase ______________ Fecha ______________

Prueba de diagnóstico de principio de curso (continuación)

Escribe cada fracción impropia en forma de número mixto.

43. $\frac{23}{5}$

44. $\frac{38}{24}$

Escribe cada número mixto en forma de fracción impropia.

45. $3\frac{5}{8}$

46. $4\frac{2}{7}$

Suma o resta. Escribe cada respuesta en su mínima expresión.

47. $\frac{5}{9} + \frac{2}{9}$

48. $\frac{7}{12} - \frac{3}{12}$

49. $5\frac{4}{8} + 4\frac{6}{8}$

50. $4\frac{8}{10} - 2\frac{6}{10}$

Usa el siguiente banco de palabras para completar cada una de las oraciones de abajo.

BANCO DE PALABRAS	
agudo	recto
obtuso	llano

51. Un ángulo que mide exactamente 90º es un ángulo ______________.

52. Un ángulo que mide menos de 90º es un ángulo ______________.

53. Un ángulo que mide más de 90º y menos de 180º es un ángulo ______________.

54. Un ángulo que mide exactamente 180º es un ángulo ______________.

Mide cada ángulo con un transportador y redondea al grado más próximo.

55.

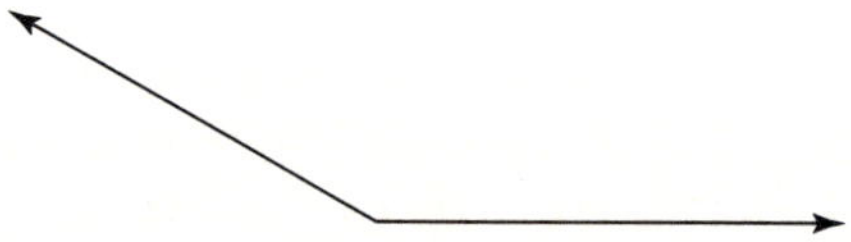

56.

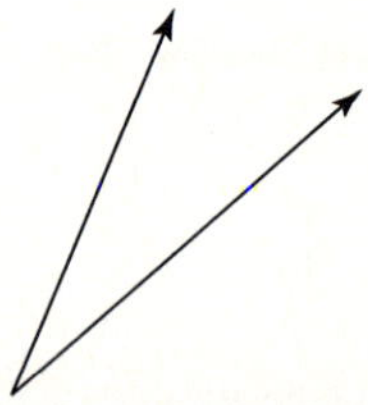

Dibuja los ángulos con la medida dada.

57. 47°

58. 162°

59. Dibuja una gráfica de barras para este conjunto de datos.

Paseos favoritos de los estudiantes	
Lugar	**Número de estudiantes**
Zoológico	12
Teatro	16
Museo de arte	8
Centro de ciencias	11

60. Dibuja una gráfica multilineal para los siguientes datos.

Estudiantes que practican deportes			
	Básquetbol	**Fútbol**	**Carreras**
de 7º grado	23	48	40
de 8º grado	41	54	26

Nombre ______________________ Clase ______________ Fecha ______________

✔ Prueba de control 1

Usar con las Lecciones 1-1 a 1-4

Usa cualquier estrategia de estimación para estimar las siguientes operaciones.

1. 79.06 − 38.64 ______

2. \$5.78 + \$3.64 ______

3. 7.875 ÷ 3.91 ______

Halla las sumas o restas.

4. 53.23 − 24.89 ______

5. 4.89 + 34.5 + 2.17 ______

6. 7.895 − 3.449 ______

Halla los productos o cocientes.

7. 7.5×3 ______

8. $8 \div 1.5$ ______

9. $0.71 \cdot 50$ ______

10. Elige una estimación razonable para un florero entre las siguientes opciones: 40 kl, 40 L, 40 ml, 40 g.

______

- - - - ✂ -

Nombre ______________________ Clase ______________ Fecha ______________

✔ Prueba de control 2

Usar con las Lecciones 1-5 a 1-8

Compara usando >, < ó =.

1. $-15 \square 25$

2. $0 \square -7$

3. $21 \square -3$

4. $-6 \square 6$

Halla el valor de cada expresión.

5. $-8 + 10$ ______

6. $-6 - 12$ ______

7. $-25 + 14$ ______

8. $7 - (-6)$ ______

Halla los productos o cocientes.

9. $8 \cdot (-9)$ ______

10. $7 \cdot (6)$ ______

11. $-36 \div (-4)$ ______

12. $-8 \div 2$ ______

13. $(-10) \cdot (-7)$ ______

14. $\frac{-25}{-5}$ ______

15. $\frac{-110}{11}$ ______

16. $60 \cdot (-5)$ ______

17. Janelle pone un trozo de papel sobre otro y los corta por la mitad. Ahora tiene 4 trozos de papel. Apila los trozos y corta la pila por la mitad para tener 8 trozos. Si repite este proceso, ¿cuántos cortes tendrá que hacer en total para obtener 128 trozos de papel? ______

Nombre ______________________ Clase ______________ Fecha ______________

✔ Prueba de control 1

Usar con las Lecciones 2-1 a 2-4

Escribe una expresión algebraica para cada frase.

1. un número menos cinco ____________

2. 7 veces un número ____________

3. el cociente de 2 y un número ____________

4. la suma de un número y 8 ____________

Resuelve cada ecuación.

5. $h - 4 = -8$ ____________

6. $y + 5 = 12$ ____________

7. $-6x = 36$ ____________

Halla los productos o cocientes.

8. $\frac{y}{4} = 3$ ____________

9. $\frac{n}{-2} = -4$ ____________

10. $8y = 32$ ____________

Nombre ______________________ Clase ______________ Fecha ______________

✔ Prueba de control 2

Usar con las Lecciones 2-5 a 2-8

Resuelve cada ecuación.

1. $2h - 4 = 8$ ____________

2. $\frac{y}{3} - 4 = 9$ ____________

3. $-3x - 4 = -7$ ____________

Escribe una ecuación, y luego resuélvela.

4. Cuatro más tres veces un número es 19. ____________

5. Un escúter nuevo cuesta $15 menos que el doble del precio de una patineta. El escúter cuesta $78.00. Halla el valor de la patineta. ____________

Representa gráficamente cada desigualdad.

6. $x > 4$

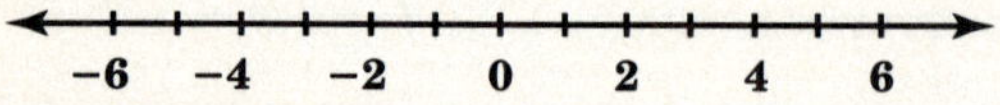

7. $y \leq -3$

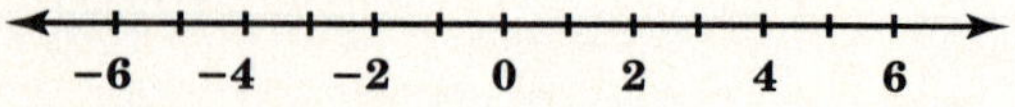

8. $w < 5$

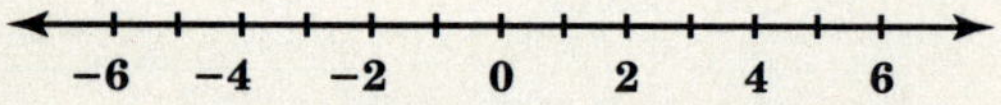

9. $t \geq -2$

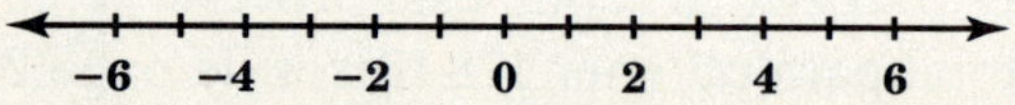

Nombre ______________________ Clase ______________ Fecha ______________

✔ Prueba de control 1

Usar con las Lecciones 3-1 a 3-5

Simplifica estas expresiones.

1. $20 - 3^2$ ______ **2.** $2^3 + 10^2$ ______ **3.** $(8 - 1)^2$ ______ **4.** $(-3)^3$ ______

Escribe cada número en notación científica o en forma normal.

5. 3.25×10^6 ______

6. 2,105,000 ______

7. 528,000 ______

8. 1.23×10^4 ______

Indica si los siguientes números son primos o compuestos. Después, halla el MCD de cada par de números.

9. 2, 14 ______ ______

10. 15, 18 ______ ______

11. 20, 35 ______ ______

12. 7, 13 ______ ______

Escribe las fracciones en su mínima expresión.

13. $\frac{12}{20}$ ______ **14.** $\frac{15}{18}$ ______ **15.** $\frac{24}{36}$ ______ **16.** $\frac{45}{60}$ ______ **17.** $\frac{20}{48}$ ______

- - - - ✂ -

Nombre ______________________ Clase ______________ Fecha ______________

✔ Prueba de control 2

Usar con las Lecciones 3-6 a 3-10

1. ¿Qué fracción es la mayor: $\frac{8}{10}$, $\frac{7}{8}$, $\frac{5}{6}$ ó $\frac{12}{18}$? ______

Escribe cada número mixto en forma de fracción impropia y cada fracción impropia en forma de número mixto.

2. $\frac{34}{6}$ ______ **3.** $4\frac{1}{5}$ ______ **4.** $\frac{65}{8}$ ______ **5.** $1\frac{3}{10}$ ______ **6.** $3\frac{6}{7}$ ______

Resuelve.

7. El libro de un niño tiene las páginas numeradas del 1 al 63. Las páginas impares están impresas en color rojo, y las pares, en azul. ¿Cuántas páginas están impresas en azul? ______

Nombre ______________________ Clase ______________ Fecha ______________

✔ Prueba de control 1

Usar con las Lecciones 4-1 a 4-3

Estima cada respuesta.

1. $4\frac{4}{5} + 2\frac{7}{8}$ ________
2. $8\frac{1}{8} - 2\frac{6}{7}$ ________
3. $6\frac{3}{10} \div 1\frac{9}{10}$ ________
4. $3\frac{1}{12} \times 1\frac{7}{9}$ ________

5. La barba del señor Higgins mide $2\frac{5}{8}$ pulg de largo. El barbero ha recortado $\frac{3}{4}$ de pulgada de su barba. ¿Cuánto mide su barba ahora?

____

Halla las sumas o restas.

6. $\frac{2}{5} + \frac{3}{10}$ ________
7. $\frac{2}{3} + 4\frac{2}{5}$ ________
8. $\frac{1}{3} - \frac{2}{9}$ ________
9. $8\frac{7}{10} - 3\frac{1}{3}$ ________

- - - - ✂ -

Nombre ______________________ Clase ______________ Fecha ______________

✔ Prueba de control 2

Usar con las Lecciones 4-4 a 4-8

Resuelve cada ecuación.

1. $\frac{5}{6} = t + \frac{1}{2}$ ________
2. $n - 2\frac{1}{5} = \frac{4}{5}$ ________
3. $2\frac{4}{5} + n = \frac{2}{3}$ ________
4. $x + \frac{3}{10} = \frac{4}{5}$ ________

Completa.

5. 24 pulg = ________ pies
6. $4\frac{3}{4}$ lb = ________ oz
7. 5 pt = ________ ct

8. Si empiezas con un número, le sumas 7 y luego lo divides por 3, el resultado es 19. ¿Cuál es el número original?

____

Resuelve cada ecuación.

9. $4s = 40$ ________
10. $\frac{d}{8} = 9$ ________
11. $15t = 75$ ________
12. $\frac{n}{11} = 60$ ________

Halla los productos o cocientes.

13. $\frac{2}{3} \cdot 12$ ________
14. $2\frac{1}{4} \div 6\frac{1}{2}$ ________
15. $4\frac{1}{6} \cdot \frac{3}{4}$ ________
16. $10\frac{2}{3} \div 2\frac{1}{6}$ ________

✔ Prueba de control 1

Usar con las Lecciones 5-1 a 5-3

Escribe cada razón de otras dos maneras.

1. 4 : 60
2. $\frac{5}{2}$
3. 3 a 15

Escribe cada razón en su mínima expresión.

4. 6 a 10 ______
5. $\frac{25}{45}$ ______
6. 12 : 48 ______
7. Calcula cada precio unitario. Determina cuál es la mejor compra. 6 oz por \$1.25; 8 oz por \$1.33; 12 oz por \$1.50; 16 oz por \$2.05 ______
8. Usa cualquier estrategia para resolver este problema. Muestra tu trabajo. Sam y Ralph cobraron \$234 por lavar a presión una terraza. Sam trabajó 4 horas y Ralph, 2.5 horas. Si cobran lo mismo por hora, ¿cuál es la parte del dinero que le corresponde a Sam?

✔ Prueba de control 2

Usar con las Lecciones 5-4 a 5-6

Determina si las razones de cada par son proporcionales.

1. $\frac{2.2}{16}, \frac{8.8}{64}$ ______
2. $\frac{95}{42}, \frac{19}{7}$ ______
3. $\frac{3}{14}, \frac{1.5}{7}$ ______

Resuelve cada proporción.

4. $\frac{6}{9} = \frac{x}{108}$ ______
5. $\frac{x}{5} = \frac{81}{45}$ ______
6. $\frac{15}{24} = \frac{5}{x}$ ______
7. Un avión con motor a reacción tarda 45 minutos en volar desde Dallas a Kansas City. Imagina que otro avión viaja a la misma velocidad de Nueva York a Los Ángeles, una distancia de 2,786 millas. ¿Cuánto durará el vuelo? Redondea al minuto más próximo.

______

8. Los triángulos de la derecha son semejantes. Halla el valor de x.

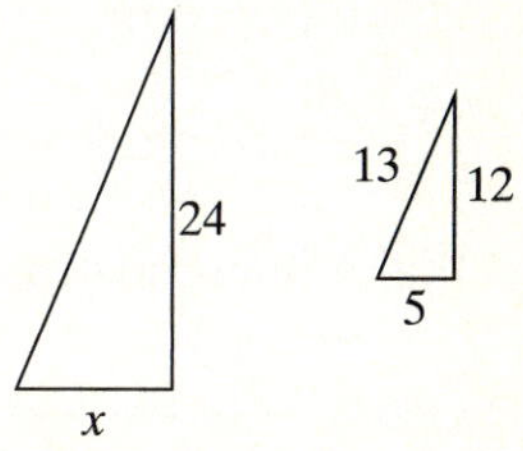

______

9. El dibujo de una casa usa una escala de $\frac{1}{2}$ pulg : 2 pies. Si la longitud de una habitación es de $2\frac{3}{4}$ pulg en el dibujo, ¿cuál es la longitud real de esa habitación?

______

Nombre ______________________ Clase ______________ Fecha ______________

✔ Prueba de control 1

Usar con las Lecciones 6-1 a 6-4

Escribe cada porcentaje en forma de decimal y en forma de fracción en su mínima expresión.

1. 60% __________ **2.** 125% __________ **3.** 0.8% __________

Escribe cada fracción en forma de porcentaje.

4. $\frac{18}{20}$ __________ **5.** $\frac{9}{8}$ __________ **6.** $\frac{1}{125}$ __________

Halla cada respuesta.

7. ¿Qué porcentaje de 84 es 21? __________ **8.** ¿Qué porcentaje de 30 es 12? __________

9. ¿Cuánto es el 20% de 30? __________ **10.** ¿Cuánto es el 80% de 26? __________

11. Entre los animadores de la escuela, hay 208 estudiantes vestidos de rojo. Si hay 260 estudiantes en la concentración, ¿qué porcentaje está vestido de rojo?

____

- - - - ✂ -

Nombre ______________________ Clase ______________ Fecha ______________

✔ Prueba de control 2

Usar con las Lecciones 6-5 a 6-7

Halla cada respuesta usando una proporción.

1. 15.6 es el 78% ¿de qué número? __________ **2.** ¿Qué porcentaje de 120 es 72? __________

3. 6.75 es el 25% ¿de qué número? __________ **4.** ¿Qué porcentaje de 640 es 80? __________

Halla cada respuesta usando una ecuación.

5. ¿Qué porcentaje de 80 es 50? __________ **6.** 32 es el 20% ¿de qué número? __________

7. ¿Qué porcentaje de 260 es 52? __________ **8.** ¿Cuánto es el 45% de 90? __________

9. Halla la comisión para una tasa del 2.5% y $800 en ventas.

____

10. Halla el costo total de un artículo que cuesta $149.99 con un impuesto de venta del 5.75%.

____

Nombre ______________________ Clase ______________ Fecha ______________

✔ Prueba de control 1

Usar con las Lecciones 7-1 a 7-4

Mide cada ángulo. Luego, clasifícalo.

1.

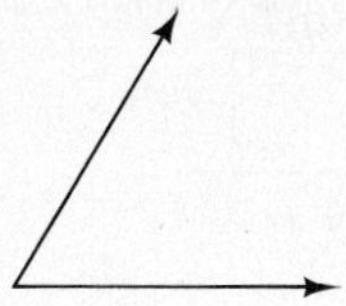

____

2.

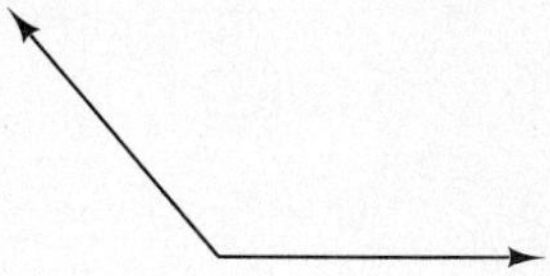

____

3.

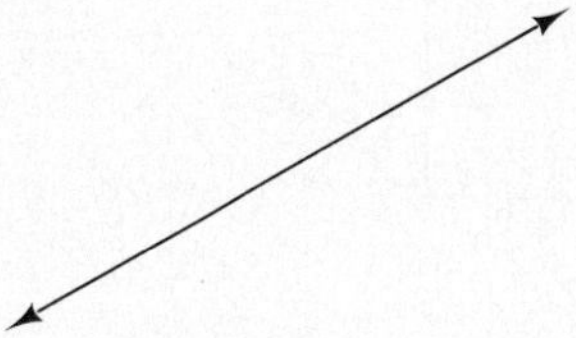

____

4. Dos ángulos de un triángulo miden 45º. Di qué tipo de triángulo es. ______________

Halla las medidas del complemento y el suplemento de cada ángulo.

5. $m\angle Q = 42°$ ____________ **6.** $m\angle H = 18°$ ____________ **7.** $m\angle B = 74°$ ____________

- - - - ✂ -

Nombre ______________________ Clase ______________ Fecha ______________

✔ Prueba de control 2

Usar con las Lecciones 7-5 a 7-7

Dibuja cada polígono.

1. pentágono

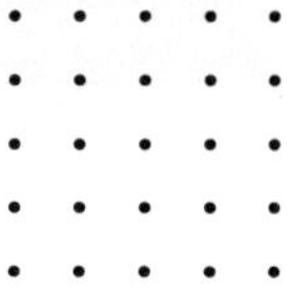

2. paralelogramo

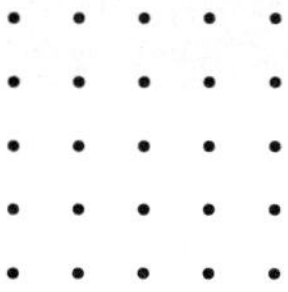

3. octágono

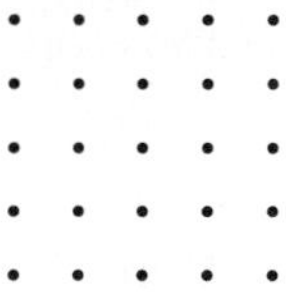

4. rectángulo

5. Dibuja una gráfica circular que muestre los siguientes resultados de una encuesta sobre el color de automóvil favorito.

Rojo: 72 Negro: 63

Azul: 27 Otros: 18

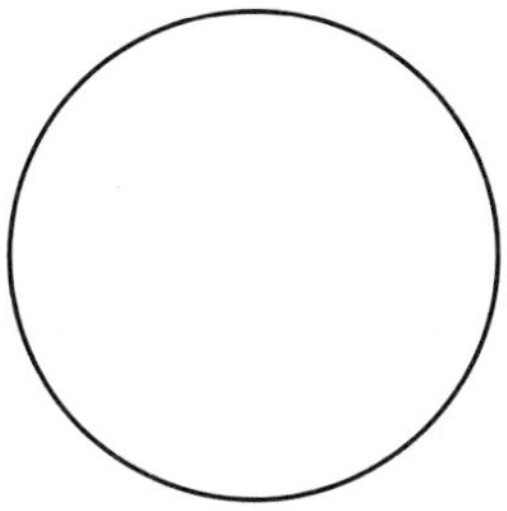

Usa el círculo X para los ejercicios 6 a 8.
Nombra cada una de las siguientes partes.

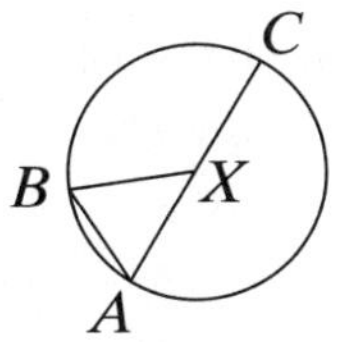

6. una cuerda ______________________

7. un diámetro ______________________

8. un ángulo central ______________________

9. Si $\triangle DEF \cong \triangle XYZ$, entonces $\angle E \cong$ ________ y $\overline{EF} \cong$ ________.

Nombre ______________________ Clase ______________ Fecha ______________

✔ Prueba de control 1

Usar con las Lecciones 8-1 a 8-4

Halla el área de cada figura.

1.

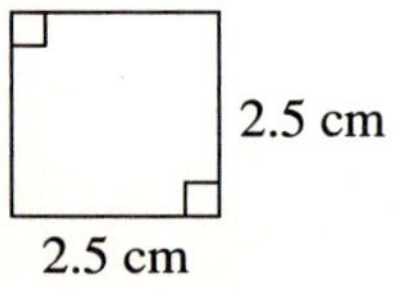

2.

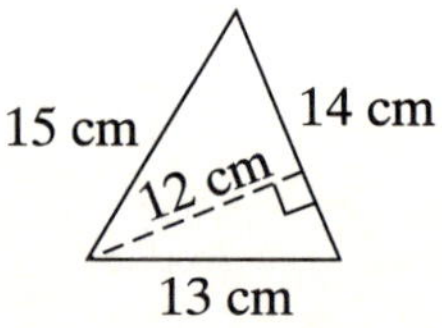

3.

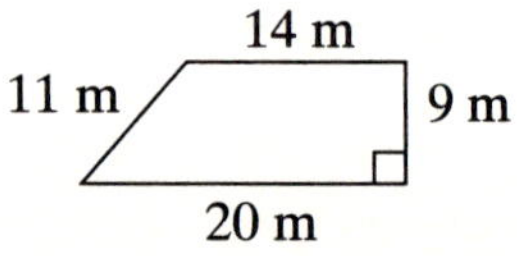

4. El círculo grande de la derecha tiene un diámetro de 8 pulg. Cada círculo pequeño tiene un diámetro de 2 pulg. ¿Cuál es el área de la región sombreada? Usa el valor 3.14 para π.

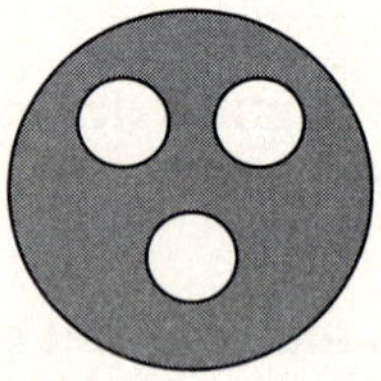

5. Elige la unidad que usarías para estimar el área de un campo de béisbol: pies^2, mi, pies, yd^2, mi^2. ______________

Nombre ______________________ Clase ______________ Fecha ______________

✔ Prueba de control 2

Usar con las Lecciones 8-5 a 8-9

Halla las longitudes que faltan. Redondea las respuestas a la décima más próxima.

1.

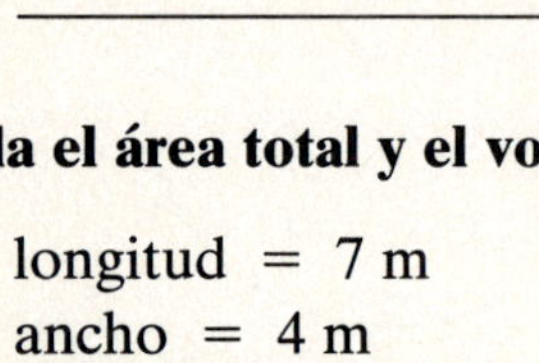

2.

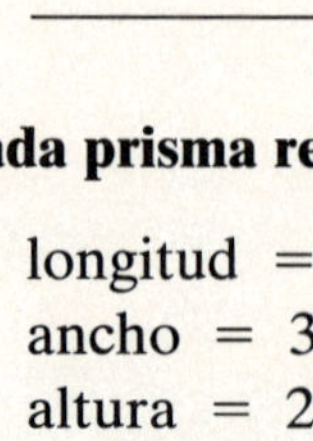

3.

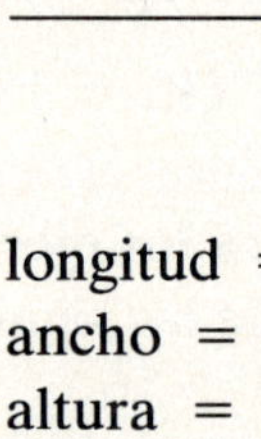

Halla el área total y el volumen de cada prisma rectangular.

4. longitud = 7 m
ancho = 4 m
altura = 3 m

5. longitud = 9 cm
ancho = 3 cm
altura = 2 cm

6. longitud = 6 m
ancho = 15 m
altura = 4 m

7. Halla el área total y el volumen de un cilindro cuyo radio es de 3.5 cm y su altura es de 7 cm. ______________

Nombre ______________________ Clase ______________ Fecha ______________

✔ Prueba de control 1

Usar con las Lecciones 9-1 a 9-4

Escribe una regla para cada progresión. Luego, halla los siguientes tres términos.

1. 0.6, 1.8, 5.4, 16.2, …

____

____

2. 25, 18, 11, 4, …

____

____

3. ¿Cuál de las progresiones es geométrica: el ejercicio 1 o el 2? ______________

Para los ejercicios 4 a 8, usa la tabla que aparece a la derecha.

x	y
2	1
3	3
4	5
m	7
6	9
7	n

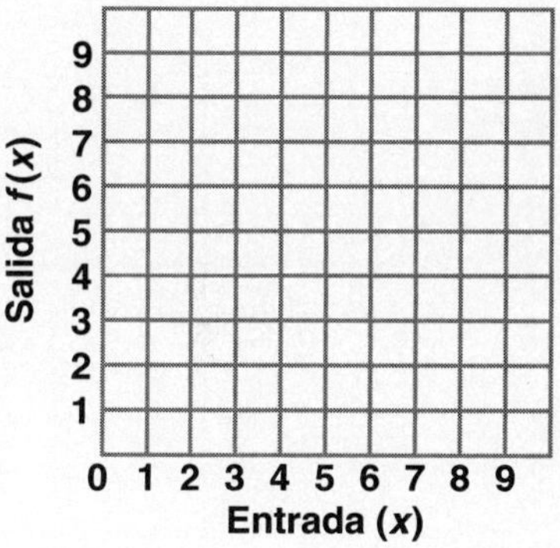

4. Halla los valores de m y n.

____

5. Representa gráficamente los valores de la tabla.

6. Usa la gráfica para estimar el valor de x para $y = 15$. ______________

7. Escribe una regla para la función. ______________

8. Halla el valor de y para $x = 15$. ______________

- - - - ✂ -

Nombre ______________________ Clase ______________ Fecha ______________

✔ Prueba de control 2

Usar con las Lecciones 9-5 a 9-7

1. Completa la tabla de valores para $y = 1 + x$. Luego, haz una gráfica.

x	y
1	
2	
3	
4	

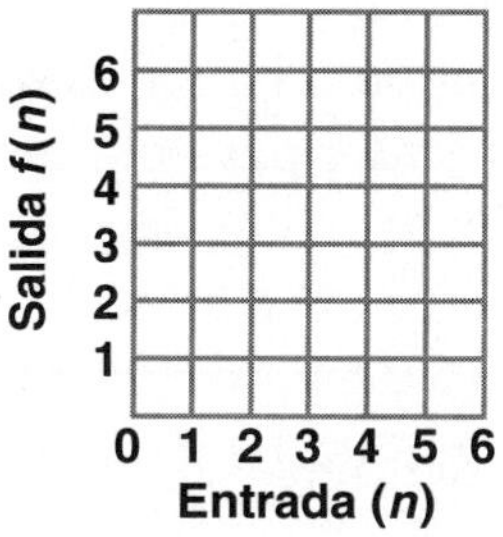

Escribe una regla para la función que representa cada tabla.

2.

x	y
1	5
2	10
3	15
4	20

____

3.

x	y
1	−3
2	−2
3	−1
4	0

____

4.

x	y
1	3
2	5
3	7
4	9

____

5. ¿Cuál es el interés simple que se gana con $700 invertidos al 5% de interés anual en 2 años? __________

Nombre ______________________ Clase ______________ Fecha ____________

✔ Prueba de control 1

Usar con las Lecciones 10-1 a 10-3

Sin representarlo gráficamente, identifica el cuadrante en que se encuentra cada punto.

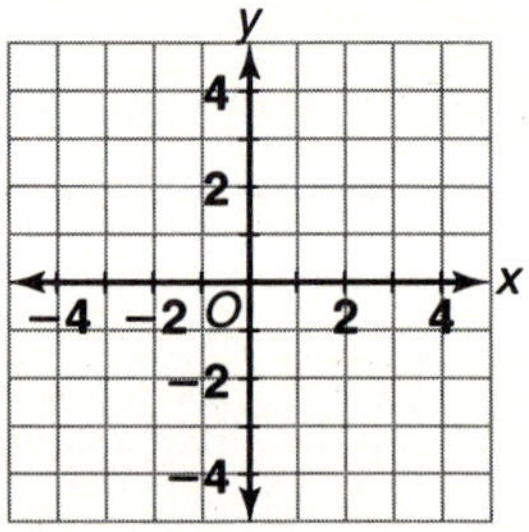

1. (–4, 3) ____ **2.** (5, –2) ____ **3.** (–3, –2) ____ **4.** (3, 2) ____

5. a. Representa gráficamente $y = 2x + 1$ **b.** ¿Cuál es la pendiente? ____

Representa gráficamente cada ecuación lineal.

6. $Q(3, -4)$, pendiente $= -3$ **7.** $Z(0, 2)$, pendiente $= \frac{2}{3}$ **8.** $T(3, 2)$, pendiente $= 1$

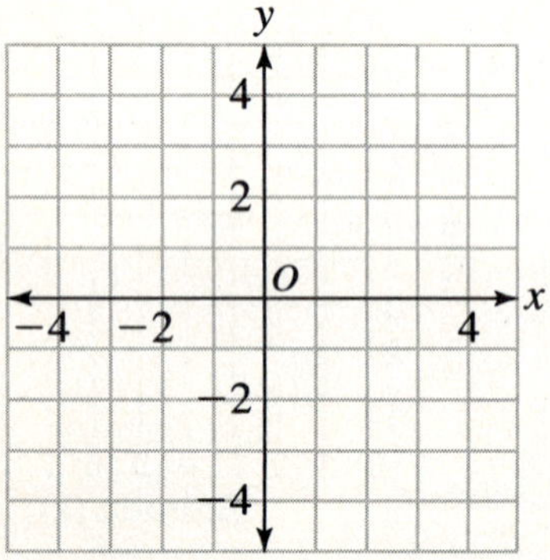

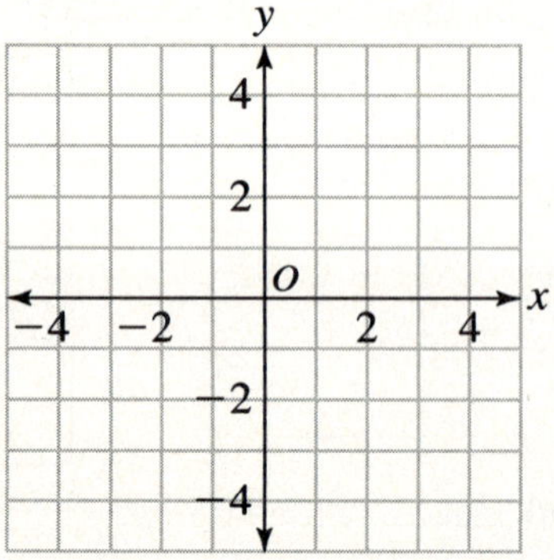

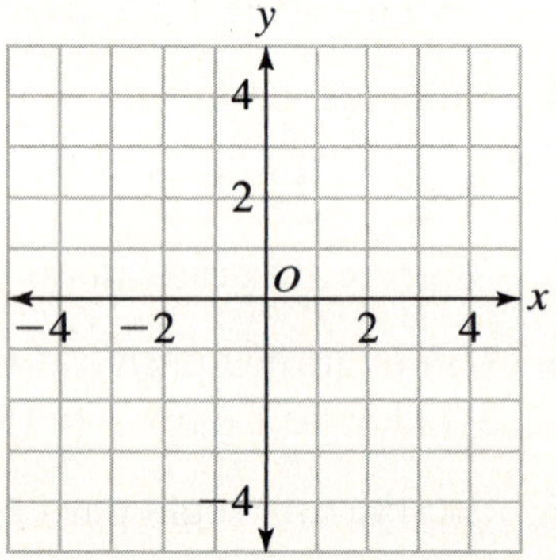

Nombre ______________________ Clase ______________ Fecha ____________

✔ Prueba de control 2

Usar con las Lecciones 10-4 a 10-7

1. En una venta de pasteles, una clase vende *muffins* a \$.50 cada uno. Los ingredientes de los *muffins* cuestan \$5.

a. Escribe una ecuación para hallar cuántos *muffins* habrá que vender para obtener una ganancia de \$25.

____

b. ¿Cuántos *muffins* hay que vender para obtener alguna ganancia?

____

2. Describe la traslación del punto $A(-1, 4)$ a $A'(6, 2)$.

____

3. Dibuja el eje o los ejes de simetría.

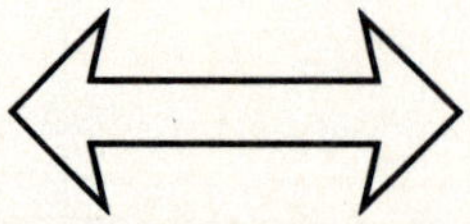

4. a. Haz una tabla de valores para $y = x^2 + 2$

b. Representa gráficamente la ecuación en la cuadrícula de la derecha.

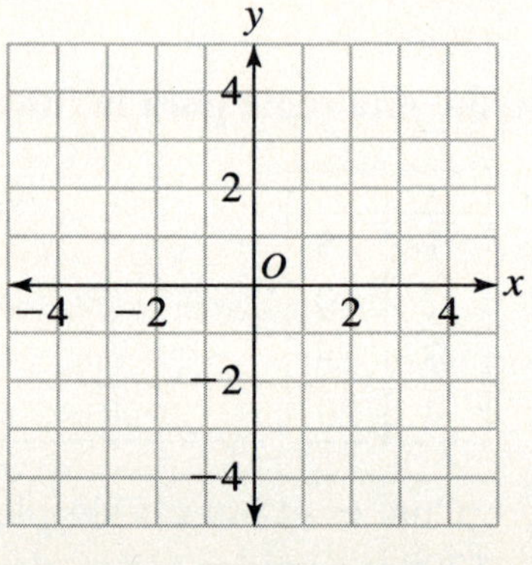

Nombre ______________________ Clase ______________ Fecha ______________

✔ Prueba de control 1

Usar con las Lecciones 11-1 a 11-3

1. ¿Qué filas de la siguiente hoja de cálculo es más probable que hayan generado la doble gráfica de barras que se muestra a la derecha? ______________

Temperaturas máximas y mínimas normales (°F) en enero

	A	B	C
1	Estado	Máx.	Mín.
2	CO	43	16
3	CA	55	42
4	AK	50	30
5	NY	37	26

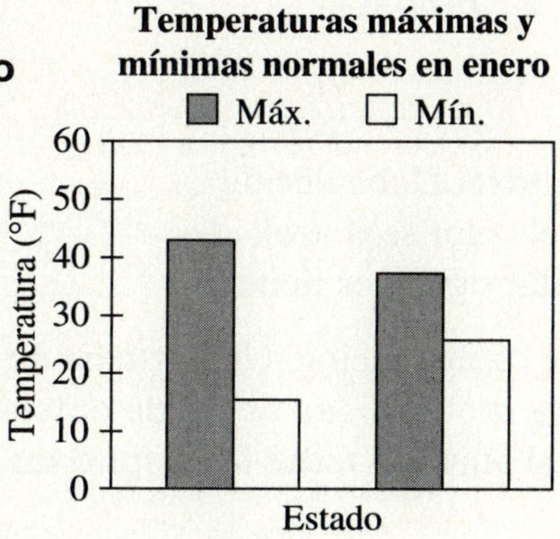

2. a. Haz una tabla de frecuencia con estos datos.

10 7 7 9 10 8 11 12 10 8 10

b. Halla la media, la mediana y la moda. ______________

3. Crea un diagrama de tallo y hojas para este conjunto de datos.

Temperaturas mínimas diarias (°F)

23 35 25 32 23 18 26 16 21 31 17 18 22

- - - - ✂ -

Nombre ______________________ Clase ______________ Fecha ______________

✔ Prueba de control 2

Usar con las Lecciones 11-4 a 11-8

1. Alvin, Betina y Chang juegan a uno de estos deportes: tenis, fútbol o *racquetball.* Alvin practica un deporte que no requiere raqueta. Chang no juega al *racquetball.* ¿Quién practica cada deporte?

____

2. Elige un tema para una encuesta. Escribe una pregunta para la encuesta. ¿Cómo podrías obtener una muestra aleatoria?

____

3. Un biólogo marino pone una marca en 100 ballenas. Posteriormente, se estudia una muestra de 115 ballenas, de las cuales 5 tenían la marca del biólogo. Estima el total de la población de ballenas.

____

Nombre ______________________ Clase ______________ Fecha ______________

✔ Prueba de control 1

Usar con las Lecciones 12-1 a 12-4

Usa las tarjetas de la derecha para resolver los ejercicios 1 a 3. Halla la probabilidad de cada suceso en forma de fracción, decimal y porcentaje.

A	P	E	B	E

1. P(E)
2. P(no A)
3. P(una vocal)

4. Ryan se está comprando un abrigo. Debe decidir si lo quiere corto o largo y si el color será azul, marrón, beige o negro. ¿Cuántas opciones tiene? ______________

5. Simula el problema y describe tu simulación. Una prueba de verdadero o falso tiene 5 preguntas. ¿Qué probabilidad tienes de obtener al menos 3 respuestas correctas si adivinas todas las respuestas?

Nombre ______________________ Clase ______________ Fecha ______________

✔ Prueba de control 2

Usar con las Lecciones 12-5 a 12-7

Usa las letras P, E, R, A y S. Halla el número de permutaciones y el número de combinaciones.

1. 2 vocales
2. 3 letras cualesquiera
3. 1 vocal y 1 consonante

4. Cinco estudiantes se ponen en fila para recibir el almuerzo. ¿De cuántas maneras distintas se pueden colocar los estudiantes en la fila?

5. Un tazón contiene 3 canicas rojas, 4 verdes y 5 azules. ¿Cuál es la probabilidad de escoger dos canicas rojas si la primera no se vuelve a introducir antes de sacar la segunda?

Nombre ______________________ Clase ______________ Fecha ______________

Prueba del capítulo Versión A

Capítulo 1

1. Usa el redondeo para estimar el producto 110.5×10.2.

____

2. Usa la estimación por la izquierda para estimar la suma $5.312 + 3.726$.

____

Halla las sumas o restas.

3. $8.27 + 6.9 + 5$ ______________

4. $19 - 12.735$ ______________

5. $21.6 - 9.24$ ______________

6. $0.68 + 5.681$ ______________

7. $52.1 - 51.06$ ______________

8. $74.5 + 0 + 17.3$ ______________

Halla los productos o cocientes.

9. $\frac{57.96}{2.8}$ ______________

10. $\frac{408.48}{8}$ ______________

11. $5.9 \cdot 0.32$ ______________

12. $6.73 \cdot 0.04$ ______________

13. $3.2 \div 0.128$ ______________

14. $(2.6)(0.02)$ ______________

Convierte cada medida a la unidad dada.

15. 24 m 5 cm a centímetros ______________

16. 5 kg 240 g a kilogramos ______________

17. 11 L 17 ml a litros ______________

Escribe la unidad métrica que hace que cada enunciado sea verdadero.

18. 850 g = 0.85 ______________

19. 17.43 m = 1,743 ______________

20. 12,451 dl = 1,245.1 ______________

21. 2.48 cm = 24.8 ______________

22. En el desfile del sábado pasado, Tom contó un total de 76 bicicletas y triciclos, con un total de 227 ruedas. ¿Cuántos triciclos había en el desfile?

____

Nombre ______________________ Clase ______________ Fecha ______________

Prueba del capítulo (continuación) Versión A

Capítulo 1

Ordena los números de menor a mayor.

23. $-6, -10, 7, 0, -3, -4$

____

24. $-100, -1{,}000, 0, -1, -10, 100$

____

Compara. Usa <, > ó =.

25. $2 \square -8$

26. $-6 \square -6$

27. $-13 \square -3$

28. $-26 \square -16$

29. A medianoche, la temperatura era de -2 °C. Al mediodía siguiente, era de 8 °C. Halla el cambio de temperatura.

____

Halla el valor de cada expresión.

30. $4 + 5 - 9$

31. $26 - (-9) - 6$

32. $5 - 5 - 5$

33. $-4 - 4 + (-15)$

____

Halla los productos o cocientes.

34. $\frac{-72}{9}$

35. $-64 \div 4$

36. $(-8) \cdot (-11)$

37. $25 \cdot (-10)$

____

38. ¿Qué operación debe hacerse primero en la expresión $9 - 30 \div 2$?

____

39. Una empresa de jardinería cobra una tarifa fija de $35 más $.25 por cada flor que plantan. Tu familia contrata a la empresa para que plante 100 flores. Describe en orden las operaciones que harías para determinar el costo total para tu familia.

____

Los siguientes son los resultados de seis jugadores de bolos. Usa los datos para resolver los ejercicios 40 y 41.

156, 145, 162, 215, 148, 163

40. Halla el valor extremo del conjunto de datos. Describe cómo afecta el valor extremo a la media.

____

41. ¿Cuántas modas hay en el conjunto de datos? ______________

Nombre ______________ Clase ______________ Fecha ______________

Prueba del capítulo — Versión B

Capítulo 1

1. Usa el redondeo para estimar el producto 4.75×3.25.

____

2. Usa la estimación por la izquierda para estimar la suma $3.796 + 7.812$.

____

Halla las sumas o restas.

3. $4.07 + 2.6 + 5$ ______________

4. $29 - 11.705$ ______________

5. $11.6 - 9.42$ ______________

6. $0.58 + 7.662$ ______________

7. $25.1 - 24.04$ ______________

8. $44.35 + 0 + 47.3$ ______________

Halla los productos o cocientes.

9. $\frac{22.22}{2.2}$ ______________

10. $\frac{208.68}{4}$ ______________

11. 6.9×0.82 ______________

12. $9.35 \cdot 0.03$ ______________

13. $9.3 \div 0.125$ ______________

14. $(4.4)(0.03)$ ______________

Convierte cada medida a la unidad dada.

15. 64 m 8 cm a metros ______________

16. 5 kg 67 g a gramos ______________

17. 15 L 37 ml a mililitros ______________

Escribe la unidad métrica que hace que cada enunciado sea verdadero.

18. 580 g = 0.58 ______________

19. 27.43 cm = 0.2743 ______________

20. 15,450 mm = 1,545 ______________

21. 2,048 ml = 2.048 ______________

22. Comienza con un número, multiplícalo por 2, divide el producto por 5 y luego súmale 8. El resultado es 30. ¿Cuál es el número?

____

Prueba del capítulo (continuación) Versión B

Capítulo 1

Ordena los números de menor a mayor.

23. $-9, -12, -7, 0, 3, -4$

24. $-20, 20, 0, -200, 2{,}000, -2$

Compara. Usa <, > ó =.

25. $-15 \square -14$

26. $-12 \square 4$

27. $0 \square -7$

28. $-16 \square 16$

29. A las 6:00 p. m., la temperatura era de −12 °C. A medianoche, la temperatura había subido 8 °C. Halla la temperatura que hacía a medianoche.

Halla el valor de cada expresión.

30. $4 - 6 - 9$

31. $6 + (-9) + 4$

32. $7 - 5 + (-3)$

33. $-4 + (-5) + (-25)$

Halla los productos o cocientes.

34. $\frac{-27}{-9}$

35. $288 \div (-4)$

36. $(-4) \cdot (12)$

37. $18 \cdot (-7)$

38. ¿Qué operación debe hacerse primero en la expresión $2 - 29 \cdot 5$?

39. Una empresa de telefonía celular cobra una tarifa fija mensual de $14 más $.33 por minuto de uso telefónico. El mes pasado usaste el teléfono 225 minutos. Describe en orden las operaciones que harías para determinar tu factura total de teléfono.

A continuación, se dan los números de bateadores que participaron en 6 entradas de un juego de *softball*. Usa los datos para resolver los ejercicios 40 y 41.

2, 4, 2, 1, 1, 0

40. Halla el valor extremo del conjunto de datos. Describe cómo afecta el valor extremo a la media.

41. ¿Cuántas modas hay en el conjunto de datos? ______________

Nombre ______________________ Clase ______________ Fecha ______________

Prueba del capítulo — Versión A

Capítulo 2

Evalúa cada expresión usando los valores $w = 4$, $a = 2$ y $h = 5$.

1. $w + a$ ______________

2. $h + 2w$ ______________

3. $w \div a$ ______________

4. $6w + 2a$ ______________

5. $3(h + w)$ ______________

6. $5w + 2a$ ______________

Resuelve cada ecuación.

7. $x + 8 = 13$ ______________

8. $m - 9 = 21$ ______________

9. $5a = 55$ ______________

10. $9y = 81$ ______________

11. $6 + n = 20$ ______________

12. $\frac{y}{4} = 8$ ______________

13. $\frac{y}{-3} + 2 = -13$ ______________

14. $16 + 2n = 10$ ______________

15. $8y - 15 = 25$ ______________

Resuelve cada problema escribiendo una ecuación.

16. El club de matemáticas obtuvo un total de \$1,155 al vender 210 camisetas. ¿A cuánto vendieron cada camiseta?

____

17. Una liga juvenil de béisbol completó su inscripción hace pocos días. En la liga se formaron 15 equipos de 11 jugadores cada uno. ¿Cuántos jugadores se inscribieron?

____

18. En los carnavales de tu localidad, compraste 15 entradas para juegos y un animal de peluche por \$12.00. Gastaste un total de \$30.75. ¿Cuánto te costó cada entrada?

____

19. Un vivero vende bloques de cemento para un patio de 8 pulg de largo. El camino que piensa crear tu familia con los bloques mide 216 pulg de largo. Halla el número de bloques que hacen falta.

____

Prueba del capítulo (continuación) Versión A

Capítulo 2

Escribe una desigualdad para cada oración.

20. La temperatura máxima de almacenamiento de un medicamento es 85º.

____

21. Para subir a un juego en un parque de diversiones, debes medir al menos 48 pulgadas.

____

22. Quedan menos de 200 entradas para el partido de béisbol.

____

Resuelve cada desigualdad. Representa gráficamente la solución.

23. $n + 15 \geq 21$

____

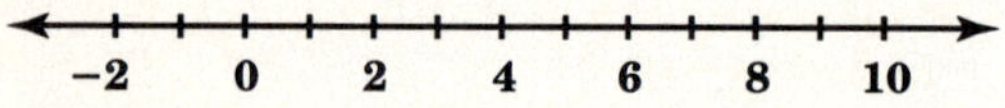

24. $y - 16 > 12$

____

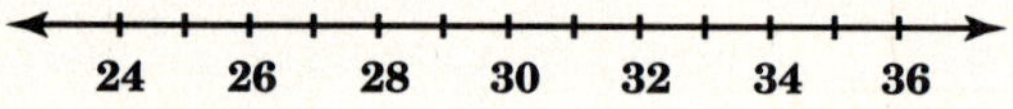

25. $13x < -65$

____

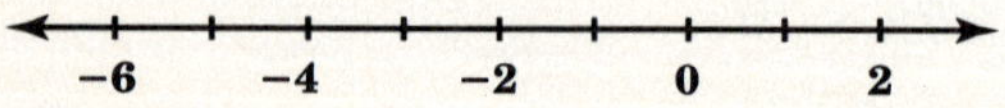

26. $\frac{p}{-4} \leq -2$

____

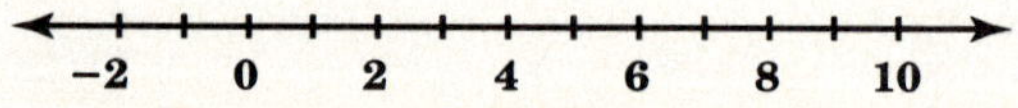

27. $-3x < -6$

____

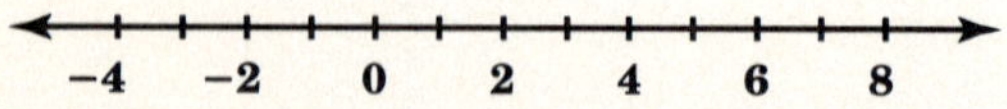

28. $\frac{y}{7} \geq -2$

____

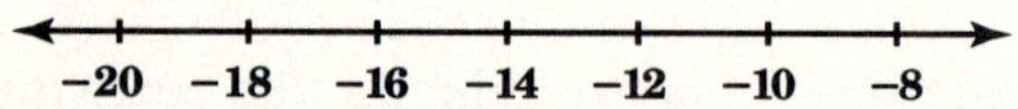

Escribe una desigualdad para cada problema. Resuélvela.

29. Janice y Patty gastaron más de $175 en compras para la escuela. Janice gastó $34. ¿Cuánto dinero gastó Patty?

____

30. Un autobús de transbordo puede transportar 50 pasajeros en cada viaje. ¿Cuántas veces como mínimo debe hacer el recorrido para transportar a 25,000 personas?

____

Nombre ______________________ Clase ______________ Fecha ______________

Prueba del capítulo Versión B

Capítulo 2

Evalúa cada expresión usando los valores $w = 6$, $a = 3$ y $h = 2$.

1. $w + h$

2. $3h + a$

3. $\frac{w}{h}$

4. $a + 3w$

5. $4(h + a)$

6. $\frac{3wh}{a}$

Resuelve las ecuaciones.

7. $x + 10 = 15$

8. $m - 11 = 17$

9. $8a = 72$

10. $-10y = -100$

11. $16 + n = 41$

12. $\frac{y}{9} = 5$

13. $\frac{y}{-4} + 6 = -14$

14. $28 + 2n = 14$

15. $7y - 12 = 37$

Resuelve cada problema escribiendo una ecuación.

16. El club 4-H vendió 325 entradas de temporada para la feria. El total de los ingresos fue \$162.50. ¿Cuánto ganó el club con cada entrada vendida?

17. El videoclub local cobra \$1.50 por cada día de retraso en la devolución. ¿Cuántos días te retrasaste si te multaron con \$4.50?

18. El parque acuático Yogi cobra \$4.50 por hora por alquilar un barco con paletas. Tú puedes gastar \$18. ¿Por cuántas horas puedes alquilar el barco?

19. Quieres comprar un reproductor de DVD que cuesta \$175. Ya tienes \$45. Tienes planeado ahorrar \$13 al mes. Halla el número de meses que faltan para que tengas dinero suficiente para comprarte el reproductor de DVD.

Nombre ______________ Clase ______________ Fecha ______________

Prueba del capítulo (continuación) — Versión B

Capítulo 2

Escribe una desigualdad para cada oración.

20. El interés obtenido en una cuenta bancaria es inferior a $27.

____

21. Para subir a un juego en un parque de diversiones, debes medir al menos 54 pulgadas.

____

22. Hay más de 421 personas inscritas para la convención.

____

Resuelve cada desigualdad. Representa gráficamente las soluciones.

23. $n + 14 \geq 8$

____

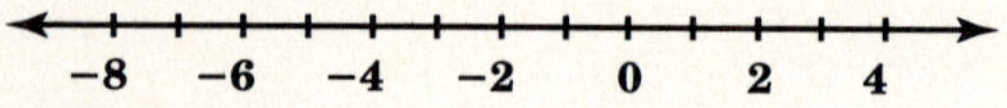

24. $y - 15 > 5$

____

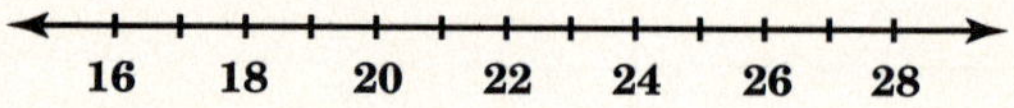

25. $14x < -140$

____

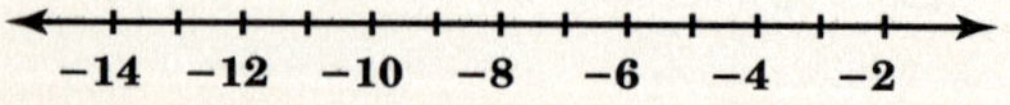

26. $\frac{p}{3} \leq -9$

____

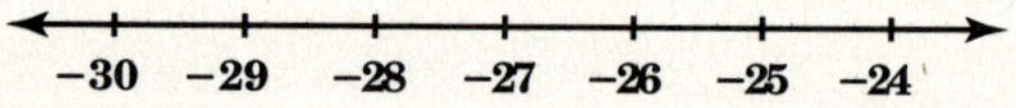

27. $-6x < -24$

____

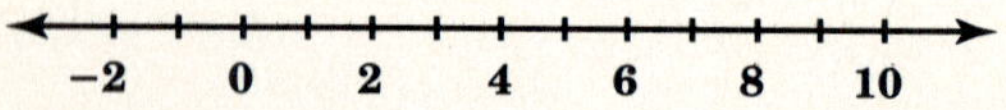

28. $\frac{y}{-7} \geq -3$

____

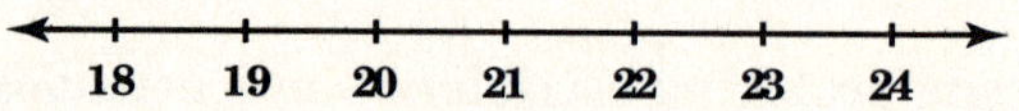

Escribe una desigualdad para cada problema y resuélvela.

29. Para ganar una medalla en un concurso de carreras, debes obtener al menos 75 puntos en tres carreras diferentes. Has obtenido 46 puntos en dos carreras. ¿Cuántos puntos necesitas obtener en la tercera para ganar una medalla?

____

____

____

30. A Sam y su familia les encanta comer algún aperitivo mientras hacen las compras en el centro comercial. Una máquina vende aperitivos por $3 cada uno. ¿Cuántos pueden comprar como máximo si quieren gastar menos de $15?

____

____

____

Nombre ____________ Clase ____________ Fecha ____________

Prueba del capítulo — Versión A

Capítulo 3

Simplifica las expresiones.

1. $(1 + 7)^2 + 2$

2. $(-5)^2$

3. $\frac{63}{81}$

4. $\frac{35}{42}$

Ordena de menor a mayor.

5. $\frac{7}{11}, \frac{5}{6}, \frac{2}{8}$

6. $\frac{1}{2}, -0.51, 0.\overline{5}, -\frac{1}{2}$

Escribe la descomposición en factores primos de cada número.

7. 52

8. 60

Escribe cada fracción impropia en forma de número mixto y cada número mixto en forma de fracción impropia.

9. $3\frac{3}{10}$

10. $\frac{52}{6}$

11. Escribe 1,325,000 en notación científica.

12. Escribe 8.35×10^4 en forma normal.

13. 982, ¿es divisible por 3? Explica tu respuesta.

14. Escribe tres fracciones que sean equivalentes a $\frac{1}{3}$.

15. ¿Qué factores tienen en común 12 y 15?

16. Escribe $6 \cdot 6 \cdot 6 \cdot 6$ usando un exponente.

17. Compara usando $<$, $>$ ó $=$. $\frac{7}{12}$? $\frac{5}{9}$

18. Halla el MCD de 27 y 36.

Prueba del capítulo (continuación) Versión A

Capítulo 3

19. Halla dos números primos mayores a 17.

____

20. Halla dos números compuestos mayores a 17.

____

21. ¿Cuáles son los dos números primos cuya suma equivale a 16?

____

22. Escribe $\frac{42}{56}$ en su mínima expresión.

____

23. Halla el número que falta. $\frac{?}{56} = \frac{5}{7}$.

____

24. Evalúa la expresión $(s + t)^2$ para $s = 7$ y $t = 4$.

____

25. Escribe $\frac{6}{15}$ en forma decimal.

____

26. Escribe 0.56 en forma de fracción en su mínima expresión.

____

27. ¿Cuál de las siguientes fracciones *no* es equivalente a $\frac{78}{45}$?

$1\frac{11}{15}$; $\frac{26}{15}$; $1\frac{33}{45}$; $\frac{13}{9}$

____

Resuelve.

28. Halla el 100º dígito decimal en el equivalente decimal de $\frac{12}{37}$.

____

29. Describe el patrón en los valores decimales de estas fracciones $\frac{2}{9}$; $\frac{4}{9}$; $\frac{6}{9}$; $\frac{8}{9}$.

____

____

Prueba del capítulo — Versión B

Capítulo 3

Simplifica cada expresión.

1. $(2 + 4)^2 - 3$

2. Simplifica -4^2.

3. $\frac{48}{72}$

4. $\frac{35}{42}$

Ordena de menor a mayor.

5. $\frac{5}{8}, \frac{3}{4}, \frac{5}{6}$

6. $\frac{1}{3}, -0.31, 0.33, -\frac{3}{10}$

Escribe la descomposición en factores primos de cada número.

7. 72

8. 45

Escribe cada fracción impropia en forma de número mixto y cada número mixto en forma de fracción impropia.

9. $2\frac{5}{8}$

10. $\frac{25}{4}$

11. Escribe 2,450 en notación científica.

12. Escribe 8.35×10^4 en forma normal.

13. ¿Es 856 divisible por 4? Explica tu respuesta.

14. Escribe tres fracciones equivalentes a $\frac{2}{5}$.

15. ¿Qué factores tienen 24 y 32 en común?

16. Escribe $3 \cdot 3 \cdot 3 \cdot 3 \cdot 3 \cdot 3$ usando exponentes.

17. Compara usando $<, >$ ó $=$. $-\frac{7}{10}$ $\square$ $-\frac{3}{4}$

18. Halla el MCD de 84 y 144.

Prueba del capítulo (continuación) Versión B

Capítulo 3

19. Halla dos números primos mayores a 23.

20. Halla dos números compuestos mayores a 23.

21. ¿Cuáles son los dos números primos cuya suma equivale a 30?

22. Escribe $\frac{56}{64}$ en su mínima expresión.

23. Halla el número que falta. $\frac{12}{33} = \frac{?}{11}$

24. Evalúa la expresión $(x - y)^3$ para $x = 6$ e $y = 8$.

25. Escribe $\frac{8}{20}$ en forma decimal.

26. Escribe 0.24 en forma de fracción en su mínima expresión.

27. ¿Cuál de las siguientes fracciones *no* es equivalente a $\frac{68}{48}$?
$1\frac{5}{12}$; $1\frac{20}{48}$; $\frac{17}{12}$; $\frac{34}{28}$

Resuelve.

28. Hay que separar una gran cantidad de canicas rojas, azules y verdes en tres bolsas. La primera bolsa contiene 6 canicas rojas, 4 canicas azules y 2 canicas verdes. La segunda bolsa contiene 4 canicas rojas, 2 canicas azules y 6 canicas verdes. De continuar este patrón, ¿qué cantidad de cada color de canicas tendrá la tercera bolsa?

29. Los elevadores de un gran edificio están programados para detenerse en determinados pisos. Un elevador se detiene en todos los pisos de números divisibles por 4 y otro, en todos los pisos de números divisibles por 7. Si el edificio tiene 95 pisos, ¿cuál es el piso más alto en el que ambos elevadores se detendrán?

Nombre ______________________ Clase ______________ Fecha ______________

Prueba del capítulo Versión A

Capítulo 4

Estima cada respuesta.

1. $\frac{5}{9} + 2\frac{3}{4}$ ______

2. $4\frac{2}{5} + 5\frac{5}{9}$ ______

3. $\frac{2}{3} \cdot 119$ ______

4. $2\frac{7}{8} \cdot 4\frac{2}{3}$ ______

5. $8\frac{1}{5} - 5\frac{6}{7}$ ______

6. $23\frac{9}{10} \div 12\frac{1}{4}$ ______

Halla las sumas o diferencias.

7. $\frac{2}{3} - \frac{5}{12}$ ______

8. $\frac{3}{4} - \frac{1}{2}$ ______

9. $2\frac{1}{3} + 4\frac{3}{5}$ ______

10. $7\frac{1}{4} + 5\frac{1}{2}$ ______

11. $\frac{1}{17} + \frac{5}{17}$ ______

12. $\frac{7}{8} - \frac{3}{5}$ ______

13. El precio de las acciones de una compañía era de $21\frac{3}{8}$ dólares por acción. Luego, el precio subió $4\frac{1}{2}$ dólares por acción. ¿Cuál es el nuevo precio de las acciones?

______

Halla los productos o cocientes.

14. $\frac{3}{8} \cdot \frac{4}{9}$ ______

15. $\frac{3}{4} \div \frac{7}{12}$ ______

16. $2\frac{3}{8} \cdot 4\frac{4}{5}$ ______

17. $2\frac{2}{7} \div 4$ ______

18. $10\frac{5}{6} \div \frac{5}{9}$ ______

19. $11\frac{9}{10} \cdot \frac{2}{17}$ ______

20. Se han colocado mosaicos de $\frac{3}{4}$ pies de largo sobre un tocador de baño que mide $4\frac{1}{2}$ pies. ¿Cuántos mosaicos se necesitan para cubrir el tocador de baño?

______

21. Un molde de cortinas requiere $1\frac{3}{4}$ yd de tela. ¿Cuánta tela se necesita para hacer 5 juegos de cortinas?

______

Prueba del capítulo (continuación) Versión A

Capítulo 4

Resuelve.

22. $8\frac{2}{3} = n - \frac{5}{9}$

23. $\frac{1}{6}j = 7$

24. $\frac{p}{3} = 3\frac{1}{4}$

25. $\frac{5}{8}x - 5 = 16$

26. $\frac{2}{5} = \frac{5}{10}n + 2$

27. $\frac{7}{10} = \frac{3}{8}k + 1$

Completa.

28. 440 yd = ______________ mi

29. $16\frac{1}{2}$ ct = ______________ tz

30. $1\frac{2}{3}$ mi = ______________ pies

31. $3\frac{2}{5}$ T = ______________ lb

Elige la medida más precisa.

32. 6 oz, 320 lb ________

33. 52 mi, 12 pies ________

34. 3 pt, 5 ct ________

35. Una vuelta en la montaña rusa dura $2\frac{1}{2}$ minutos. Antonio dio 6 vueltas. ¿Cuántos minutos estuvo en la montaña rusa?

36. Se necesitan $\frac{2}{3}$ de una lata de salsa para pizza para hacer dos pizzas. Cada lata contiene 1 lb 2 oz de salsa. ¿Cuántas onzas se necesitan para hacer las pizzas?

37. Cuatro calabazas pesan $7\frac{1}{8}$ lb, $11\frac{3}{4}$ lb, $6\frac{7}{8}$ lb, $9\frac{1}{4}$ lb. ¿Cuál es el peso total de las calabazas?

38. Para hallar $\frac{1}{2}$ de un círculo, piensa en dos partes iguales. Para hallar $\frac{1}{3}$ de un círculo, piensa en tres partes iguales. ¿Te ayuda a hallar $\frac{1}{3}$ de $\frac{1}{2}$ pensar en cinco partes iguales? Explica tu respuesta.

Nombre ______________________ Clase ______________ Fecha ______________

Prueba del capítulo — Versión B

Capítulo 4

Estima cada respuesta.

1. $\frac{7}{9} + 1\frac{1}{4}$ ______________
2. $3\frac{1}{8} + 8\frac{9}{10}$ ______________
3. $\frac{1}{4} \cdot 162$ ______________
4. $6\frac{2}{9} \cdot 3\frac{1}{3}$ ______________
5. $10\frac{3}{8} - 4\frac{1}{6}$ ______________
6. $15\frac{1}{5} \div 4\frac{8}{9}$ ______________

Halla las sumas o diferencias.

7. $\frac{4}{5} - \frac{1}{10}$ ______________
8. $\frac{6}{7} + \frac{2}{21}$ ______________
9. $6\frac{3}{8} - 4\frac{1}{16}$ ______________
10. $13\frac{4}{9} + 2\frac{5}{6}$ ______________
11. $\frac{1}{11} + \frac{8}{11}$ ______________
12. $2\frac{5}{6} - \frac{1}{4}$ ______________
13. Para llegar a la biblioteca, debes recorrer una cuadra de $\frac{1}{2}$ mi, otra cuadra de $\frac{3}{5}$ mi, y una tercera cuadra de $1\frac{1}{10}$ mi. ¿Cuántas millas debes recorrer en total para llegar a la biblioteca?

    ____

Halla los productos o cocientes.

14. $\frac{2}{5} \cdot \frac{5}{7}$ ______________
15. $\frac{1}{8} \div \frac{3}{4}$ ______________
16. $3\frac{2}{3} \cdot 4\frac{1}{2}$ ______________
17. $3 \div \frac{3}{5}$ ______________
18. $2\frac{1}{2} \div 3\frac{1}{3}$ ______________
19. $\frac{3}{10} \cdot 4\frac{2}{7}$ ______________
20. Un verdulero divide una caja de 24 lb de ejotes en paquetes. ¿Cuántos paquetes de $1\frac{1}{2}$ lb de ejotes puede hacer?

    ____

21. Según una receta, se necesitan $1\frac{3}{4}$ tz de harina. ¿Cuánta harina se necesitará para hacer la receta $3\frac{1}{2}$ veces?

    ____

Nombre ______________________ Clase ______________ Fecha ______________

Prueba del capítulo (continuación) Versión B

Capítulo 4

Resuelve.

22. $4\frac{1}{2} = k + \frac{11}{12}$ ______________

23. $\frac{1}{5}h = \frac{1}{8}$ ______________

24. $\frac{d}{4} = 1\frac{1}{2}$ ______________

25. $\frac{4}{5}x + 2 = 18$ ______________

26. $\frac{8}{9} = \frac{3}{18}w + 1$ ______________

27. $\frac{2}{3} = \frac{5}{6}y + 3$ ______________

Completa.

28. $\frac{1}{2}$ yd = ______________ pulg

29. 1,500 lb = ______________ T

30. 18 gal = ______________ tz

31. 24 oz = ______________ lb

Elige la medida más precisa.

32. 52 pies, 52 pulg ________

33. 12 oz líq, 16 tz ________

34. 8 gal, 2 ct ________

35. Katy utilizó $\frac{3}{4}$ de una tabla de 6 pies para un proyecto de ciencias. ¿Cuántas pulgadas utilizó?

____

36. Una caja de espagueti pesa 1 lb. Lindsay cocinó 9 oz de espagueti. ¿Podrá preparar otra comida igual con el contenido restante de la caja? Explica tu respuesta.

____

____

37. Tu nuevo cachorrito pesa $4\frac{1}{8}$ lb esta semana. La semana pasada, pesaba $3\frac{3}{8}$ lb. ¿Cuánto engordó esta semana?

____

38. Una película dura 2 h 13 min. El cine necesita 11 min entre cada proyección, y tiene 11 min de avances y cortos para mostrar antes de la película. ¿Cuándo comenzó el primer avance, si la tercera proyección de la película terminó a las 11:34 p. m.?

____

Nombre ______________________ Clase ______________ Fecha ______________

Prueba del capítulo — Versión A

Capítulo 5

1. Hay 14 niños y 16 niñas en una clase. Escribe la razón de niños a niñas en su mínima expresión.

____

Determina si las razones en cada par son proporcionales.

2. 1 : 10; 2 : 5 ______________

3. 4 a 7; 28 a 49 ______________

4. $\frac{6}{19}; \frac{2}{5}$ ______________

5. ¿Qué es mejor: comprar 6 manzanas por $1.74 ó 5 manzanas por $1.20? Explica tu respuesta.

____

Escribe la tasa unitaria para cada situación.

6. recorrer 21 km en bicicleta en 50 min ______________

7. ganar $18 por 1 h 15 min de trabajo ______________

8. coser 9 paneles de cortinas en 15 días ______________

9. Wyatt gastó $\frac{1}{4}$ de su dinero en un pasaje en tren y $\frac{1}{2}$ en boletos para una función. Ahora tiene $18. ¿Cuánto dinero tenía Wyatt en un principio? Explica qué método elegiste para resolver el problema y por qué.

____

Escribe cada razón de otras dos maneras.

10. $\frac{5}{9}$ ______________

11. 8 a 3 ______________

12. 12 : 15 ______________

Resuelve cada proporción.

13. $\frac{n}{6} = \frac{25}{30}$ ______________

14. $\frac{6.1}{x} = \frac{2}{3}$ ______________

15. $\frac{100}{25} = \frac{t}{4}$ ______________

16. Alonso puede correr 2 millas en 16 minutos. ¿Es razonable pensar que le llevará 24 minutos correr 3 millas? Explica tu respuesta.

____

____

Prueba del capítulo (continuación) Versión A

Capítulo 5

17. Halla el precio unitario de una lata de jugo de 16 oz que cuesta $1.59.

____

18. Estos triángulos son semejantes. Halla los valores de x e y.

____

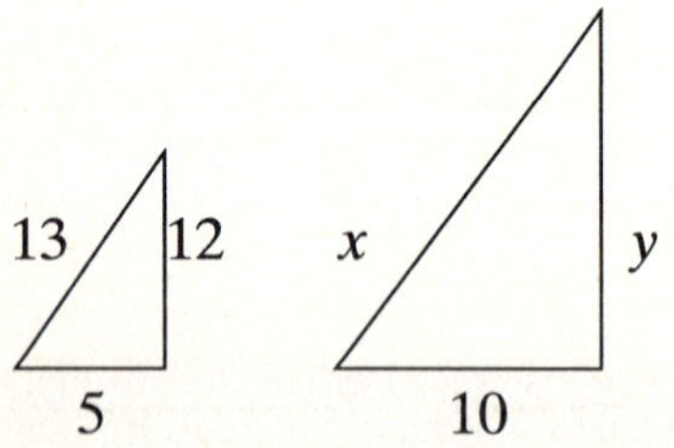

19. Taylor desea ampliar esta fotografía para que el lado más largo mida 15 pulg. ¿Cuánto necesitará ampliar el ancho de la fotografía?

____

La escala de un mapa es de 2.5 cm : 40 km. Halla la distancia real para cada distancia del mapa. Redondea tu respuesta a la décima más cercana si es necesario.

20. 15 cm ______________

21. 4 cm ______________

22. 21 cm ______________

23. Halla tres números pares consecutivos que sumen 36.

____

24. ¿Puedes formar dos triángulos semejantes utilizando exactamente 9 palillos? Si tu respuesta es sí, explica cómo.

____

____

____

Nombre ______________________ Clase ______________ Fecha ______________

Prueba del capítulo — Versión B

Capítulo 5

1. Hay 18 canicas rojas y 24 canicas azules. Escribe la razón de las canicas rojas a las azules en su mínima expresión.

____

Determina si las razones en cada par son proporcionales.

2. 8 : 10; 4 : 5 ______________
3. 5 a 7; 25 a 45 ______________
4. $\frac{6}{18}; \frac{1}{6}$ ______________

5. ¿Qué es mejor: comprar 2 peras por $1.10 ó 6 peras por $3.00? Explica tu respuesta.

____

Escribe la tasa unitaria para cada situación.

6. caminar 30 km en 8 h ______________
7. crecer 18 cm en 4 meses ______________
8. bajar 4 lb en 25 días ______________
9. Riley partió desde su casa; viajó 2 millas hacia el norte en bicicleta, dobló hacia el este y luego recorrió otras 3.5 millas. A continuación, se dirigió hacia el sur y recorrió el doble de la distancia que ya había recorrido. Se dirigió al oeste y viajó otras 3.5 millas hasta que llegó a la tienda. ¿Cuántas millas recorrió? ¿Dónde se encuentra en relación con su casa? Explica el método que utilizaste y por qué.

____

____

Escribe cada razón de otras dos maneras.

10. $\frac{18}{4}$ ______________
11. 2 a 9 ______________
12. 102 : 175 ______________

Resuelve cada proporción.

13. $\frac{n}{5} = \frac{15}{30}$ ______________
14. $\frac{4.2}{x} = \frac{6}{3}$ ______________
15. $\frac{8}{50} = \frac{t}{25}$ ______________

Nombre ______________________ Clase ______________ Fecha ______________

Prueba del capítulo (continuación) Versión B

Capítulo 5

16. Allie puede fotografiar a 6 estudiantes en 15 minutos. ¿Es razonable suponer que le llevará 2 horas 20 minutos fotografiar a 32 estudiantes? Explica tu respuesta.

____

____

17. Halla el precio unitario de 2 libras de harina que cuestan $1.35.

____

18. Estos triángulos son semejantes. Encuentra los valores de *x* e *y*.

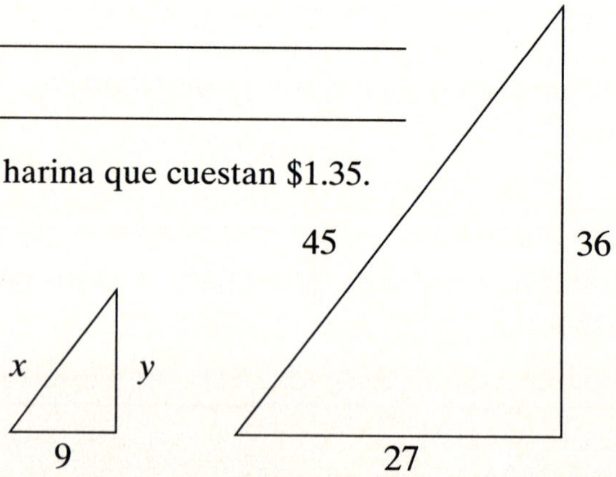

____

19. Toby necesita ampliar el logotipo de la compañía hacia la derecha para un anuncio. ¿Qué longitud deberá tener el logotipo para que el lado más corto mida 54 cm?

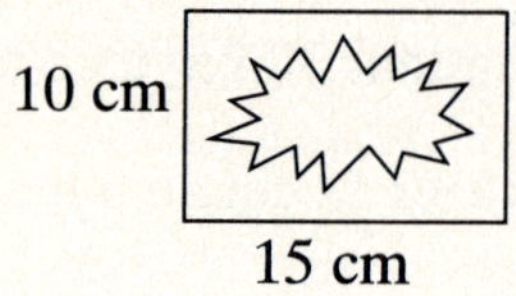

____

La escala de un mapa es de 3.2 pulgadas : 20 pies. Halla la distancia real para cada distancia del mapa. Redondea tu respuesta a la décima más cercana si es necesario.

20. 10 pulg

____

21. 4 pulg

____

22. 40 pulg

____

23. Halla tres números impares consecutivos que sumen 57.

____

24. Un marco triangular tiene lados que miden 176 cm, 208 cm y 176 cm. Un palillo mide 4 cm. ¿Puedes formar un triángulo más pequeño semejante al marco con un máximo de 36 palillos? Explica tu respuesta.

____

____

Prueba del capítulo — Versión A

Capítulo 6

Escribe cada decimal en forma de porcentaje y cada porcentaje en forma decimal.

1. 4% ________ **2.** 0.6 ________ **3.** 225% ________

4. 0.0032 ________ **5.** 0.72% ________ **6.** 5.2 ________

Escribe cada fracción en forma de porcentaje y cada porcentaje en forma de fracción.

7. 85% ________ **8.** $\frac{3}{5}$ ________ **9.** 6% ________

10. $\frac{3}{8}$ ________ **11.** 350% ________ **12.** $\frac{8}{5}$ ________

13. La mitad de los habitantes de una ciudad de Sudamérica son menores de 18 años. Expresa esta fracción en forma de porcentaje.

____

Representa cada porcentaje en estas cuadrículas de 10 × 10.

14. 60%

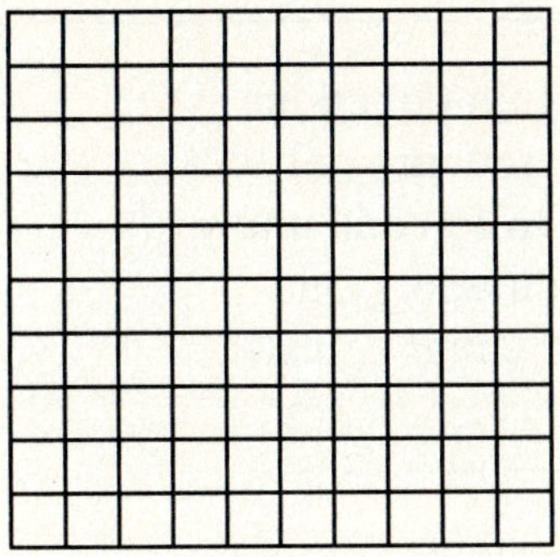

15. 15%

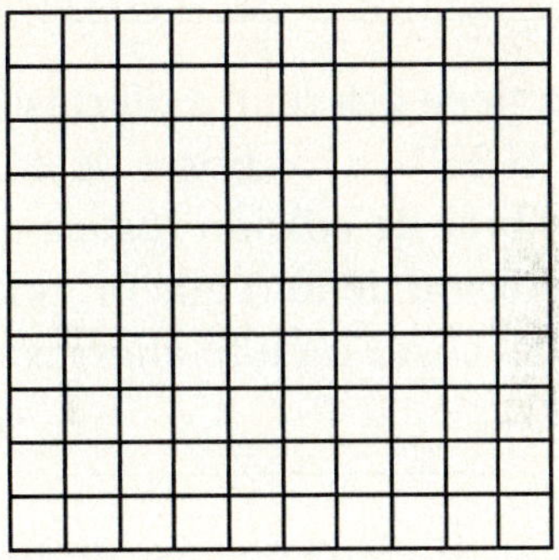

Escribe una proporción y resuelve.

16. ¿Qué porcentaje de 80 es 42?

____

17. ¿Qué porcentaje de 200 es 104?

____

18. ¿Cuánto es el 80% de 70?

____

19. ¿Qué porcentaje de 328 es 82?

____

Escribe una ecuación para cada pregunta y luego resuelve la ecuación.

20. 63 es el 25% ¿de qué número?

____

21. 80 es el 20% ¿de qué número?

____

22. ¿Qué porcentaje de 72 es 12?

____

23. ¿Cuánto es el 12% de 600?

____

Prueba del capítulo (continuación) Versión A

Capítulo 6

Halla cada porcentaje de cambio. Redondea a la décima más cercana. Explica si el cambio es un aumento o una disminución.

24. 144 a 204

____

25. 758 a 604

____

26. 8.3 a 9.10

____

Resuelve.

27. Un televisor de pantalla grande que antes valía $2,400 ahora se vende a $2,040. ¿Cuál es el porcentaje de disminución?

____

28. Desde que a Todd le aumentaron el sueldo un 3%, su nuevo sueldo anual es de $25,750. ¿Cuál era su sueldo anual antes del aumento?

____

29. Una fábrica emplea a 294 trabajadores de medio tiempo. Esto es el 30% de los empleados. ¿Cuál es el total de empleados?

____

30. El precio de una radio que normalmente se vende a $78 aumentó un 25%. ¿Cuál es el nuevo precio de venta?

____

31. Una librería tiene diferentes ofertas. Los libros de edición de lujo tienen un descuento del 20%, y los libros de edición rústica tienen un descuento del 10%. Compras 4 libros de edición rústica que originalmente costaban $9 cada uno y 2 libros de edición de lujo que originalmente costaban $20 cada uno. ¿Qué porcentaje del costo total te ahorraste? Redondea al porcentaje más cercano.

____

32. Mientras estás de visita en casa de tu primo, que vive en otro estado, compras un recuerdo por $12.00. Al pasar el producto por la caja, el cajero te informa que el monto total es de $12.72 con impuestos. ¿A cuánto asciende el impuesto de venta en este estado?

____

33. La suma de dos números es 78. Tres veces el número menor es seis menos que el número mayor. ¿Cuáles son los números?

____

34. La suma de tres números impares consecutivos es 273. ¿Cuáles son los números?

____

35. Ya se han vendido seis séptimos de los boletos para ver la actuación anual del grupo local de la comunidad. Si quedaron 82 boletos sin vender, ¿cuántos boletos se vendieron?

____

Nombre ____________ Clase ____________ Fecha ____________

Prueba del capítulo — Versión B

Capítulo 6

Escribe cada decimal en forma de porcentaje y cada porcentaje en forma decimal.

1. 7% ________ **2.** 0.55 ________ **3.** 135% ________

4. 0.45 ________ **5.** 96% ________ **6.** 1.4 ________

Escribe cada fracción en forma de porcentaje y cada porcentaje en forma de fracción.

7. 60% ________ **8.** $\frac{12}{25}$ ________ **9.** 8% ________

10. $\frac{3}{10}$ ________ **11.** 142% ________ **12.** $2\frac{2}{3}$ ________

13. Un quinto de los camiones del departamento de bomberos local se encuentra en reparación. ¿Qué porcentaje de los camiones se puede utilizar?

____

Representa cada porcentaje en estas cuadrículas de 10 × 10.

14. 49%

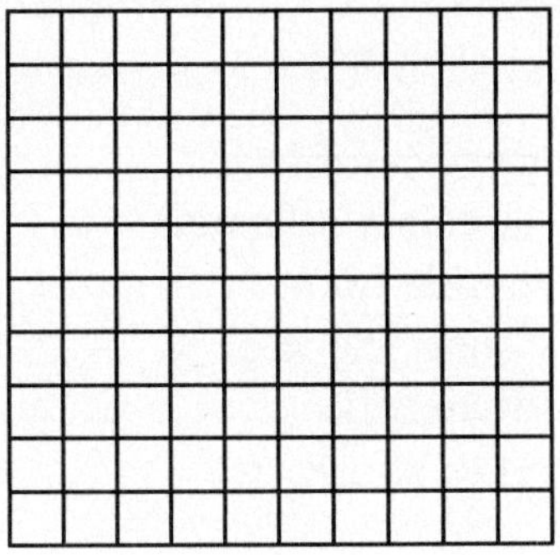

15. 53%

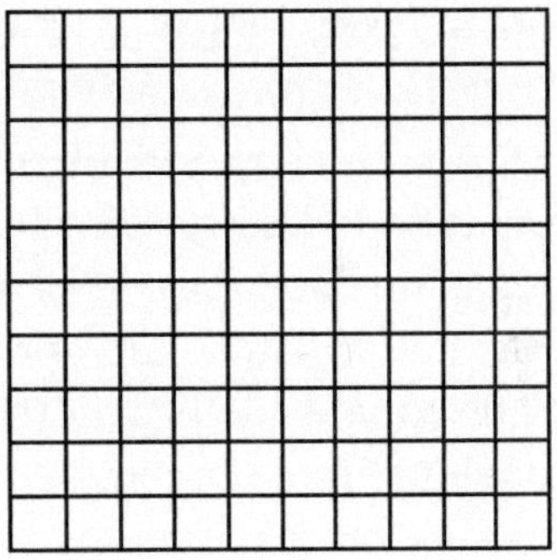

Escribe una proporción y resuelve.

16. ¿Qué porcentaje de 75 es 21?

____

17. ¿Qué porcentaje de 180 es 72?

____

18. ¿Qué número es el 40% de 85?

____

19. ¿Qué porcentaje de 440 es 286?

____

Escribe una ecuación para cada pregunta y luego resuelve la ecuación.

20. 45 es el 60% ¿de qué número?

____

21. 130 es el 40% ¿de qué número?

____

22. ¿Qué porcentaje de 88 es 22?

____

23. ¿Cuánto es el 15% de 500?

____

Prueba del capítulo (continuación) Versión B

Capítulo 6

Halla cada porcentaje de cambio. Redondea a la décima más cercana. Explica si el cambio es un aumento o una disminución.

24. 95 a 150

25. 235 a 145

26. 7.7 a 8.5

Resuelve.

27. Un horno de microondas se vendía a $95 y ha sido rebajado a $45. ¿Cuál es el porcentaje de disminución?

28. Matt decidió aumentar sus ventas en un 7%, es decir, un total de $160,500 por año. ¿Cuál era su monto de ventas anterior?

29. Una heladería vende 4 sabores diferentes de helados de frutas. Esto equivale al 20% de los sabores que vende. ¿Cuántos sabores diferentes venden?

30. El precio del combustible que generalmente se vende a $1.25 por galón ha aumentado en un 28%. ¿Cuál es el nuevo precio de venta?

31. Una zapatería está en liquidación. Todos los zapatos para correr están 30% más baratos y los zapatos de básquetbol están 20% más baratos. Imagina que compras 2 pares de zapatos para correr que originalmente costaban $50 cada uno y un par de zapatos de básquetbol que originalmente costaban $75. ¿Aproximadamente qué porcentaje del total, sin los descuentos, te ahorraste?

32. La ciudad de Los Ángeles tiene un impuesto de venta diferente del 8% de su localidad vecina, Orange County. Si compras una camiseta a $30 en Los Ángeles, pagarás $32.48. ¿De cuánto es el impuesto de venta en Los Ángeles?

33. La suma de dos números es 62. Dos veces el número menor es 4 más que el número mayor. ¿Cuáles son los números?

34. La suma de 4 números pares consecutivos es 300. ¿Cuáles son los números?

35. Un equipo de fútbol no comió un sexto de las porciones de pizza que había pedido. Si quedaron 20 porciones, ¿cuántas porciones se comieron?

Nombre ______________________ Clase ______________ Fecha ______________

Prueba del capítulo — Versión A

Capítulo 7

Usa el diagrama de la derecha para resolver los ejercicios 1 a 3.

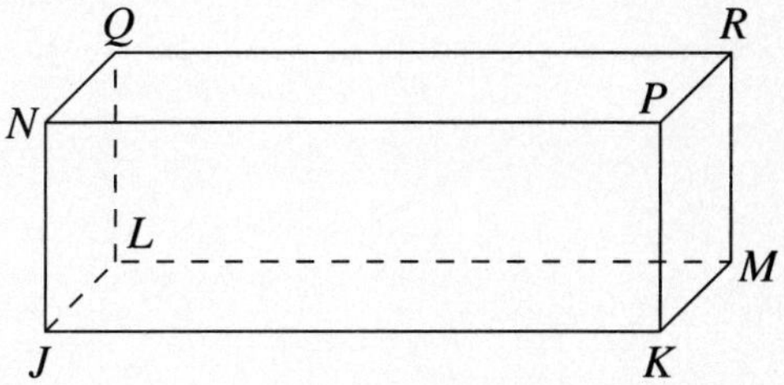

1. Nombra todos los segmentos paralelos a $\overline{NP}$.

____

2. Nombra todos los segmentos que intersecan a $\overline{PK}$.

____

3. Nombra todos los segmentos no coplanarios a $\overline{QR}$.

____

Mide cada uno de estos ángulos.

4. ______________________

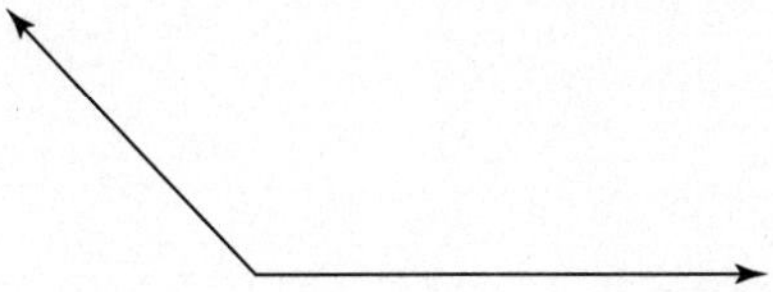

5. ______________________

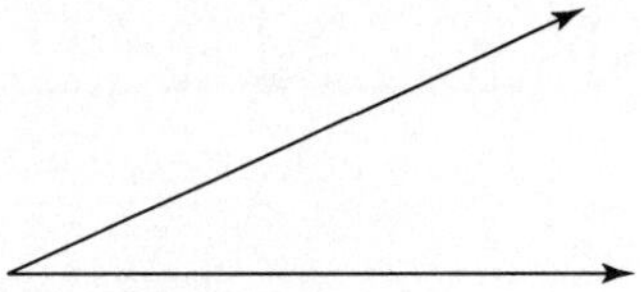

Halla las medidas del complemento y el suplemento de cada ángulo.

6. $m\angle A = 38°$ ______________________

7. $m\angle J = 38°$ ______________________

8. $m\angle C = 12°$ ______________________

9. $m\angle K = 51°$ ______________________

Traza las bisectrices de cada figura.

10.

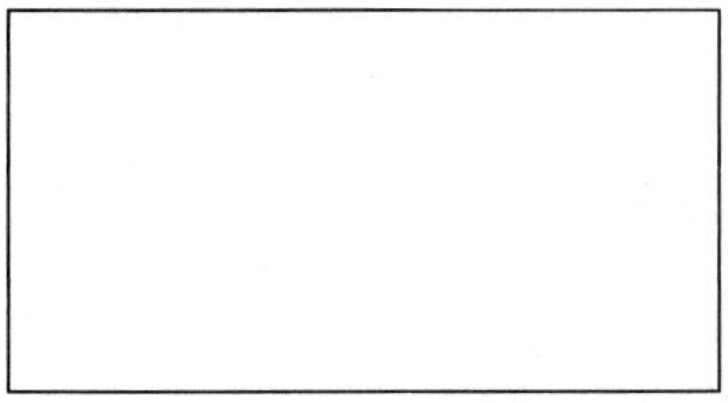

11.

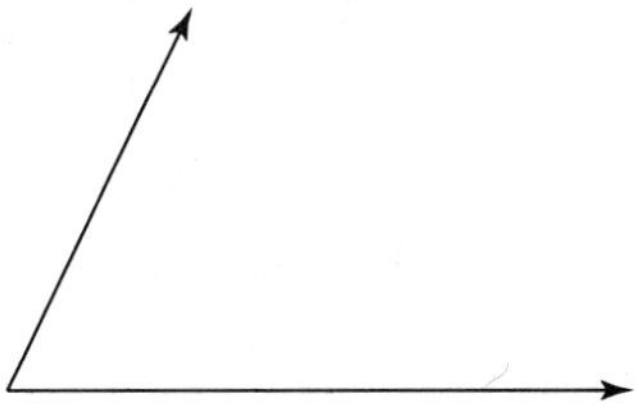

Halla el valor de x en cada triángulo. Luego, clasifica cada triángulo basándote en la medida de sus lados y ángulos.

12. ______________________

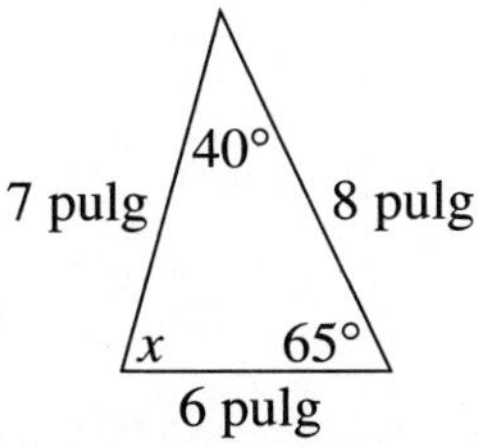

13. ______________________

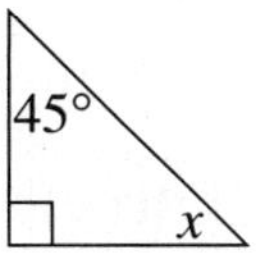

Nombre ______________________ Clase ______________ Fecha ______________

Prueba del capítulo (continuación) Versión A

Capítulo 7

Nombra el polígono en cada figura.

14. ______________

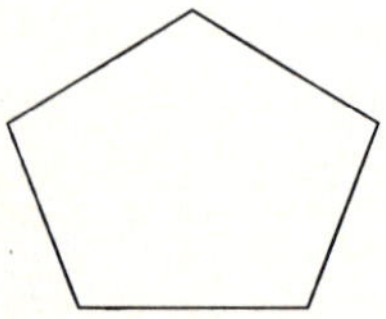

15. ______________

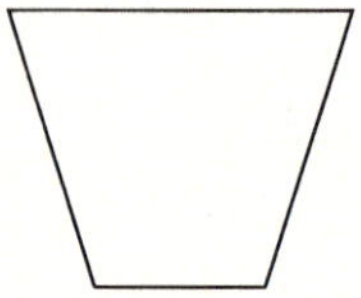

16. ______________

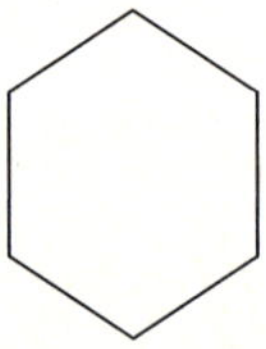

17. Dibuja las dos figuras que siguen en el patrón que se muestra a continuación.

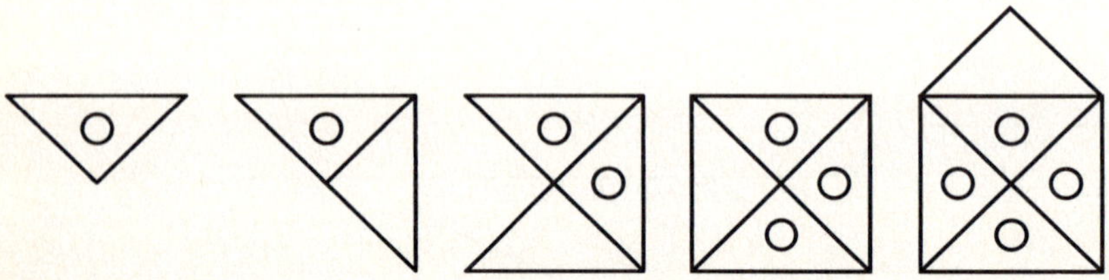

Completa cada enunciado basándote en el diagrama $\triangle PQR \cong \triangle STU$.

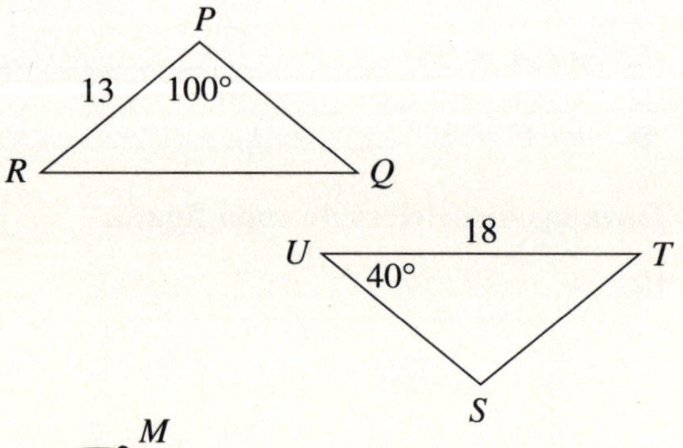

18. $\overline{PR} \cong$ __________

19. __________ $\cong \overline{UT}$

20. $\angle P \cong$ __________

21. __________ $\cong \angle T$

22. $PQ =$ __________

23. $m\angle Q =$ __________

24. $RQ =$ __________

25. $m\angle T =$ __________

Nombra cada uno de los siguientes elementos del círculo *S*.

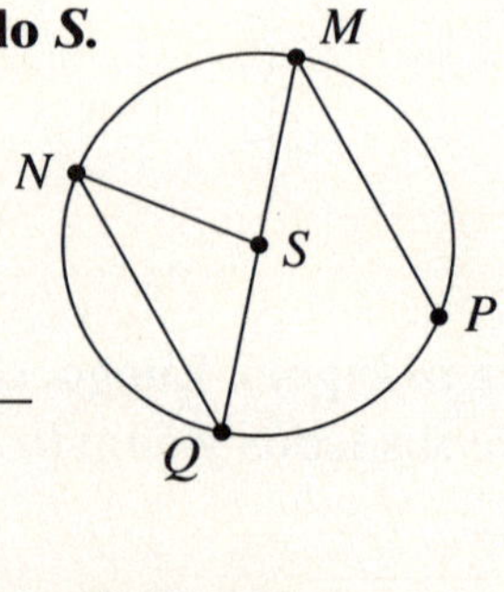

26. tres radios ______________

27. dos cuerdas ______________

28. dos ángulos centrales ______________

29. un diámetro ______________

30. La siguiente tabla muestra el presupuesto mensual de $2,350 de una familia. Haz una gráfica circular para representar la información.

Alimentos	Vestimenta	Otros
$400	$750	$1,200

Nombre ______________________ Clase ______________ Fecha ______________

Prueba del capítulo **Versión B**

Capítulo 7

Usa el diagrama de la derecha para resolver los ejercicios

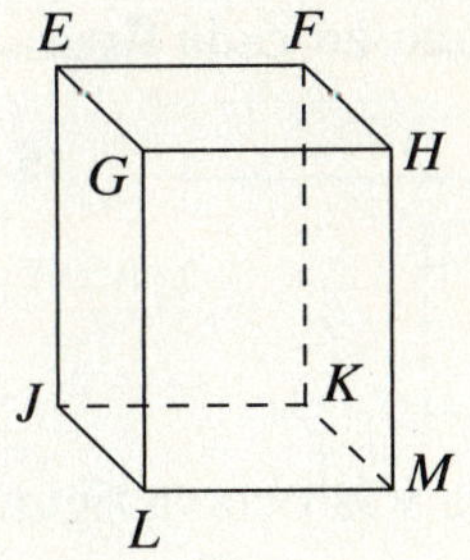

1. Nombra todos los segmentos paralelos a $\overline{EJ}$.

____

2. Nombra todos los segmentos que intersecan a $\overline{GH}$.

____

3. Nombra todos los segmentos no coplanarios a $\overline{KJ}$.

____

Mide cada uno de estos ángulos.

4. ______________________

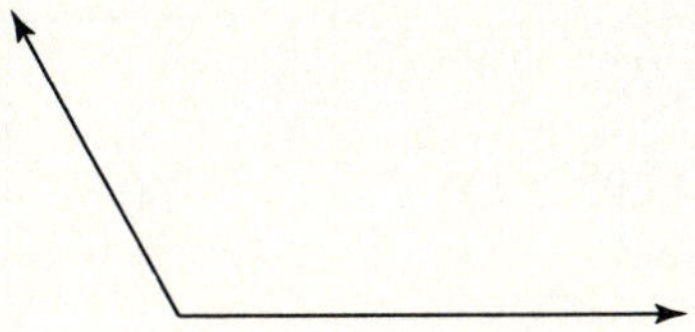

5. ______________________

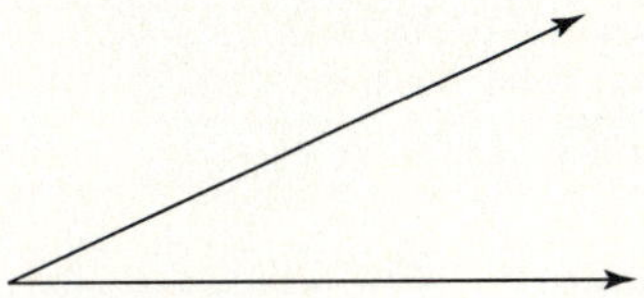

Halla las medidas del complemento y el suplemento de cada ángulo.

6. $m\angle A = 16°$ ______________

7. $m\angle J = 31°$ ______________

8. $m\angle C = 83°$ ______________

9. $m\angle K = 63°$ ______________

Traza las bisectrices de cada figura.

10.

11.

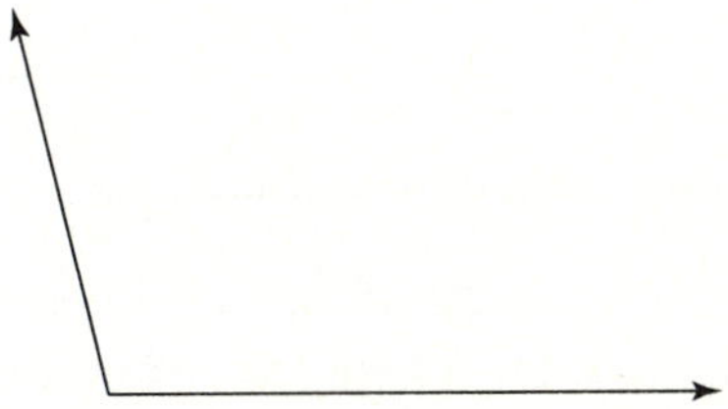

Halla el valor de *x* en cada triángulo. Luego, clasifica cada triángulo basándote en la medida de sus lados y ángulos.

12. ______________________

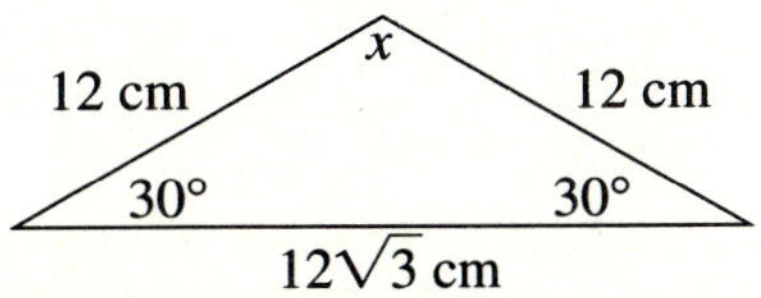

13. ______________________

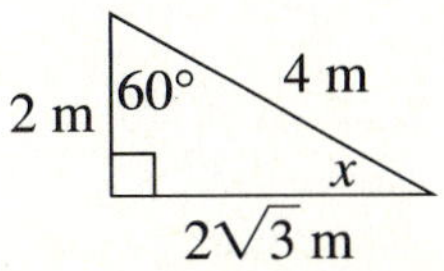

Nombre ______________________ Clase ______________ Fecha ______________

Prueba del capítulo (continuación) Versión B

Capítulo 7

Identifica el polígono en cada figura.

14. ____________________

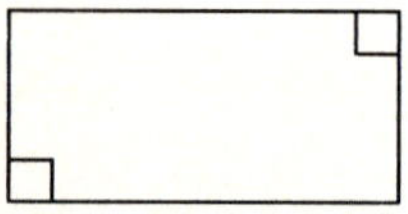

15. ____________________

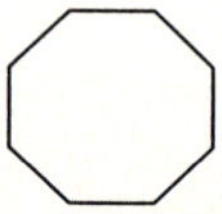

16. ____________________

17. Dibuja la sexta y la octava figura del patrón que se muestra a continuación.

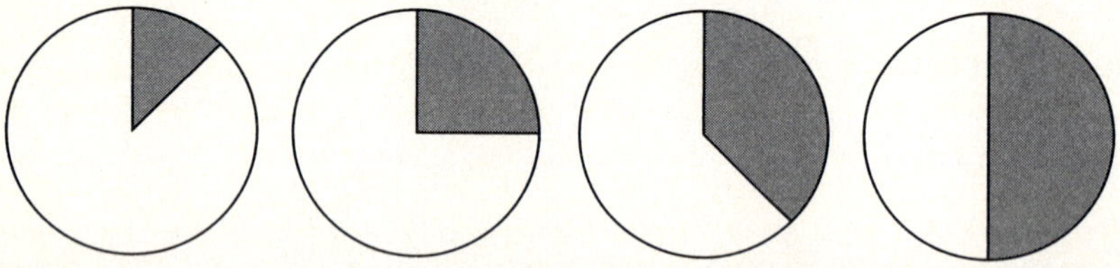

Completa cada enunciado basándote en el diagrama $\triangle ABC \cong \triangle FGD$.

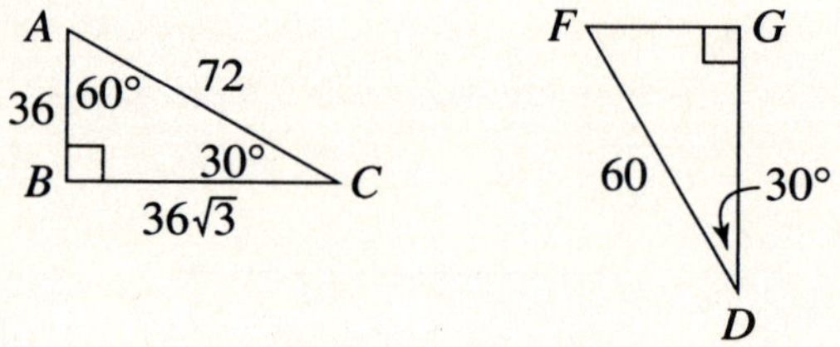

18. $\overline{AB} \cong$ ____________

19. ____________ $\cong \overline{FD}$

20. $\angle B \cong$ ____________

21. ____________ $\cong \angle F$

22. $AC =$ ____________

23. $m\angle F =$ ____________

24. $DG =$ ____________

25. $m\angle C =$ ____________

Nombra cada uno de los siguientes elementos del círculo *G*.

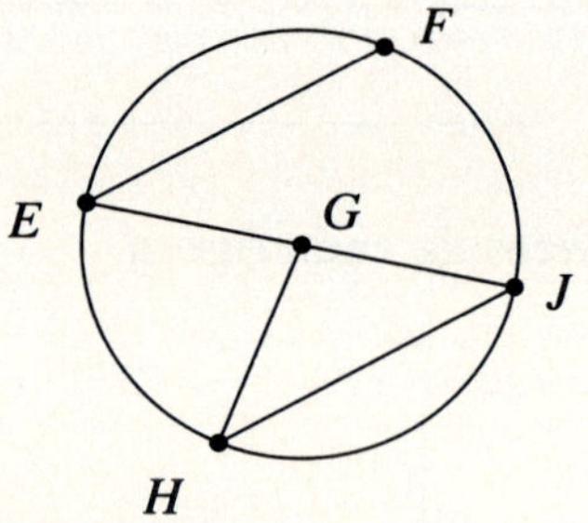

26. tres radios ____________________

27. dos cuerdas ____________________

28. ángulos centrales ____________________

29. un diámetro ____________________

30. Se les preguntó a unos estudiantes que estaban en un parque de diversiones qué grado cursaban. Organiza los resultados en una gráfica circular.

4º grado	5º grado	6º grado	7º grado	8º grado	9º grado
32	32	16	16	16	16

Nombre ______________________ Clase ______________ Fecha ______________

Prueba del capítulo **Versión A**

Capítulo 8

Estima el área de cada región sombreada. Cada cuadrado representa 25 $pulg^2$.

1. ______________________

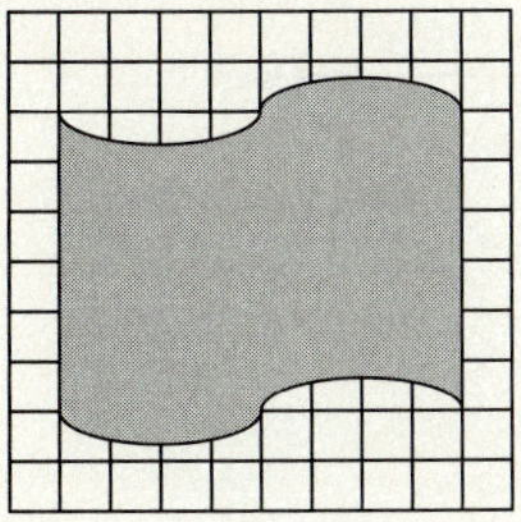

2. ______________________

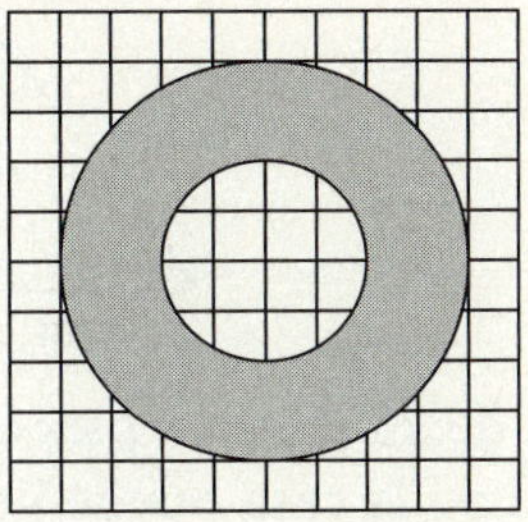

Halla el área de cada figura.

3. ______________

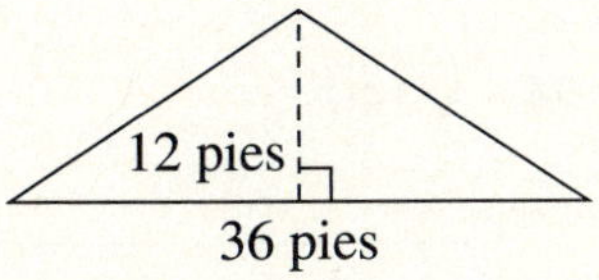

4. ______________

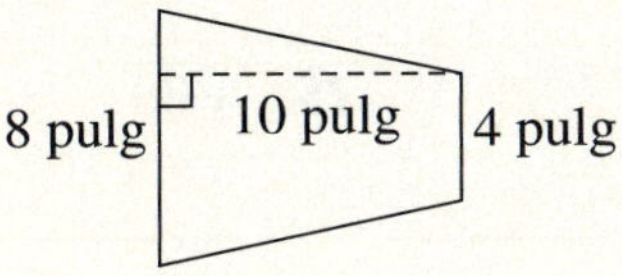

5. ______________

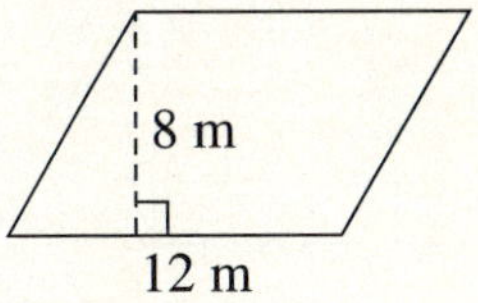

Halla la circunferencia y el área de cada círculo. Redondea a la décima más cercana.

6. ______________________

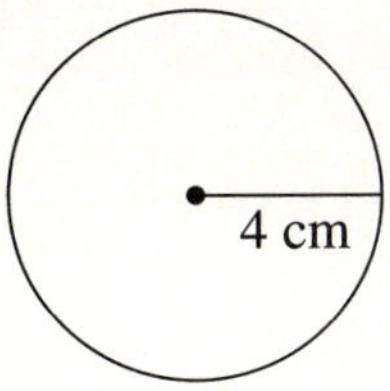

7. ______________________

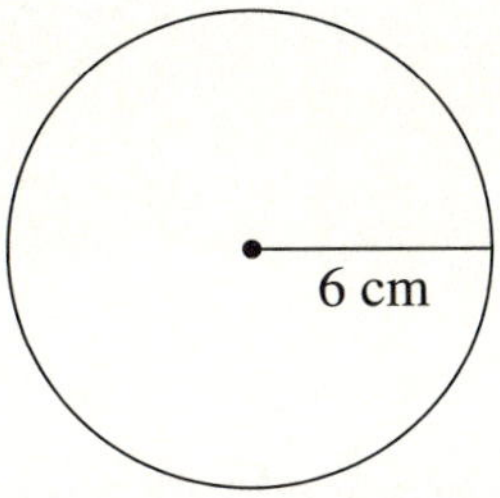

Simplifica cada raíz cuadrada.

8. $\sqrt{225}$ ______________

9. $\sqrt{16}$ ______________

10. $\sqrt{324}$ ______________

11. $\sqrt{400}$ ______________

12. $\sqrt{289}$ ______________

13. $\sqrt{36}$ ______________

14. Un patio de juegos cuadrado tiene un área de 121 $pies^2$. ¿Cuál es el perímetro del patio? ______________

Identifica cada número como *racional* o *irracional*.

15. $\sqrt{64}$ ______________

16. $2\frac{5}{6}$ ______________

17. $-1.\overline{2}$ ______________

18. $\sqrt{50}$ ______________

Prueba del capítulo (continuación) Versión A

Capítulo 8

Halla las longitudes que faltan y redondéalas a la décima más cercana.

19. ______________ 20. ______________ 21. ______________

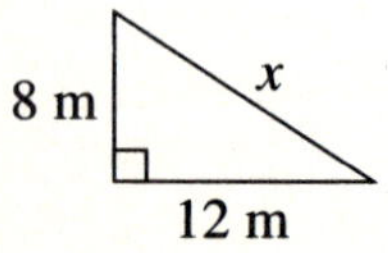

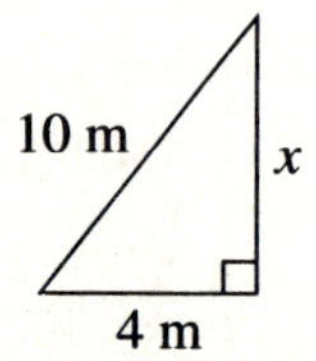

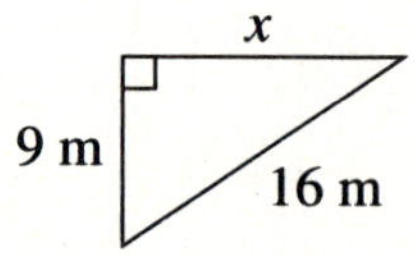

22. Se coloca una escalera de 25 pies a 8 pies de la base de una casa. ¿Hasta qué altura de la casa puede llegar la escalera? Redondea tu respuesta al pie más cercano. ______________

Halla los dos números enteros consecutivos entre los cuales se encuentra cada uno de estos números. Luego, estima el valor de cada número.

23. $\sqrt{31}$ 24. $\sqrt{14}$ 25. $\sqrt{80}$ 26. $\sqrt{140}$

______________ ______________ ______________ ______________

Halla el área total de cada figura. Redondea a la décima más cercana si es necesario.

27. ______________ 28. ______________

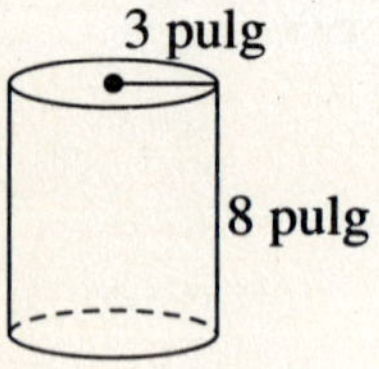

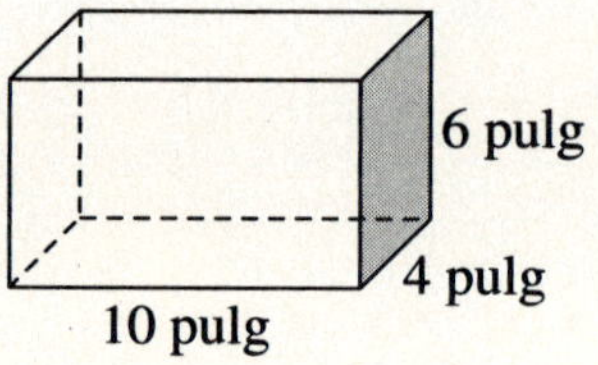

Halla el volumen de cada figura. Redondea a la décima más cercana si es necesario.

29. ______________ 30. ______________

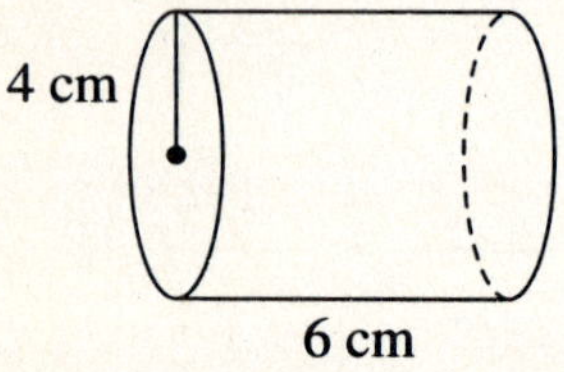

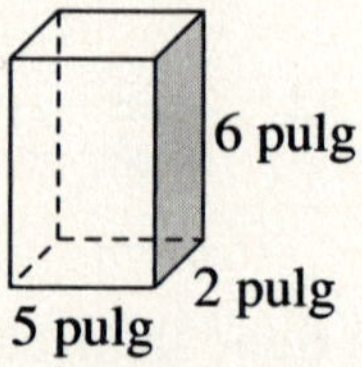

31. El área de un patio de juegos rectangular es 2,700 pies^2. El largo es 3 veces el ancho. ¿Cuáles son las dimensiones del patio? ______________

Prueba del capítulo — Versión B

Capítulo 8

Estima el área de cada región sombreada. Cada cuadrado representa 20 pulg^2.

1. ______________________

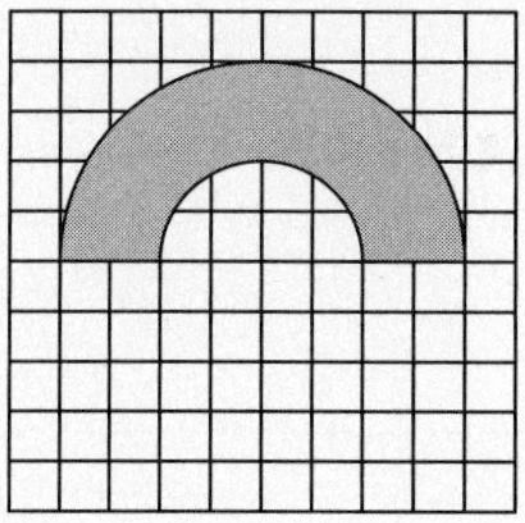

2. ______________________

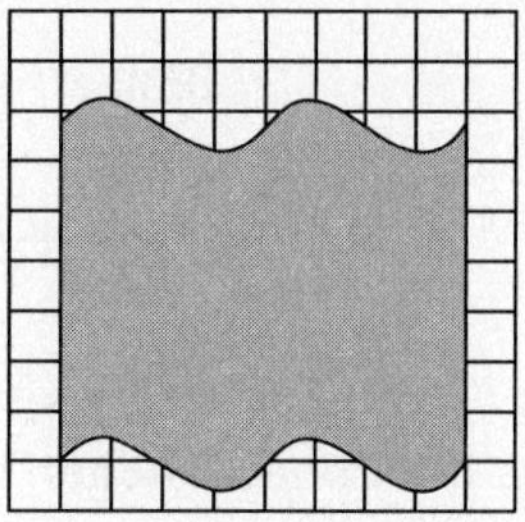

Halla el área de cada figura.

3. ______________

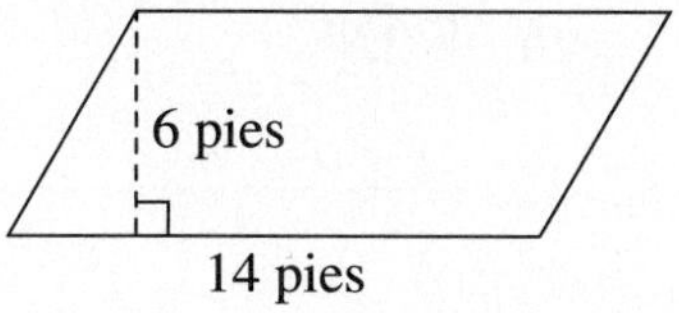

4. ______________

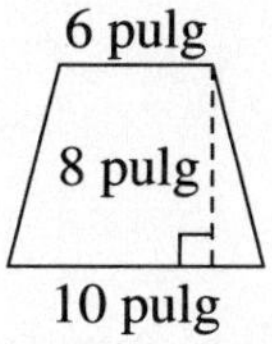

5. ______________

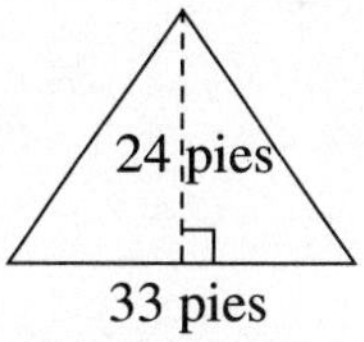

Halla la circunferencia y el área de cada círculo. Redondea a la décima más cercana.

6. ______________________

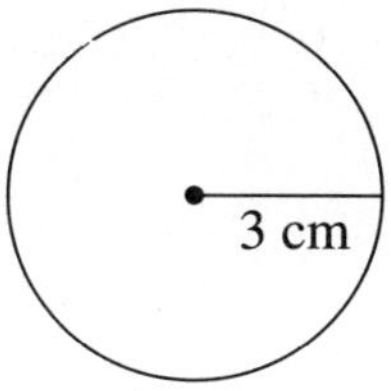

7. ______________________

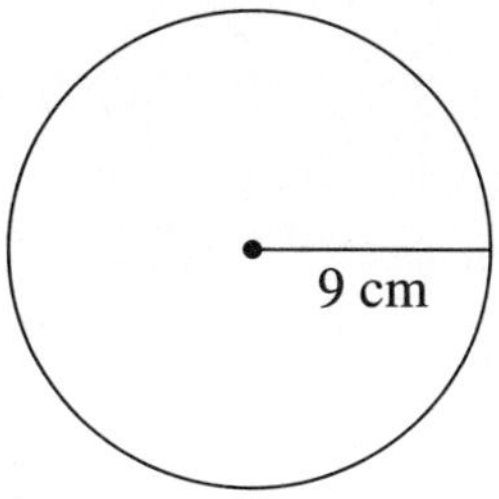

Simplifica cada raíz cuadrada.

8. $\sqrt{100}$ ______________

9. $\sqrt{169}$ ______________

10. $\sqrt{625}$ ______________

11. $\sqrt{484}$ ______________

12. $\sqrt{900}$ ______________

13. $\sqrt{121}$ ______________

14. Un patio de juegos cuadrado tiene un área de 1,600 pies^2. ¿Cuál es el perímetro del patio? ______________

Identifica cada número como *racional* o *irracional*.

15. $\sqrt{54}$ ____________

16. 2.5 ____________

17. $-\frac{3}{5}$ ____________

18. $\sqrt{10}$ ____________

Prueba del capítulo (continuación) Versión B

Capítulo 8

Halla las longitudes que faltan y redondéalas a la décima más cercana.

19. ______________

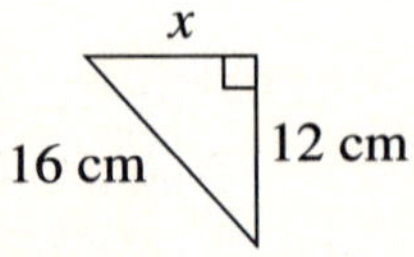

20. ______________

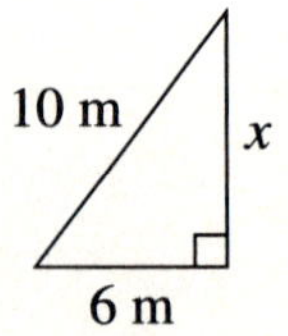

21. ______________

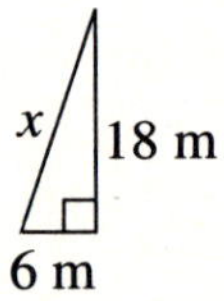

22. Se coloca una escalera de 30 pies a 10 pies de la base de una casa. ¿Hasta qué altura de la casa puede llegar la escalera? Redondea tu respuesta al pie más cercano. ______________

Halla los dos números enteros consecutivos entre los cuales se encuentra cada uno de estos números. Luego, estima el valor de cada número.

23. $\sqrt{105}$ ______________

24. $\sqrt{50}$ ______________

25. $\sqrt{3}$ ______________

26. $\sqrt{220}$ ______________

Halla el área total de cada figura. Redondea a la décima más cercana si es necesario.

27. ______________

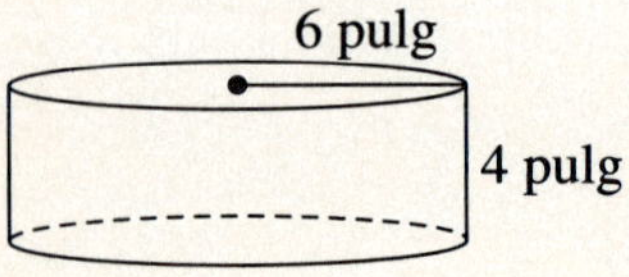

28. ______________

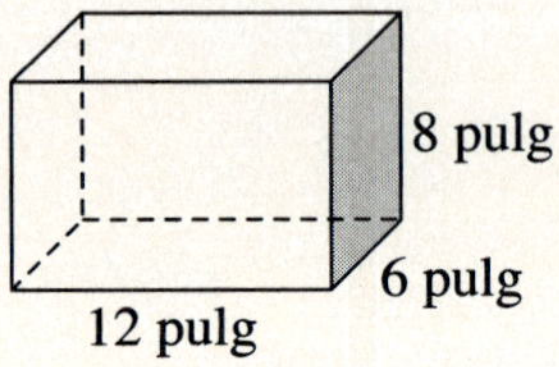

Halla el volumen de cada figura. Redondea a la décima más cercana si es necesario.

29. ______________

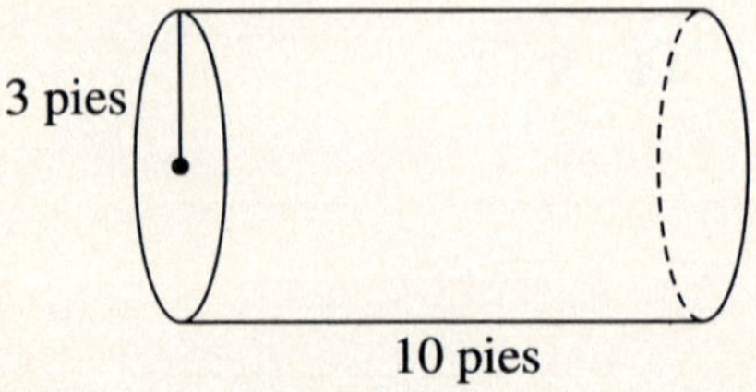

30. ______________

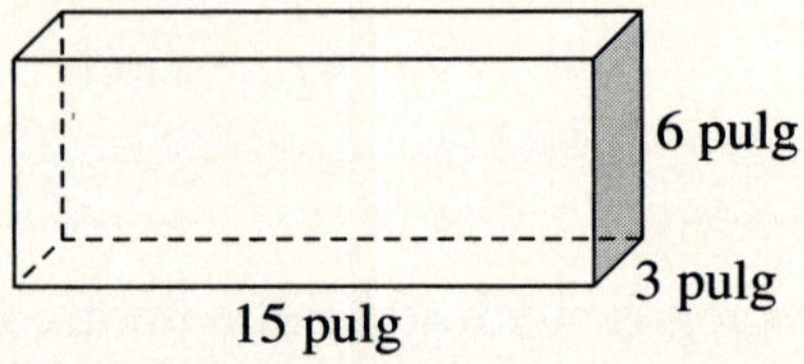

31. El área de una habitación rectangular es 392 $pies^2$. El largo es dos veces el ancho. ¿Cuáles son las dimensiones de la habitación? ______________

Prueba del capítulo **Versión A**

Capítulo 9

Escribe una regla para cada progresión. Halla los siguientes tres términos.

1. 8, 14, 20, 26,...
2. 96, 84, 72, 60,...
3. 1, 4, 9, 16,...
4. 300, 150, 75, 37.5,...
5. 248, 246, 242, 236,...
6. 6, 12, 24, 48,...

Identifica cada progresión de los ejercicios 1 a 6 como aritmética, geométrica o ninguna de las dos.

7. Ejercicio 1: ______
8. Ejercicio 2: ______
9. Ejercicio 3: ______
10. Ejercicio 4: ______
11. Ejercicio 5: ______
12. Ejercicio 6: ______

Imagina que recibes una pensión que inicialmente es de $0.05 por semana. Cada semana, la pensión se duplica.

13. ¿Qué tipo de progresión es ésta? ______
14. ¿A partir de qué semana la pensión será mayor a $10?

Evalúa cada función para $x = 0, 1$ y 2.

15. $y = x^2 - 10$
16. $y = 3x + 2$
17. $y = x - 3$

Resuelve cada fórmula para n.

18. $2n = 4xp - 6$
19. $3m - n = 4s$
20. $\frac{r}{n} + 2 = p$
21. $t = 100\,(n + 3)$
22. $\frac{PV}{nR} = T$
23. $8a + 2n = 6b$

Prueba del capítulo (continuación) Versión A

Capítulo 9

Escribe una regla de función para cada tabla.

24.

x	y
1	5
2	9
3	13
4	17

______

25.

x	y
0	6
2	2
4	−2
8	−10

______

26.

x	y
1	−4
3	−6
6	−9
9	−12

______

27. Imagina que depositas $5,000 en una cuenta bancaria con un interés compuesto del 4% anual. ¿Cuánto dinero tendrás en tu cuenta después de 2 años? ______

28. Imagina que depositas $1,000 en una cuenta bancaria con un interés simple del 6% anual. Escribe una regla de función que describa el total de dinero acumulado después de 1 año. ______

29. El área de un trapezoide se calcula utilizando la fórmula $A = \frac{1}{2}h(b_1 + b_2)$. Halla la altura del trapezoide si las bases miden 6 cm y 8 cm respectivamente, y el área es de 56 cm^2. ______

La siguiente tabla de función muestra la distancia en millas que Nikki planea recorrer en bicicleta cada día durante un programa de entrenamiento de 10 semanas. Usa la tabla para resolver los ejercicios 30 y 31.

Semana	1	2	3	4	5	6	7	8	9	10
Distancia (millas)	1	3	5	7	9	11	13	?	?	?

30. ¿Cuáles son los últimos tres valores en la tabla? ______

31. Haz una gráfica de la función utilizando los datos.

32. La siguiente gráfica muestra el tiempo y la distancia total que Jerry recorrió desde su casa hasta Pizza Barn, y de allí de regreso a su casa. ¿Qué parte de la gráfica representa el tiempo que tardó?

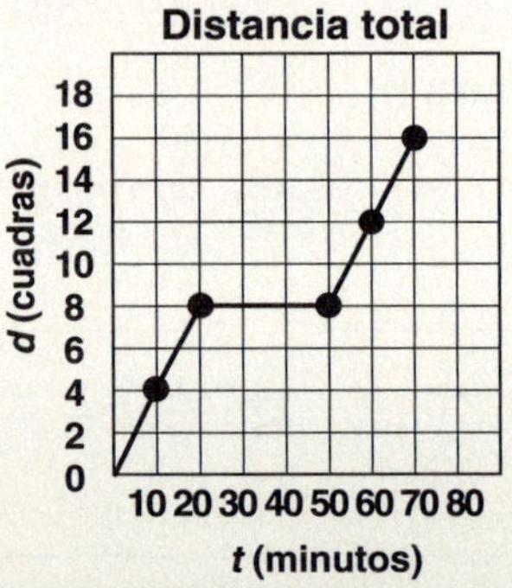

______

______

______

______

Nombre ______________ Clase ______________ Fecha ______________

Prueba del capítulo Versión B

Capítulo 9

Escribe una regla para cada progresión. Halla los siguientes tres términos.

1. 5, 20, 80, 320,...
2. 15, 20, 25, 30,...
3. 243, 81, 27, 9,...
4. 1, 2, 4, 7, 11,...
5. 4, 2, 1, 0.5,...
6. 103, 99, 95, 91,...

Identifica cada progresión de los ejercicios 1 a 6 como aritmética, geométrica o ninguna de las dos.

7. Ejercicio 1: ______________
8. Ejercicio 2: ______________
9. Ejercicio 3: ______________
10. Ejercicio 4: ______________
11. Ejercicio 5: ______________
12. Ejercicio 6: ______________

Imagina que recibes una pensión que inicialmente es de $0.01 por semana. Cada semana, la pensión se duplica.

13. ¿Qué tipo de progresión es ésta? ______________
14. ¿A partir de qué semana la pensión será mayor a $6?

Evalúa cada función para $x = -1, 0$ y 5.

15. $y = x - 5$
16. $y = x^2 + 2$
17. $y = 4x + 2$

Halla *n* para resolver cada fórmula.

18. $2n = 12y - 6z$
19. $5j = 2 - n$
20. $2n + r = s$
21. $5(n - 3) = h$
22. $P = \frac{TRn}{V}$
23. $9c - 3n = -15d$

Prueba del capítulo (continuación) Versión B

Capítulo 9

Escribe una regla de función para cada tabla.

24.

x	y
0	7
1	12
2	17
3	22

____

25.

x	y
1	−3
2	−4
3	−5
4	−6

____

26.

x	y
−2	0
0	4
2	8
4	12

____

27. Imagina que depositas $25,000 en una cuenta bancaria que paga el 4% de interés compuesto al año. ¿Cuánto tendrás en tu cuenta al final de 1 año? ______________

28. Imagina que depositas x dólares en una cuenta que obtiene el 10% de interés simple cada año. Escribe una regla de función que describa la cantidad total de dinero que tendrás al cabo de 1 año. ______________

29. El perímetro de un rectángulo se calcula usando la fórmula $P = 2l + 2a$. Halla la longitud del rectángulo si el ancho es 4 pulg y el perímetro es 48 pulg. ______________

La siguiente tabla de función muestra la distancia en millas que Marta piensa correr por día durante un programa de entrenamiento de 10 semanas. Usa la tabla para resolver los ejercicios 30 y 31.

Semana	1	2	3	4	5	6	7	8	9	10
Distancia (millas)	2	3	4	5	6	7	8	?	?	?

30. ¿Cuáles son los tres últimos valores de la tabla? ______________

31. Haz una gráfica de la función usando la tabla.

32. La gráfica muestra el tiempo y la distancia que Sue recorre desde su casa hasta el parque, y de allí de vuelta a su casa. ¿Qué parte de la gráfica representa el tiempo que pasa en el parque?

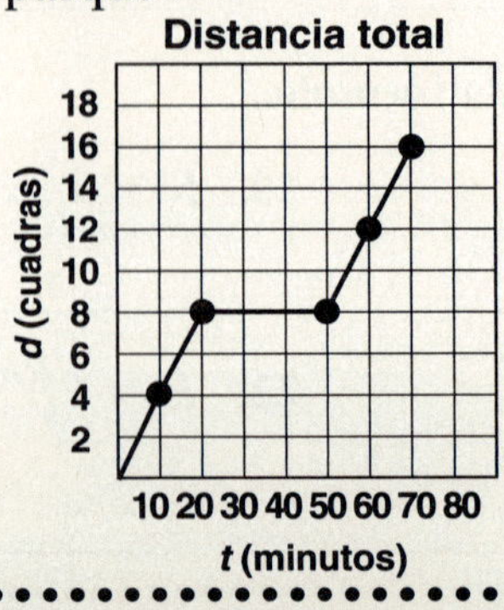

____

____

Nombre ______________________ Clase ______________ Fecha ______________

Prueba del capítulo Versión A

Capítulo 10

Representa gráficamente cada punto en el mismo plano de coordenadas.

1. $(2, 5)$ **2.** $(0, 3)$ **3.** $(1, -3)$

4. $(-4, 0)$ **5.** $(-3, -1)$ **6.** $(-2, 4)$

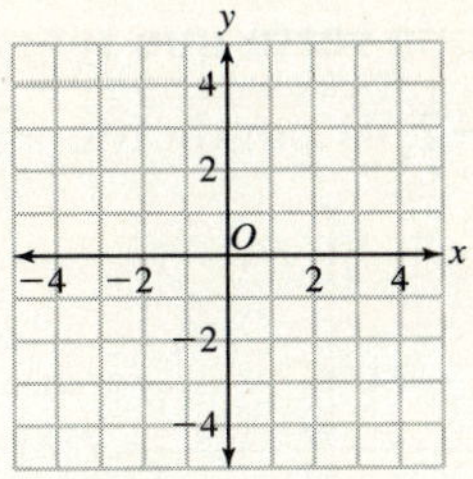

Representa gráficamente la recta que contiene cada par de puntos. Identifica la recta como vertical u horizontal.

7. $(-1, 3), (5, 3)$ ______________

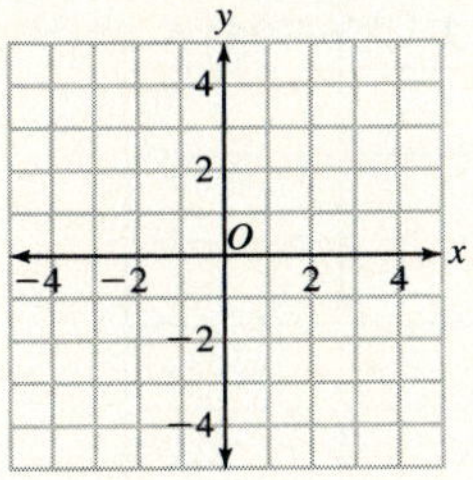

8. $(2, 4), (2, 0)$ ______________

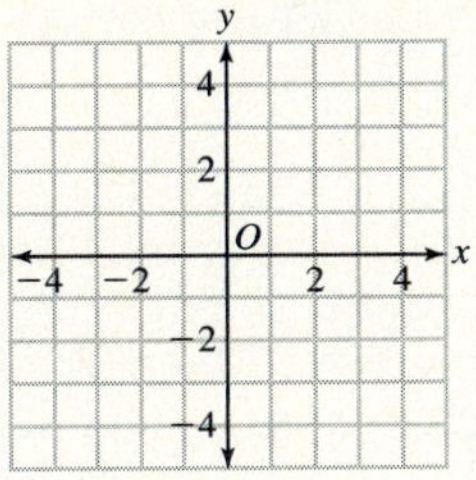

9. $(-3, -1), (2, -1)$ ______________

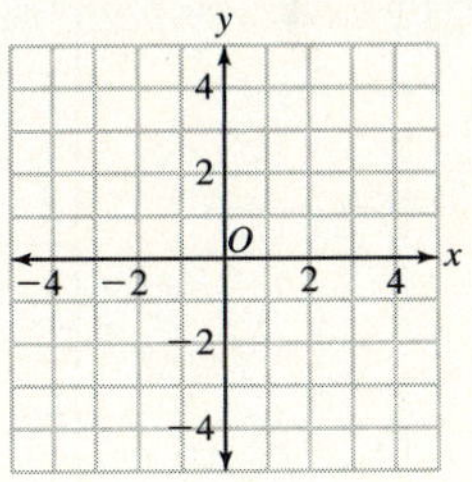

Determina si cada par ordenado es una solución para $y = 6 - x$.

10. $(-2, 8)$ ______________ **11.** $(4, 2)$ ______________ **12.** $(7, 1)$ ______________

Representa gráficamente cada ecuación lineal.

13. $y = \frac{3}{2}x - 1$

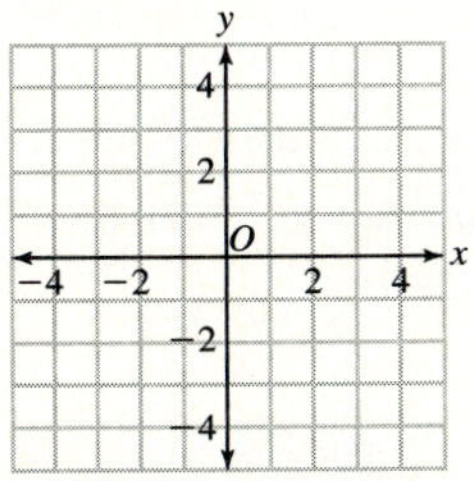

14. $y = -\frac{1}{3}x + 2$

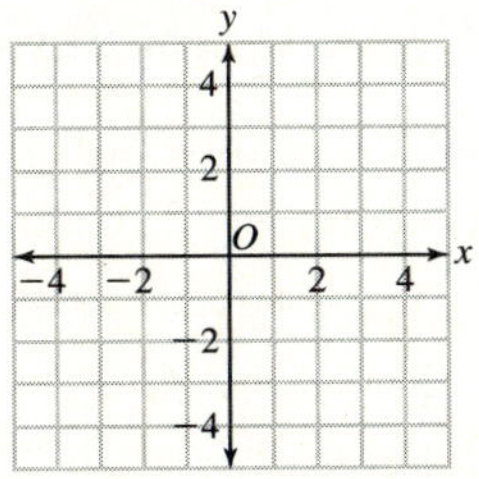

15. $y = -x + 3$

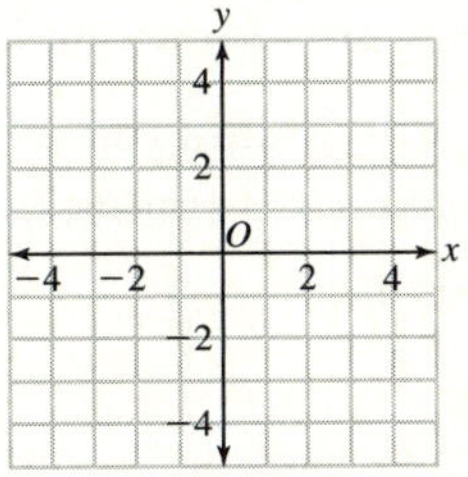

Representa gráficamente cada par de puntos. Determina la pendiente de la recta que pasa por esos puntos.

16. $A(-2, 4), B(0, 2)$ ______________

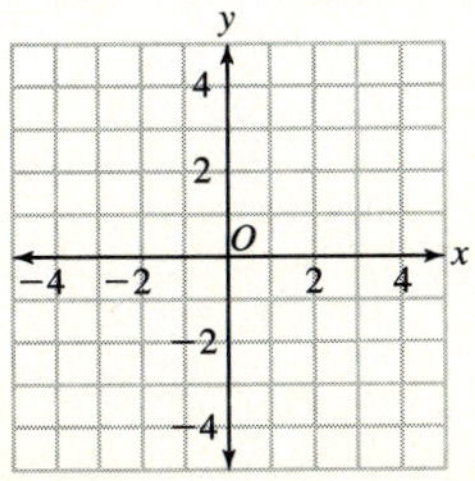

17. $C(3, 5), D(0, -4)$ ______________

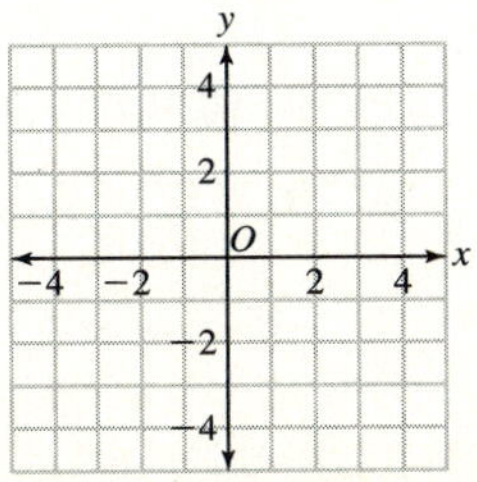

Prueba del capítulo (continuación) Versión A

Capítulo 10

Dibuja una recta que tenga la pendiente indicada y que atraviese el punto indicado.

18. $E(-2, 4)$ pendiente $-\frac{1}{3}$

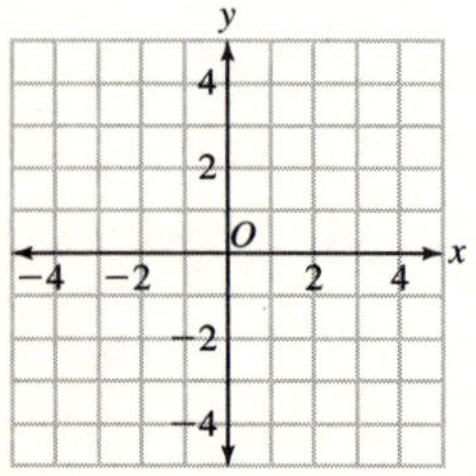

19. $F(3, 5)$, pendiente 2

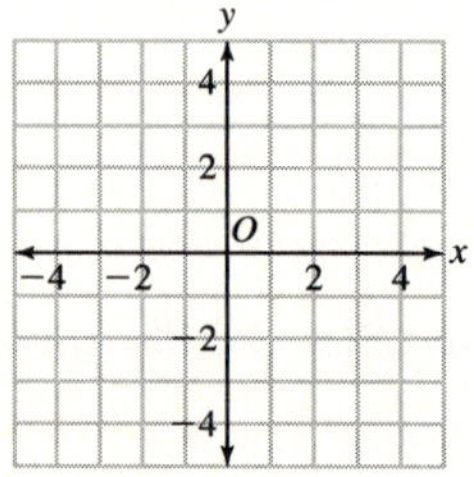

Haz una tabla de valores para cada ecuación. Usa valores enteros de x desde -3 hasta 3. Después, representa gráficamente la ecuación.

20. $y = -2|x| - 1$

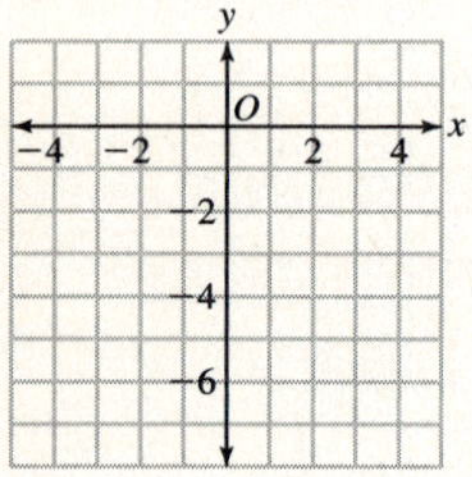

x	y

21. $y = -x^2 + 4$

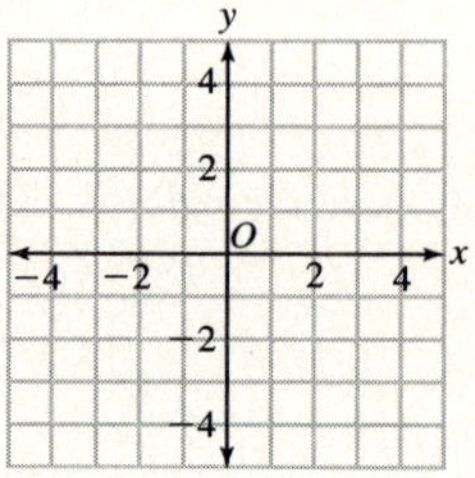

x	y

22. Dibuja la imagen de la figura después de una rotación de 90º en sentido contrario a las manecillas del reloj sobre el punto dado.

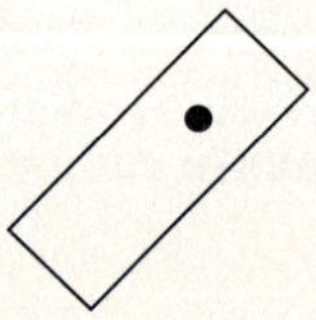

La gráfica de $\triangle DEF$ tiene los vértices en $D(2,4)$, $E(0,1)$ y $F(5,0)$. Representa gráficamente la imagen de $\triangle DEF$ para la transformación descrita.

23. trasladada 2 unidades a la izquierda y 3 unidades hacia abajo

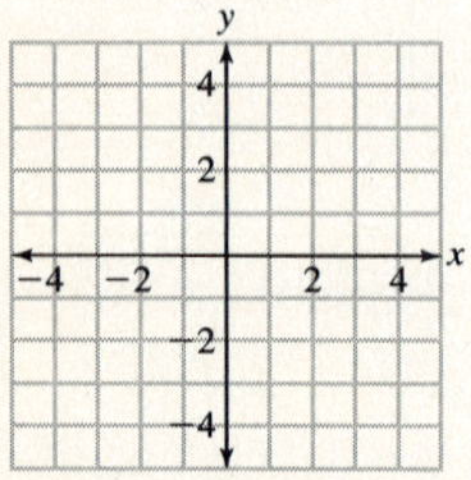

24. reflejada sobre el eje y

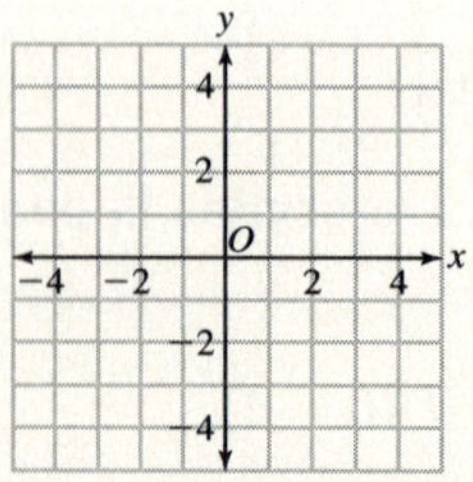

25. trasladada 3 unidades a la izquierda y 1 unidad hacia arriba

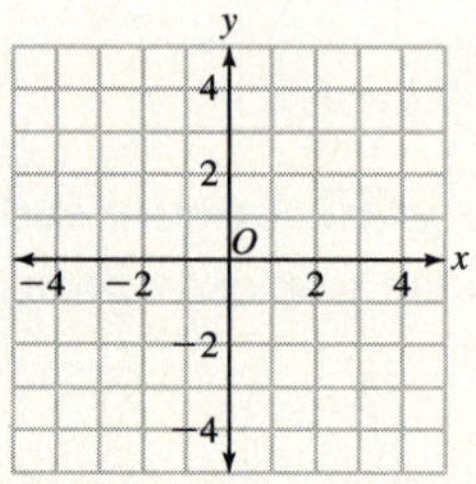

Dibuja el eje o los ejes de simetría. Si no hay ejes de simetría, escribe *ninguno*.

26.

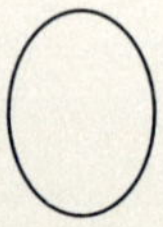

27.

28.

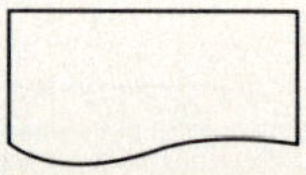

29.

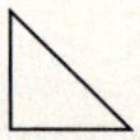

Nombre ______________________ Clase ______________ Fecha ______________

Prueba del capítulo Versión B

Capítulo 10

Representa gráficamente cada punto en el mismo plano de coordenadas.

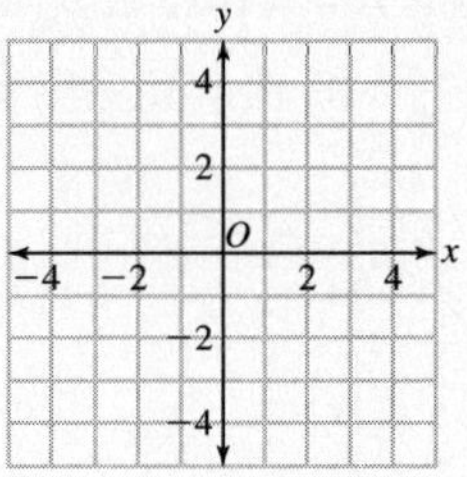

1. $(-1, -3)$ **2.** $(2, 4)$ **3.** $(2, 0)$

4. $(1, -5)$ **5.** $(0, -4)$ **6.** $(-3, 5)$

Representa gráficamente la recta que contiene cada par de puntos. Identifica la recta como vertical u horizontal.

7. $(1, 3), (1, -5)$ ______________

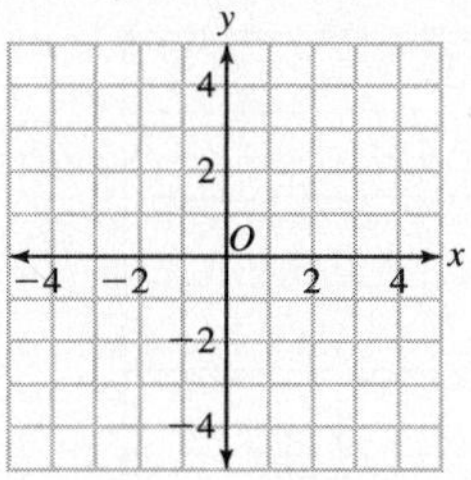

8. $(-3, 4), (-3, -1)$ ______________

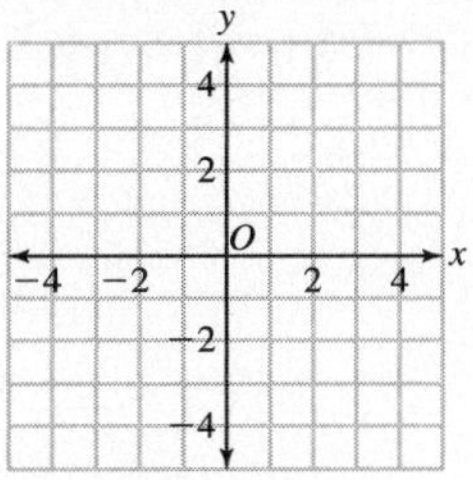

9. $(4, 3), (-2, 3)$ ______________

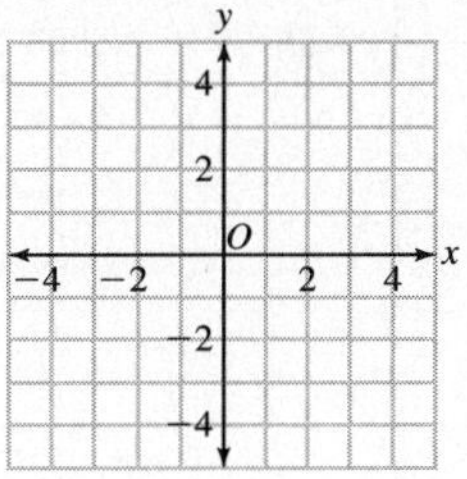

Determina si cada par ordenado es una solución para $y = 9 - 2x$.

10. $(0, 0)$ __________ **11.** $(-1, 7)$ __________ **12.** $(6, -3)$ __________

Representa gráficamente cada ecuación lineal.

13. $y = -x + 2$

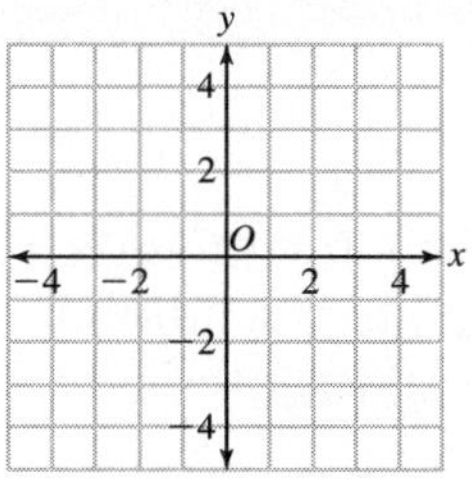

14. $y = \frac{1}{2}x + 3$

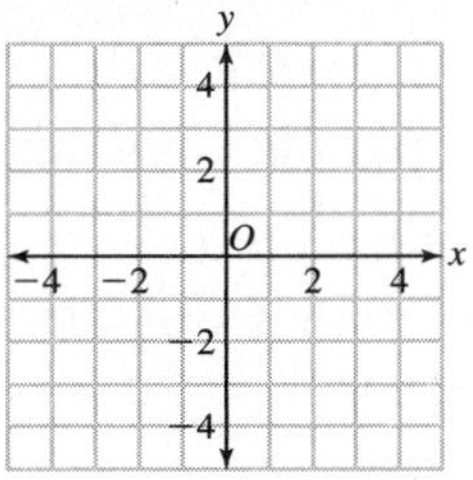

15. $y = 2x - 1$

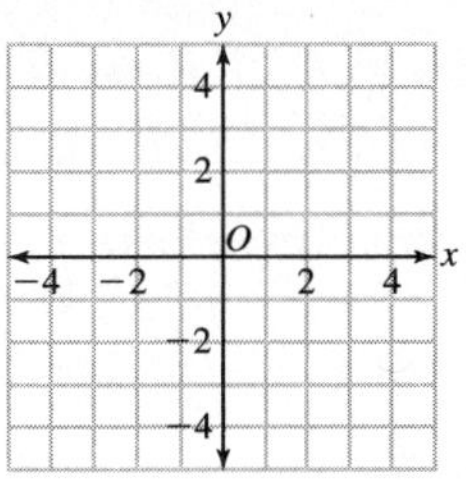

Representa gráficamente cada par de puntos. Determina la pendiente de la recta que pasa por esos puntos.

16. $M(3, -5), N(-3, 4)$ ______

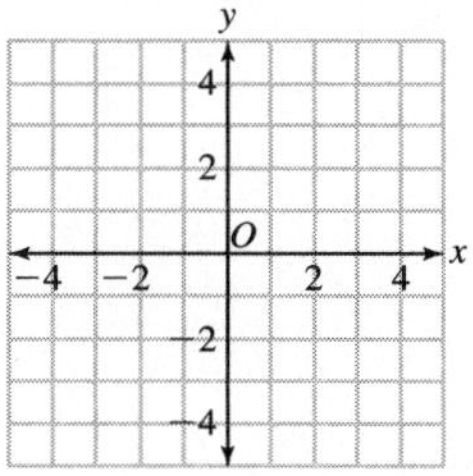

17. $C(-3, -1), D(3, 1)$ ______

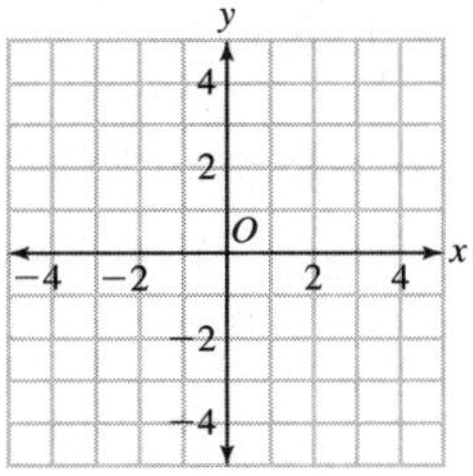

Nombre ______________________ Clase ______________ Fecha ______________

Prueba del capítulo (continuación) Versión B

Capítulo 10

Dibuja una recta que tenga la pendiente dada y pase por el punto dado.

18. $H(-2, -3)$ pendiente $\frac{1}{2}$

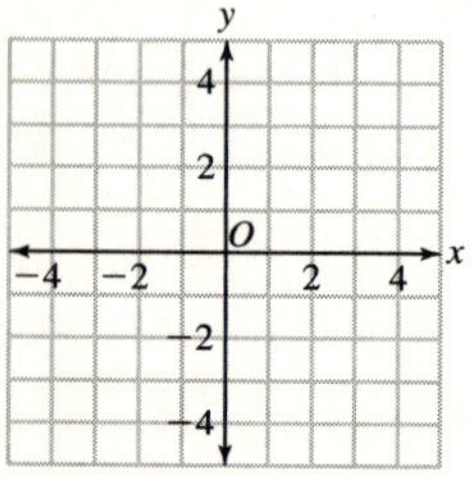

19. $G(3, -2)$ pendiente -3

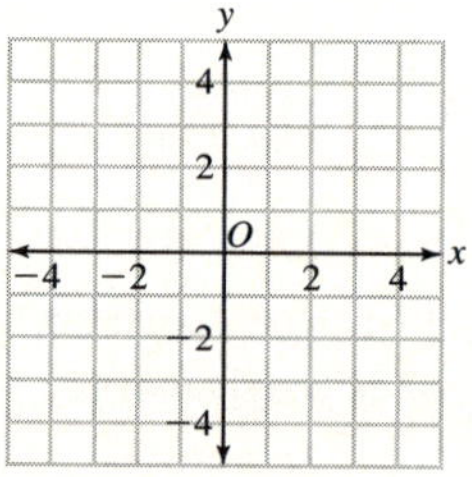

Haz una tabla de valores para cada ecuación. Usa valores enteros para *x* desde −3 hasta 3. Después, representa gráficamente la ecuación.

20. $y = 3|x| - 4$

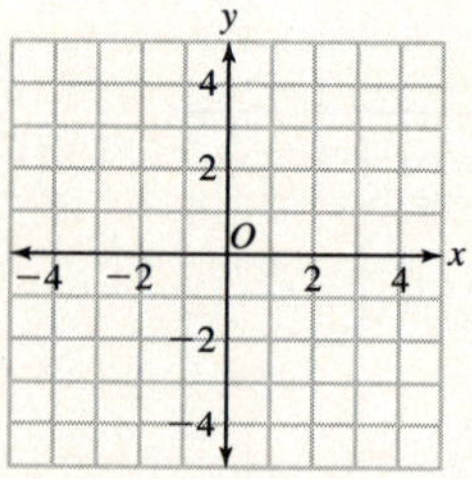

x	*y*

21. $y = x^2 - 5$

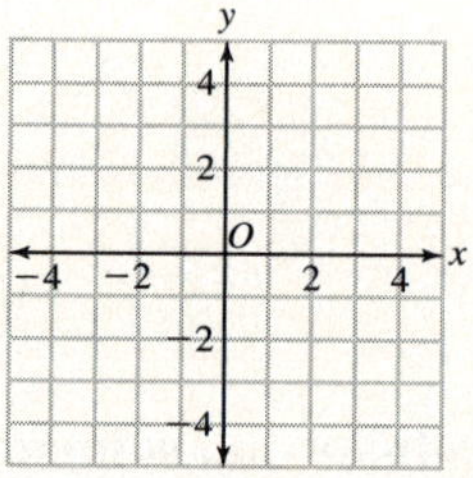

x	*y*

22. Dibuja la imagen de la figura después de una rotación de 270º en sentido contrario a las manecillas del reloj alrededor del punto indicado.

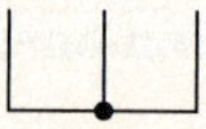

La gráfica de $\triangle RST$ tiene los vértices en $R(-4, 3)$, $S(0, 2)$ y $T(-2, -1)$. Representa gráficamente la imagen de $\triangle RST$ para la transformación descrita.

23. reflejada sobre el eje *x*

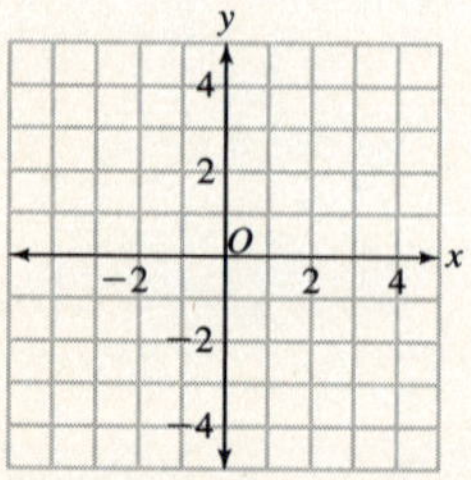

24. trasladada 1 unidad hacia arriba y 5 unidades a la derecha

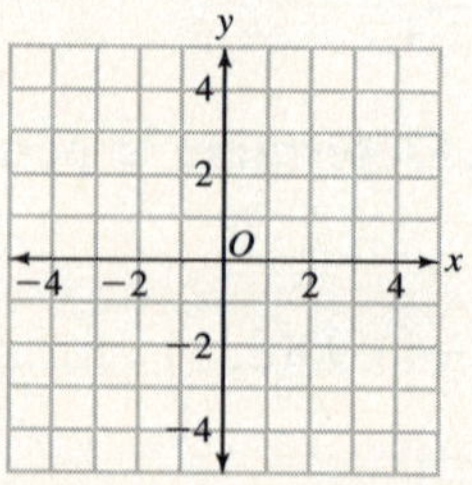

25. trasladada 6 unidades hacia abajo y 1 unidad a la izquierda

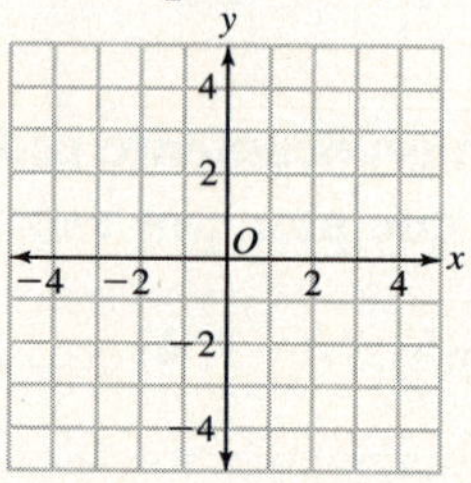

Dibuja el eje o los ejes de simetría. Si no hay ejes de simetría, escribe *ninguno*.

26.

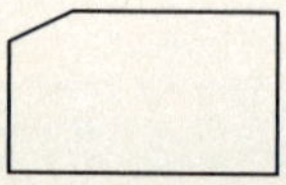

27.

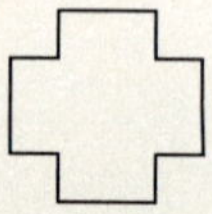

28.

29.

Prueba del capítulo Versión A

Capítulo 11

Se les preguntó a quince estudiantes: "¿Cuántas horas de TV viste anoche?". Usa las respuestas que aparecen a continuación para mostrar los datos.

1 0 1 4 6 3.5 2.5 2 1 1.5 2.5 3.5 3.5 4 5.5

1. tabla de frecuencia

2. diagrama de puntos

3. histograma

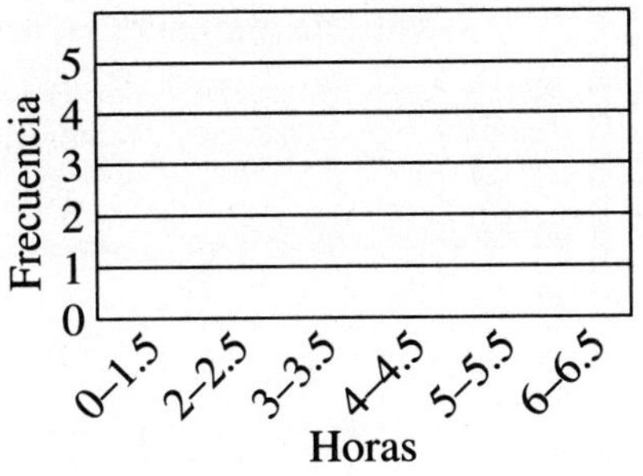

4. diagrama de tallo y hojas

5. a. Haz una gráfica de caja y brazos con los datos.

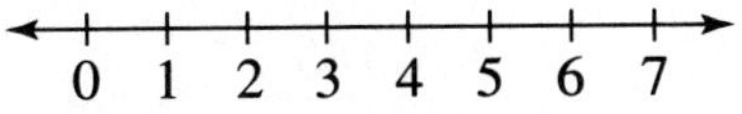

b. Explica cómo cambiaría la gráfica de caja y brazos de los datos si el estudiante que dijo *0* hubiera dicho *6*.

____

____

Prueba del capítulo (continuación) Versión A

Capítulo 11

Usa la siguiente hoja de cálculo para resolver los ejercicios 6 a 9.

	A	B	C	D
1	Tipo de tienda	Bolígrafos vendidos	Lápices vendidos	Rotuladores vendidos
2	Supermercado	14	11	3
3	Librería	27	22	9

6. ¿Cuál es el valor de la celda B3? ________

7. ¿En qué celda aparece el valor 3? ________

8. ¿Cuál es el valor de la celda C2? ________

9. ¿En qué celda aparece el valor 14? ________

Las siguientes preguntas, ¿son *tendenciosas* o *imparciales*? Explica tu respuesta.

10. ¿Dónde preferirías pasar las vacaciones, en la agradable y soleada Florida o en el estéril y desolado Ártico?

____

____

11. ¿Preferirías ir a la playa o a la montaña?

____

La gráfica de doble línea de la derecha muestra el dinero que Andreas y John han gastado en el almuerzo cada semana durante el mes de octubre. Usa la gráfica para resolver los ejercicios 12 y 13.

Gastos de almuerzo en octubre

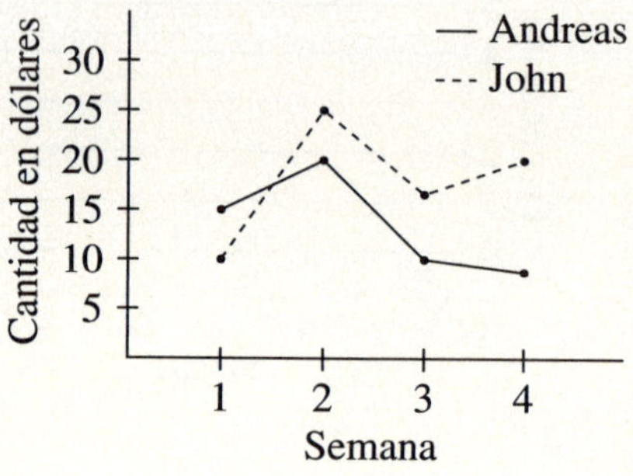

12. ¿Durante qué semana gastó Andreas más dinero que John?

____

13. ¿Durante qué semana fue mayor la diferencia entre lo que gastó uno y lo que gastó el otro?

____

Usa una proporción para estimar cada población.

14. ciervos totales contados: 64
ciervos marcados contados: 24
total de ciervos marcados: 46

____

15. pájaros totales contados: 146
pájaros marcados contados: 48
total de pájaros marcados: 250

____

16. Diez amigos fueron a un parque de diversiones. Cinco subieron a la montaña rusa y a la gran rueda. Dos subieron a la gran rueda pero no a la montaña rusa. Cada uno de los amigos estuvo al menos en uno de los dos juegos. ¿Cuántos subieron solamente a la montaña rusa?

____

Nombre ______________________ Clase ______________ Fecha ____________

Prueba del capítulo — Versión B

Capítulo 11

Se les preguntó a veinte personas: "¿Cuántos minutos pasas al día yendo a trabajar?". Muestra los datos de las respuestas.

0 60 25 10 15 45 35 30 25 50 90 20 35 10 60 30 40 30 50 45

1. tabla de frecuencia

2. diagrama de puntos

3. histograma

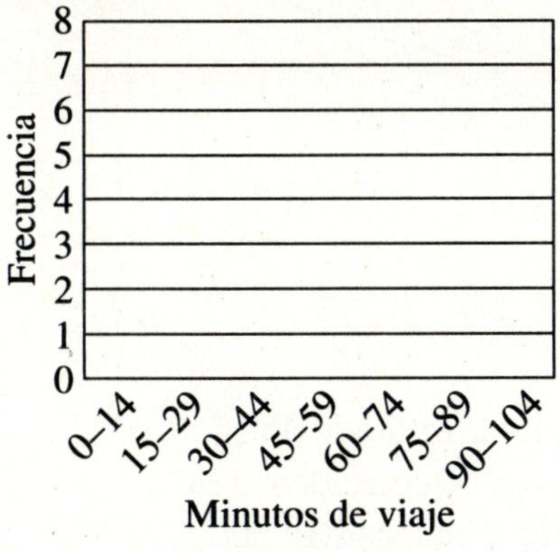

4. diagrama de tallo y hojas

5. a. Haz una gráfica de caja y brazos con los datos.

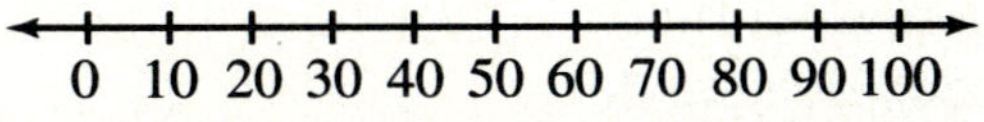

b. Explica cómo cambiaría la gráfica de caja y brazos de los datos si la persona que dijo *0* hubiera dicho *60.*

____

____

Prueba del capítulo (continuación) Versión B

Capítulo 11

Usa la hoja de cálculo de la derecha para resolver los ejercicios 6 a 9.

6. ¿Cuál es el valor de la celda B3? ____________
7. ¿En qué celda se encuentra el valor 4? ____________
8. ¿Cuál es el valor de la celda C2? ____________
9. ¿En qué celda aparece la palabra *Lee*? ____________

	A	B	C	D
1	Familia	Niños	Niñas	Adultos
2	Smythe	2	2	3
3	Lee	1	4	1

Las siguientes preguntas, ¿son *tendenciosas* o *imparciales*? Explica tu respuesta.

10. ¿Crees que la libertad de los estudiantes se está violando injustamente al negarles el derecho a salir del campus para almorzar?

____

11. ¿Crees que se les debería permitir a los estudiantes salir del campus durante la hora del almuerzo?

____

La gráfica de doble línea de la derecha muestra el dinero que Sundi y Melissa han gastado en entretenimiento cada mes. Usa la gráfica para resolver los ejercicios 12 y 13.

12. ¿Durante qué mes Melissa gastó menos dinero que Sundi?

____

13. ¿Durante qué mes fue menor la diferencia entre lo que gastó una y lo que gastó la otra?

____

Dinero gastado en entretenimiento

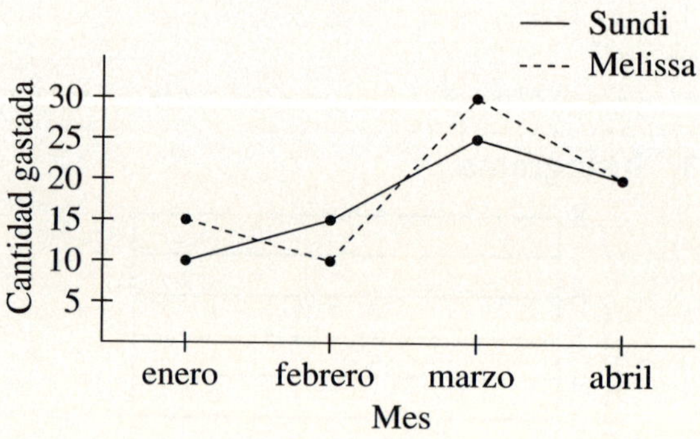

Usa una proporción para estimar cada población.

14. alces totales contados: 12
alces marcados contados: 8
total de alces marcados: 38

____

15. coyotes totales contados: 350
coyotes marcados contados: 124
total de coyotes marcados: 500

____

16. Cuatro estudiantes corrieron en una carrera. Thomas terminó delante de Terry pero después de Troy. Terry quedó delante de Ted. ¿En qué orden quedaron?

____

Nombre ____________________ Clase ____________________ Fecha ____________________

Prueba del capítulo — Versión A

Capítulo 12

Usa los datos que aparecen a continuación. Halla la probabilidad experimental de cada suceso en forma de fracción, decimal y porcentaje.

Lanzamiento	1	2	3	4	5	6	7	8	9	10	11	12	13	14	15	16	17	18
Cara	✗		✗	✗		✗		✗	✗		✗		✗	✗	✗		✗	✗
Cruz		✗			✗		✗			✗		✗				✗		

1. P(cara) ____________________

2. P(cruz) ____________________

Trabajas en un negocio de impresión de camisetas. 564 de 4,700 camisetas enviadas no están impresas correctamente.

3. ¿Cuál es la probabilidad experimental de que una camiseta no esté impresa correctamente?

____

4. Predice el número de camisetas que no estarán correctamente impresas en un lote de 2,000.

____

Usa la rueda de la derecha para hallar la probabilidad de cada suceso.

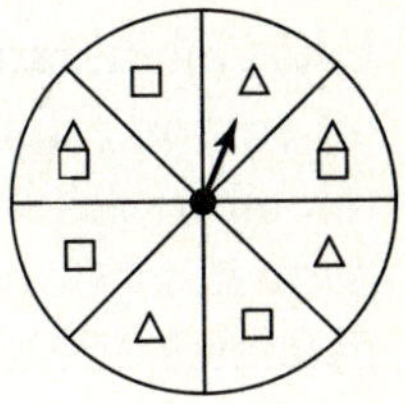

5. $P(\triangle)$ ____________________

6. $P(\square)$ ____________________

7. $P(\genfrac{}{}{0pt}{}{\triangle}{\square})$ ____________________

8. $P(\triangle$ o $\square)$ ____________________

9. $P(\triangle$ o $\genfrac{}{}{0pt}{}{\triangle}{\square})$ ____________________

10. P(ni $\triangle$ ni $\square$) ____________________

Imagina que tienes una bolsa que contiene 4 canicas negras, 3 verdes, 1 roja y 2 anaranjadas. Halla cada probabilidad.

11. P(verde) ____________________

12. P(verde o roja) ____________________

13. P(no naranja) ____________________

14. P(verde o negra) ____________________

15. P(roja, luego naranja sin reponer la roja) ____________________

16. P(negra) ____________________

Las letras G E O M E T R Í A están escritas en varias cartas. Mezclas bien las cartas y, sin mirar, sacas una letra, vuelves a meterla, y luego sacas otra. Halla cada probabilidad.

17. P(E, T) ____________________

18. P(M, Í) ____________________

Prueba del capítulo (continuación) Versión A

Capítulo 12

Se lanza una moneda tres veces. Usa esta información para resolver los ejercicios 19 a 21.

19. Haz una lista del espacio muestral (C, cara; X, cruz).

____

20. *P*(sacar cara exactamente dos veces)

____

21. *P*(sacar cruz al menos dos veces)

____

Resuelve.

22. Un grupo de investigadores marcaron 36 gansos de un estanque y luego los dejaron en libertad. Posteriormente, contaron 20 gansos, 12 de los cuales estaban marcados. Estima la población de gansos.

____

23. ¿Cuántas permutaciones de dos letras se pueden hacer con las letras L, M, N, O y P?

____

24. ¿Cuántas combinaciones de tres letras se pueden hacer con las letras de la palabra NEGRO?

____

25. Estás intentando coleccionar las nueve estampas de los jugadores de béisbol de un equipo estelar. Cada paquete de estampas que compras contiene una de un miembro del equipo. Estas estampas están distribuidas por igual en todos los paquetes. ¿Cómo puedes usar una simulación para estimar el número de paquetes que tendrás que comprar para conseguir las nueve estampas?

____

____

____

Un restaurante ofrece las siguientes posibilidades para el desayuno:

Huevos: revueltos, fritos o escalfados
Carne: tocino, salchicha o jamón
Pan: de trigo, blanco, de centeno o integral

Usa esta información para resolver los ejercicios 26 y 27.

26. ¿Cuántas combinaciones de desayunos distintos son posibles si se elige un elemento de cada lista de huevos, carne y pan?

____

27. El Súper Desayuno te permite elegir dos elementos de la lista de carne. ¿Cuántas combinaciones de desayuno son posibles si seleccionas uno de los tipos de huevos y de pan, y dos opciones distintas de carne?

____

Nombre ______________ Clase ______________ Fecha ______________

Prueba del capítulo Versión B

Capítulo 12

Usa los datos que aparecen a continuación. Halla la probabilidad experimental de cada suceso en forma de fracción, decimal y porcentaje.

Lanzamiento	1	2	3	4	5	6	7	8	9	10	11	12	13	14	15	16	17	18
Cara	✗	✗	✗	✗	✗				✗				✗		✗		✗	✗
Cruz						✗	✗	✗		✗	✗	✗		✗		✗		

1. *P*(cara) ______________
2. *P*(cruz) ______________

Una empresa fabrica cámaras desechables de 35 mm. Hay un promedio de 22 cámaras defectuosas de cada 500.

3. ¿Cuál es la probabilidad experimental de que una cámara esté defectuosa?

____

4. Predice el número de cámaras defectuosas en un lote de 1,300.

____

Usa la rueda de la derecha para hallar la probabilidad de cada suceso.

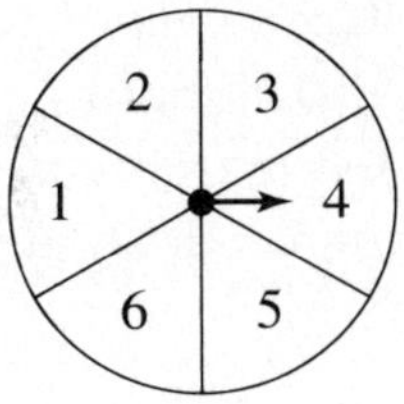

5. *P*(2) ______________
6. *P*(menos de 4) ______________
7. *P*(no 1) ______________
8. *P*(par) ______________
9. *P*(impar) ______________
10. *P*(1 ó 6) ______________

Tienes una bolsa con 15 canicas. Tres son rojas; cinco, blancas; y siete, negras. Halla cada probabilidad.

11. *P*(roja) ______________
12. *P*(blanca o roja) ______________
13. *P*(blanca o negra) ______________
14. *P*(no blanca) ______________
15. *P*(roja, luego negra sin reponer la roja) ______________
16. *P*(negra) ______________

Las letras C O R R E R están escritas en varias cartas. Mezclas bien las cartas y, sin mirar, sacas una letra, la vuelves a meter, y luego sacas otra. Halla cada probabilidad.

17. *P*(C, R) ______________
18. *P*(O, C) ______________

Nombre ______________________ Clase ______________ Fecha ______________

Prueba del capítulo (continuación) Versión B

Capítulo 12

Se lanza una moneda cuatro veces. Usa esta información para resolver los ejercicios 19 a 21.

19. Haz una lista del espacio muestral (C, cara; X, cruz).

____

____

20. P(sacar cara exactamente tres veces) ____

21. P(sacar cruz al menos dos veces) ____

22. Un grupo de investigadores marcaron 48 gansos de una zona en particular. Posteriormente, hicieron un conteo aéreo de 16, 12 de los cuales estaban marcados. Estima la población de gansos.

____

23. ¿Cuántas permutaciones de tres letras se pueden hacer con las letras de la palabra BLANCO?

____

24. ¿Cuántas combinaciones de CUATRO letras se pueden hacer con las letras A, B, C, D y E?

____

25. Cada caja de té trae la miniatura de un animal. Hay 4 animales distintos distribuidos por igual en todas las cajas. Describe una simulación de cómo estimarías cuántos meses te llevaría coleccionar las 4 figuras si compraras una caja de té por mes.

____

____

____

La cafetería para los empleados de una empresa ofrece un sándwich, un guiso o una tortilla como opciones para el almuerzo. Cada menú incluye sopa o ensalada y una bebida a elegir entre refresco, agua natural, agua mineral o jugo.

Usa esta información para resolver los ejercicios 26 y 27.

26. ¿Cuántas combinaciones de almuerzo son posibles si se elige un elemento de cada lista de plato principal, acompañamiento y bebida?

____

27. El Súper Almuerzo te permite elegir dos elementos de la lista de platos principales. ¿Cuántas combinaciones de almuerzo son posibles si seleccionas uno de los acompañamientos y una bebida y dos opciones distintas de plato principal?

____

Nombre ______________________ Clase ______________ Fecha ______________

Repaso acumulativo

Capítulo 1

Opción múltiple. Elige la letra de la mejor respuesta.

1. ¿Cuál de las siguientes opciones muestra el orden de menor a mayor de la media, la mediana y la moda de este conjunto de datos?
0, 1, 2, 2, 2, 3, 4, 7, 10, 11

   A. moda, mediana, media

   B. mediana, moda, media

   C. moda, media, mediana

   D. media, mediana, moda

2. Has ahorrado $35.75. ¿Cuántos casetes podrás comprar aproximadamente si cada uno cuesta $8.47 con impuestos incluidos?

   F. 2 casetes **G.** 3 casetes

   H. 4 casetes **I.** 5 casetes

3. Identifica la propiedad de la siguiente suma.
$(1.5 + 2.5) + 3 = 1.5 + (2.5 + 3)$

   A. asociativa **B.** distributiva

   C. conmutativa **D.** de identidad

4. ¿Qué expresión *no* es igual a $2.7 \times 3.6 \div 9$?

   F. $2.7 \div 9 \times 3.6$

   G. $3.6 \times 9 \div 2.7$

   H. $3.6 \times 2.7 \div 9$

   I. $3.6 \div 9 \times 2.7$

5. ¿Cuál es el *décimo dígito* del cociente $120 \div 11$?

   A. 0 **B.** 1

   C. 8 **D.** 9

6. Sara ahorró $12.50 durante cinco semanas. Su hermano ahorró $13.75 durante cinco semanas. ¿Cuánto más ahorró él?

   F. $6.25 **G.** $62.50

   H. $6.88 **I.** $68.75

7. ¿Qué lista muestra los siguientes números enteros ordenados de menor a mayor?
$0, -1, 2, -3, -8$

   A. $-1, -3, -8, 0, 2$

   B. $-8, -3, -1, 0, 2$

   C. $0, -8, -3, -1, 2$

   D. $0, -1, 2, -3, -8$

8. La comisión de estudiantes compró para un baile 178 claveles a $.49 cada uno. ¿Cuál es la mejor estimación de la cantidad total que se pagó por los claveles?

   F. $70 **G.** $90

   H. $100 **I.** $120

9. La temperatura de Marte alcanza los 27 ºC durante el día y baja a −125 ºC durante la noche. ¿Cuál es la temperatura promedio?

   A. −49 ºC

   B. +76 ºC

   C. +49 ºC

   D. −76 ºC

10. Divide: $-10 \div (-2)$

   F. -5 **G.** $-\frac{1}{5}$

   H. $\frac{1}{5}$ **I.** 5

11. ¿Cuál de los siguientes enunciados es siempre verdadero?
   I. Un entero negativo más un entero negativo es igual a un entero negativo.
   II. Un entero negativo menos un entero negativo es igual a un entero negativo.

   A. Sólo el II **B.** El I y el II

   C. Sólo el I **D.** Ni el I ni el II

Nombre ______________________ Clase ______________ Fecha ____________

Repaso acumulativo (continuación)

Capítulo 1

12. ¿En cuál de las siguientes operaciones se usa la propiedad distributiva para hallar 7×57?

F. $7 \times 5 \times 7$

G. $7(50 \times 7)$

H. $(7 \times 50) + 7$

I. $(7 \times 50) + (7 \times 7)$

13. Las calificaciones en las pruebas de francés de Tim son 86, 96, 88 y 91. ¿Qué calificación debe obtener Tim en la próxima prueba para tener un promedio de 92?

A. 89 **B.** 93

C. 97 **D.** 99

14. ¿Cuáles son los dos números que sumados dan 36 y multiplicados, 320?

F. 26 y 10 **G.** 32 y 10

H. 20 y 16 **I.** 8 y 40

15. ¿Qué ecuación es verdadera?

A. $17 - 3 \times 5 = 2$

B. $20 - 5 \times 3 = 45$

C. $10 + 3 \times 2 = 26$

D. $6 + 5 \times 9 = 99$

16. ¿Qué número entero está entre -6 y -2?

F. 0 **G.** -1

H. -3 **I.** -8

17. ¿Qué símbolo hace que este enunciado sea verdadero? $7 + 3 \times 2 = 5 \times 3$ __?__ 2

A. $-$ **B.** $\div$

C. $\times$ **D.** $+$

18. ¿Qué número hace que este enunciado sea verdadero? 28.2 cm = __?__ m

F. 0.282 **G.** 2.82

H. 28.2 **I.** 282

19. La familia Rory manejó 310 millas por día durante cuatro días. El viernes manejaron 250 millas hasta llegar a Centerville. El sábado, 150 millas hasta llegar a Westfield. ¿Qué más necesitas saber para determinar cuántas millas hicieron en promedio cada día de esa semana?

A. el número de millas que manejaron de vuelta a casa

B. el número de días en una semana

C. la distancia de Centerville a Westfield

D. el número de millas que manejaron el séptimo día

20. ¿Cuál de estos pesos es el menor?

F. 24.378 kg **G.** 24.387 kg

H. 24.390 kg **I.** 2.499 kg

21. Bertha, Burt, Barb y Brenda participaron en un concurso de natación. Burt quedó en el último lugar. Brenda terminó entre Burt y Barb. Bertha quedó en primer lugar. ¿Quién quedó en el tercer lugar?

A. Brenda **B.** Barb

C. Bertha **D.** Burt

Respuesta desarrollada

22. El indicador del nivel de agua mide en metros el aumento y la disminución del nivel de agua de una presa. El 0 del indicador muestra el nivel de agua normal de la presa. ¿Cuál era el nivel del agua al final del verano? ¿Y al final del invierno? Halla la diferencia entre los dos niveles.

Indicador del nivel del agua

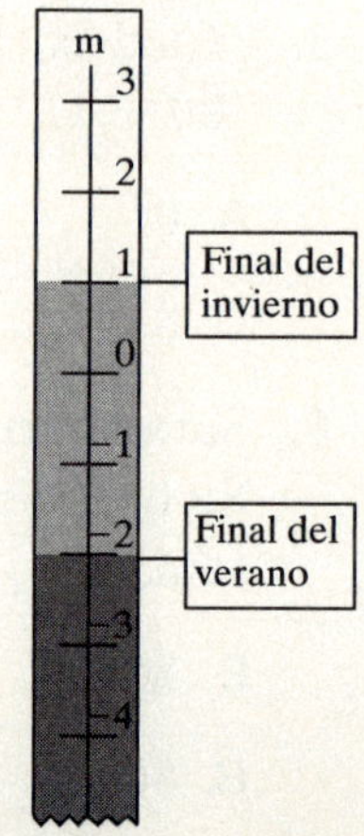

____

____

Repaso acumulativo

Capítulos 1 y 2

Opción múltiple. Encierra en un círculo la mejor respuesta.

1. Halla la media y la mediana de estos puntajes en los bolos.

123 138 142 133

A. 134 y 19 **B.** 123 y 142

C. 135 y 135.5 **D.** 134 y 135.5

2. Un golfista hizo 1 lanzamiento sobre par en el primer hoyo y 2 lanzamientos bajo par en el segundo hoyo. ¿Cuál fue el puntaje del golfista en ese punto?

F. −1 lanzamiento **G.** 1 lanzamiento

H. −3 lanzamientos **I.** 3 lanzamientos

3. Usa $C = 35h + p$ para hallar el costo (C) de la reparación de un automóvil si la tarifa es de $35 la hora ($h$) de trabajo más el costo de las piezas (p). El mecánico estima que le llevará 2 horas de trabajo y necesitará $75 para las piezas.

A. $220 **B.** $110

C. $145 **D.** $35

4. ¿Cuál es la operación inversa de dividir por 12?

F. sumar 12

G. multiplicar por 12

H. restar 12

I. dividir por −12

5. Ordena de menor a mayor.

0.586 0.865 0.658 0.568

A. 0.865, 0.658, 0.568, 0.586

B. 0.658, 0.568, 0.865, 0.586

C. 0.586, 0.568, 0.658, 0.865

D. 0.568, 0.586, 0.658, 0.865

6. Pierre manejó 305.8 millas con el tanque de combustible lleno. Luego llenó el tanque con 11 galones de combustible. ¿Cuál fue la media de millas por galón?

F. 27.8 **G.** 28

H. 30 **I.** 40

7. ¿Cuál es la propiedad de la multiplicación que se muestra? $8(6.3) = 8(6) + 8(0.3)$

A. propiedad de identidad

B. propiedad conmutativa

C. propiedad asociativa

D. propiedad distributiva

8. Usa el cálculo mental para hallar la suma.
$5.3 + 6.2 + 4.7 + 4.8$

F. 20.0 **G.** 21.0

H. 22.0 **I.** 23.0

9. Mark se compró un especial de ensalada por $4.95. Su hermano se compró un especial de pollo por $5.50. Si los impuestos eran de $.55, ¿cuánto les devolvieron de un billete de $20?

A. $10 **B.** $9

C. $9.50 **D.** $8

10. Cuando se multiplican dos factores, cada uno con un decimal, ¿cuántos decimales debe tener la respuesta?

F. 0 **G.** 1

H. 2 **I.** 3

11. ¿Cuál de las siguientes igualdades es verdadera?

A. $5 + (5 \div 5) - 5 = 1$

B. $5 \times (5 + 5) - 5 = 25$

C. $5 - 5 \times (5 - 5) = 0$

D. $5 \div 5 + 5 + 5 = 75$

Repaso acumulativo (continuación)

Capítulos 1 y 2

12. Resuelve la ecuación. $4y - 6 = -18$

F. 3 **G.** 6

H. -3 **I.** -6

13. Evalúa $8n - 3m$ para $n = 4$ y $m = 3$.

A. 23 **B.** 50

C. 41 **D.** 10

14. Los miembros del Club Alemán organizaron una venta de dulces. Vendieron las galletas pequeñas a $.35 y las grandes a $1.00. Los ingredientes costaron $4.95. ¿Qué expresión muestra cuánto dinero ganaron con la venta de galletas?

F. $(0.35 + 1) - 4.95n$

G. $0.35n + m - 4.95$

H. $1.35n - 4.95$

I. $1.35n + 4.95$

15. ¿Cuál de los enunciados sobre las variables *no* es verdadero?

A. Una variable se usa para representar una cantidad cuyos valores pueden cambiar o variar.

B. A menudo se usan letras para representar las variables.

C. Una variable es una regla que muestra las relaciones entre cantidades.

D. Los valores conocidos pueden sustituir a las variables en una fórmula.

16. ¿Cuál de las siguientes expresiones no es equivalente a $-8 - (-8)$?

F. $-8 + 8$ **G.** 0

H. $8 - 8$ **I.** $-8 + (-8)$

17. Usa el cálculo mental para simplificar $-4 + (-6) - (-4) - (-7)$.

A. -21 **B.** 21

C. 1 **D.** 0

18. Jason abrió su cuenta de ahorros con $100. En una semana retiró $45 para comprar regalos y $20 para comprar una camisa. A la semana siguiente, depositó $125. ¿Qué expresión podría usar Jason para mostrar cuánto dinero tenía después del segundo depósito?

F. $100 - 65$

G. $(100 + 125) - (45 + 20)$

H. $(100 - 45 + 20) + 125$

I. $100 + 125 - 45 + 20$

19. Shayna abrió una nueva cuenta bancaria. El lunes depositó $75.50, el martes retiró $15.75 el miércoles retiró $35.48, el jueves depositó $50.36 y el viernes retiró $60.91. ¿Cuál era su saldo el viernes?

A. $15.46 **B.** $74.63

C. $13.72 **D.** $238.00

20. Resuelve $\frac{3n}{5} - 9 = 0$.

F. -15 **G.** 5.4

H. 15 **I.** 135

21. Si en una gráfica lineal numérica está sombreado todo lo que se encuentra a la izquierda de -9, ¿qué desigualdad se representa?

A. $y < x - 9$ **B.** $y < x + 9$

C. $y < -9$ **D.** $x < -9$

Respuesta corta

22. Se divide un número por 2 y al resultado se le resta 6. ¿Qué operaciones son necesarias para volver al número original?

____

Nombre ______________________ Clase ______________ Fecha ______________

Repaso acumulativo

Capítulos 1 a 3

Opción múltiple. Elige la letra de la mejor respuesta.

1. ¿Qué números están ordenados de menor a mayor?

A. 1.1, 1.2, 1.25, 1.415

B. 0.2, 0.02, 2.2, 0.22

C. 0.3, 0.6, 0.51, 0.65

D. 3.5, 3.41, 3.02, 3.6

2. Karl obtuvo puntajes de 38, 57, 48, 62 y 55 en cinco videojuegos. ¿Cuál es la media de su puntaje?

F. 24 **G.** 38

H. 52 **I.** 55

3. ¿Cuál es la mayor diferencia?

A. 2.5 – 2.3

B. 5.5 – 4.15

C. 3.75 – 2.95

D. 8.05 – 7.85

4. ¿Qué número es el valor extremo?

25 34 63 27 31

F. 34 **G.** 25

H. 63 **I.** 36

5. ¿Qué ecuación es verdadera?

A. $7 - (-3) = -10$

B. $8 - 12 = (-2)(-2)$

C. $18 \div (-2) = 9$

D. $(-1)(-2)(-4) = -16 \div 2$

6. Resuelve $4m - 6 = 14$.

F. $m = 2$ **G.** $m = 3$

H. $m = 4$ **I.** $m = 5$

7. Diez monedas idénticas pesan 34.5 g. ¿Cuánto pesa una moneda?

A. 0.345 g **B.** 3.45 g

C. 345 g **D.** ninguna de las anteriores

8. ¿Qué expresión variable está representada por "seis menos dos veces un número"?

F. $2m - 6$ **G.** $m - 6$

H. $2m + 6$ **I.** $6 < 2m$

9. ¿Cuál es la moda de estos datos?

0.12 0.21 0.15 0.51

0.51 0.25 0.52

A. 0.25 **B.** 0.40

C. 0.51 **D.** 0.52

10. ¿Qué suma es positiva?

F. $-56 + (-4)$ **G.** $81 + (-90)$

H. $-48 + 55$ **I.** $-76 + 45$

11. ¿Qué ecuación tiene la misma solución que $6a + 3 = 21$?

A. $2a - 3 = 7$ **B.** $5a + 1 = 21$

C. $6a - 21 = 9$ **D.** $16 - a = 13$

12. Brandon leyó las primeras 85 páginas de un libro. Si lee 53 páginas más, llegará a la mitad del libro. ¿Cuántas páginas tiene el libro?

F. 69 páginas **G.** 138 páginas

H. 276 páginas **I.** 414 páginas

13. Evalúa $48 \div (3 \times 4) - 6$.

A. -3 **B.** -2

C. 14 **D.** 42

Repaso acumulativo (continuación)

Capítulos 1 a 3

14. ¿Qué frase está representada por $3 + 2m$?

F. el producto de tres y el doble de un número

G. la suma de un número y tres

H. la diferencia entre el doble de un número y tres

I. la suma de tres y el doble de un número

15. ¿Cuál de las siguientes operaciones es equivalente a $4^2 - 2^4$?

A. $2^6 - 6^2$ **B.** $5^3 - 3^5$

C. $8^2 - 2^8$ **D.** $2^4 - 4^2$

16. ¿Cuál de las siguientes fracciones es equivalente a $\frac{7}{8}$?

F. $\frac{14}{18}$ **G.** $\frac{28}{30}$

H. $\frac{35}{40}$ **I.** $\frac{21}{28}$

17. ¿Qué fracción es la mayor?

A. $\frac{2}{5}$ **B.** $\frac{1}{6}$

C. $\frac{6}{10}$ **D.** $\frac{14}{18}$

18. ¿Cuál es el MCD de 84 y 126?

F. 42 **G.** 21

H. 18 **I.** 7

19. Las camisetas de los miembros de un equipo están numeradas del 01 al 42. ¿Cuántas camisetas contienen el dígito 0?

A. 9 camisetas **B.** 10 camisetas

C. 12 camisetas **D.** 13 camisetas

20. ¿Cómo se expresa $5\frac{2}{3}$ en forma de fracción impropia?

F. $\frac{10}{3}$ **G.** $\frac{15}{3}$

H. $\frac{17}{3}$ **I.** $\frac{52}{3}$

Respuesta gráfica

21. ¿Cuál es el menor número de bailarines que se necesitan si el coreógrafo los quiere ordenar en grupos de 4, 5 ó 6 sin que sobre ninguno?

____

Respuesta corta

22. Randall alquiló mesas de dos tamaños para una cena. En unas mesas puede sentar a 5 personas y en otras, a 8. Piensa sentar a 79 personas usando menos de 12 mesas. Si no quedan espacios vacíos, ¿cuántas mesas habrá de cada tamaño?

____

____

23. Mia anduvo 1.6 km con su bicicleta el sábado. Max anduvo $1\frac{2}{3}$ km con la suya el domingo. ¿Quién anduvo más? Explica tu respuesta.

____

____

Respuesta desarrollada

24. Explica la diferencia entre un número primo y un número compuesto. Da un ejemplo de cada uno.

____

____

____

____

____

____

____

Nombre ______________________ Clase ______________ Fecha ______________

Repaso acumulativo

Capítulos 1 a 4

Opción múltiple. Elige la letra de la mejor respuesta.

1. Compras un sándwich por \$2.89, una bebida por \$.95 y una manzana por \$.75. Estima, redondeando al dólar más cercano, el vuelto que te darán si pagas con un billete de diez dólares.

   A. alrededor de \$4

   B. alrededor de \$5

   C. alrededor de \$6

   D. alrededor de \$7

2. Si multiplicas 0.23×1.492, ¿cuántos decimales tendrá la respuesta?

   F. 2 decimales **G.** 3 decimales

   H. 4 decimales **I.** 5 decimales

3. Kate dividió 0.54 por 0.9 y le dio 6. Esta respuesta no es correcta. ¿Cuál de las siguientes es la respuesta correcta?

   A. 60 **B.** 0.6

   C. 0.06 **D.** 0.006

4. ¿Cuál de las siguientes operaciones es equivalente a $5(52) + 27 \div 9$?

   F. $5(50 + 2) + 3$

   G. $5(50 - 2) + 3$

   H. $(260 + 27) \div 9$

   I. $260 \div 3$

5. ¿Cuál es mayor: $4^3, 8^2, 3^4$ ó 2^6?

   A. 4^3 **B.** 8^2

   C. 3^4 **D.** 2^6

6. ¿Cuál es el dígito de las unidades cuando se evalúa 3^{17}?

   F. 1 **G.** 3

   H. 7 **I.** 9

7. ¿Cuál es el valor de $5 + 3 \times 4$?

   A. 12 **B.** 17

   C. 19 **D.** 32

8. Estos datos representan el número de revistas que se han vendido en los últimos cinco días.
   153 217 182 150 298
   ¿Cuál es la media?

   F. 145 **G.** 153

   H. 182 **I.** 200

9. Harold subió al ascensor en el piso décimo. Subió 26 pisos, bajó 32, volvió a subir 28 y luego bajó 17. ¿En qué piso se encuentra ahora?

   A. piso 5 **B.** piso 15

   C. piso 40 **D.** piso 113

10. ¿Cuál de los siguientes enunciados es correcto?

    F. $-27 > -20$

    G. $-15 > 15$

    H. $-6 > -9$

    I. $0 > 17$

11. Enise quiere llegar a la escuela a las 8:00 a.m. Le lleva $\frac{1}{2}$ h vestirse, $\frac{1}{3}$ h preparar y tomarse el desayuno y 20 minutos ir en bicicleta a la escuela. ¿A qué hora debería levantarse?

    A. 6:50 a.m.

    B. 6:30 a.m.

    C. 6:00 a.m.

    D. 7:30 a.m.

12. ¿Cuál es la solución de $30y = -60$?

    F. -30 **G.** -2

    H. 2 **I.** 30

Repaso acumulativo (continuación)

Capítulos 1 a 4

13. ¿Cuántos pies hay en 12 yd 2 pies?

A. $12\frac{2}{3}$ pies **B.** 26 pies

C. 36 pies **D.** 38 pies

14. ¿Qué par de fracciones son equivalentes?

F. $\frac{24}{36}, \frac{2}{3}$

G. $\frac{8}{9}, \frac{40}{50}$

H. $\frac{3}{4}, \frac{33}{34}$

I. $\frac{15}{18}, \frac{12}{15}$

15. ¿Cuál es el máximo común divisor, o MCD, de 36 y 24?

A. 3 **B.** 6

C. 9 **D.** 12

16. ¿Cuáles son los factores primos de 156?

F. 2, 3, 39

G. 2, 2, 3, 13

H. 3, 4, 13

I. 2, 6, 13

17. ¿Qué número es primo?

A. 67 **B.** 123

C. 456 **D.** 785

18. ¿Qué número es equivalente a $\frac{56}{9}$?

F. $\frac{18}{8}$ **G.** $6\frac{2}{3}$

H. $\frac{9}{56}$ **I.** $6\frac{2}{9}$

19. ¿Qué lista está ordenada de mayor a menor?

A. $\frac{3}{8}, \frac{1}{4}, \frac{4}{5}$

B. $2\frac{1}{2}, 2\frac{5}{6}, 2\frac{9}{10}$

C. $\frac{7}{6}, \frac{1}{2}, \frac{1}{3}$

D. $\frac{5}{8}, \frac{5}{6}, \frac{5}{9}$

20. ¿Qué decimal es más cercano a $\frac{7}{19}$?

F. 0.36 **G.** 0.372

H. 0.37 **I.** 0.368

21. Estima la suma de $7\frac{3}{4} + 3\frac{9}{10} + 1\frac{1}{5}$ redondeando al número entero más cercano.

A. 14 **B.** 13

C. 12 **D.** 11

22. Este año, aproximadamente $\frac{3}{4}$ de los estudiantes de séptimo grado fueron a un viaje de estudio. Si hay 242 estudiantes en séptimo grado, ¿cuántos estudiantes aproximadamente fueron al viaje?

F. 312 estudiantes

G. 240 estudiantes

H. 200 estudiantes

I. 180 estudiantes

23. Una porción de nueces pesa $\frac{3}{4}$ oz. ¿Cuántas porciones hay en una lata de $13\frac{1}{2}$ oz?

A. 20 porciones

B. 19 porciones

C. 18 porciones

D. 16 porciones

Respuesta corta

24. Stuart va a jugar un partido de voleibol. El partido empieza a las 9 a.m. El entrenador quiere que los jugadores estén en el gimnasio 30 minutos ante de que empiece el partido. A Stuart le lleva 55 minutos llegar al gimnasio. Antes de salir, necesita 30 minutos para comer y prepararse, y 5 minutos para cargar combustible. ¿A qué hora debe levantarse Stuart el día del partido?

____

Nombre ______________________ Clase ______________ Fecha ______________

Repaso acumulativo

Capítulos 1 a 5

Opción múltiple. Elige la letra de la mejor respuesta.

1. ¿Qué punto de la recta numérica muestra el producto (–5) × 2?

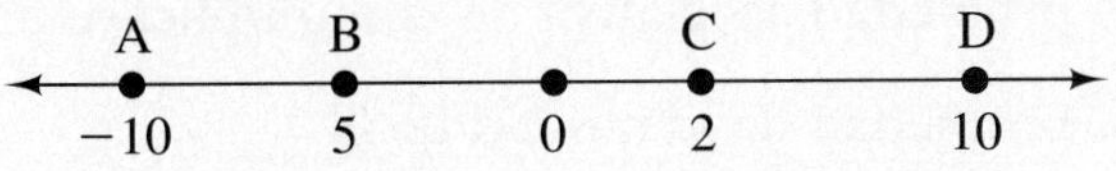

2. ¿Qué ecuación *no* es equivalente a $2x - 4 = 9$?

F. $-4 + 2x = 9$

G. $2x - 9 = 4$

H. $-9 + 2x = 4$

I. $4 - 2x = 9$

3. Resuelve $\frac{x}{6} = -8$.

A. $x = -2$

B. $x = -48$

C. $x = 14$

D. $x = -8$

4. Resuelve $-9m = -63$.

F. $m = -72$

G. $m = -54$

H. $m = 567$

I. $m = 7$

5. ¿Qué decimal es igual a $\frac{3}{8}$?

A. 0.125 **B.** 0.375

C. 0.38 **D.** 0.83

6. ¿Cuál es el mcd de $\frac{2}{9}$ y $\frac{5}{6}$?

F. 9 **G.** 18

H. 27 **I.** 54

7. ¿Qué número es más cercano a $1\frac{1}{2}$?

A. $\frac{9}{5}$ **B.** $1\frac{1}{3}$

C. $\frac{8}{5}$ **D.** $\frac{9}{10}$

8. Estima cuántas cajas de $\frac{1}{3}$ lb se pueden llenar con una bolsa de arroz de $5\frac{3}{4}$ lb.

F. alrededor de 10

G. alrededor de 12

H. alrededor de 15

I. alrededor de 18

9. $\triangle ABC$ es similar a $\triangle DEF$. ¿Cuál es el valor de x?

A. 1.5 **B.** 2

C. 2.5 **D.** 5

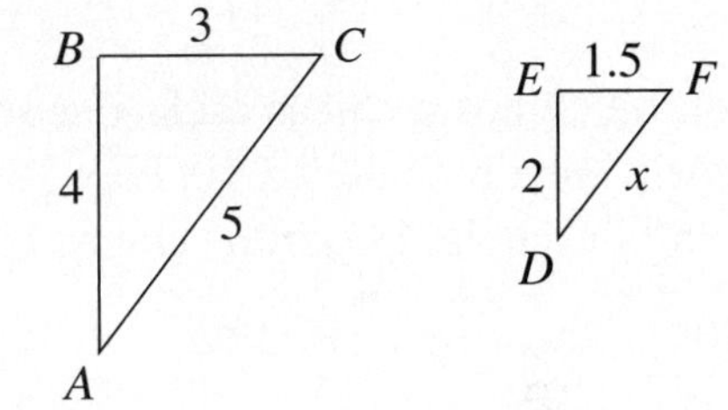

10. ¿Cuál es la razón $\frac{45}{90}$ en su mínima expresión?

F. $\frac{9}{18}$ **G.** $\frac{15}{30}$

H. $\frac{3}{6}$ **I.** $\frac{1}{2}$

11. Jason compró $4\frac{2}{3}$ yd de cuerda para hacer un columpio. ¿Cómo se representa este número en forma de fracción impropia?

A. $\frac{6}{3}$ **B.** $\frac{14}{3}$

C. $\frac{7}{2}$ **D.** $\frac{12}{3}$

12. ¿Cuál es la siguiente fracción de este patrón? $\frac{4}{2}, \frac{6}{3}, \frac{8}{4}, \frac{10}{5}, \ldots$

F. $\frac{11}{5}$ **G.** $\frac{12}{5}$

H. $\frac{12}{6}$ **I.** $\frac{11}{6}$

Repaso acumulativo (continuación)

Capítulos 1 a 5

13. Bob estuvo $\frac{5}{6}$ h haciendo su tarea. Su hermano Gene estuvo $\frac{3}{4}$ h; su hermana Shirley, $\frac{4}{5}$ h y su hermana Mary Jane, $\frac{2}{3}$ h. ¿Quién pasó más tiempo haciendo la tarea?

A. Bob

B. Gene

C. Shirley

D. Mary Jane

14. Las páginas de un libro están numeradas del 1 al 250. ¿Cuántas páginas contienen al menos una vez el dígito 5?

F. 20 **G.** 25

H. 45 **I.** 44

15. La razón de chicos a chicas en la Escuela Secundaria Austin es de 9 a 10. Hay 189 chicos en la escuela. ¿Cuántas chicas hay?

A. 1,890 **B.** 189

C. 210 **D.** 21

16. En una tienda, los mismos calcetines vienen empaquetados de cuatro maneras distintas. ¿Cuál es la mejor compra?

F. 1 por $1.29

G. 2 por $2.49

H. 4 por $4.79

I. 6 por $7.39

17. Suzanne necesitaba material para su proyecto de la escuela. Compró 2.75 yardas de material al precio de $3.82 la yarda. ¿Cuál fue el costo total del material? Redondea al centavo más cercano.

A. $105.50 **B.** $11.53

C. $10.51 **D.** $9.50

18. ¿Qué propiedad ilustra el hecho de que $71.7 \times 1 = 71.7$?

F. propiedad del cero en la multiplicación

G. propiedad asociativa de la multiplicación

H. propiedad de identidad de la multiplicación

I. propiedad conmutativa de la multiplicación

Respuesta gráfica

19. Si la escala de un mapa es de 0.5 cm : 15 km, entonces 4.0 cm = __________ km.

Respuesta corta

20. ¿Cómo demostrarías que $\frac{16}{19} = \frac{32}{39}$ no es una proporción? ¿Qué número de estas razones cambiarías para formar una proporción?

____

____

____

____

Respuesta desarrollada

21. Halla los equivalentes decimales de las siguientes fracciones: $\frac{1}{11}$; $\frac{2}{11}$; $\frac{3}{11}$; $\frac{4}{11}$. Predice a partir del patrón hallado cuáles serían los equivalentes decimales de $\frac{5}{11}$, $\frac{6}{11}$. Muestra tu trabajo.

____

____

Nombre ____________________ Clase ____________ Fecha ____________

Repaso acumulativo

Capítulos 1 a 6

Opción múltiple. Encierra en un círculo la letra de la mejor respuesta.

1. ¿Qué número es 1.92509 redondeado a la diezmilésima más cercana?

   A. 1.9251 **B.** 1.9250
   C. 1.93000 **D.** 1.90000

2. Halla el valor de $(3.1 + 9.8) + 0.9$.

   F. 138 **G.** 13.8
   H. 12.9 **I.** 12

3. Halla el producto 2.4×0.06.

   A. 0.0144 **B.** 0.144
   C. 1.44 **D.** 14.4

4. Halla el cociente $0.45 \div 9$.

   F. 5 **G.** 0.5
   H. 0.05 **I.** 0.005

5. ¿Qué expresión variable se podría usar para hallar el número de lápices en *c* cajas si hay 12 lápices en una caja?

   A. $c + 12$ **B.** $c - 12$
   C. $\frac{c}{12}$ **D.** $12c$

6. ¿Cuál de las siguientes series está ordenada de menor a mayor?

   F. $-9, -5, 0, |-2|$
   G. $|-5|, -4, 2, 6.7$
   H. $1.5, 0.9, -4, -6$
   I. $-1, 0, -0.3, 7$

7. Evalúa $-3 - (-9) + 4$.

   A. -10 **B.** -8
   C. 10 **D.** 8

8. Resuelve la ecuación $-9x = -72$.

   F. -9 **G.** -8
   H. 8 **I.** 9

9. Resuelve $\frac{x}{5} + 8 = 3$.

   A. 1 **B.** 0
   C. -1 **D.** -25

10. Halla el mcm de 16 y 20.

    F. 20 **G.** 40
    H. 60 **I.** 80

11. Ordena estas fracciones de menor a mayor. $\frac{2}{5}, \frac{1}{3}$, y $\frac{3}{8}$

    A. $\frac{3}{8}, \frac{2}{5}, \frac{1}{3}$ **B.** $\frac{1}{3}, \frac{3}{8}, \frac{2}{5}$
    C. $\frac{3}{8}, \frac{1}{3}, \frac{2}{5}$ **D.** $\frac{2}{5}, \frac{3}{8}, \frac{1}{3}$

12. Evalúa $2^4 \times 3^2$.

    F. 144 **G.** 96
    H. 72 **I.** 48

13. Halla el MCD de 48 y 60.

    A. 20 **B.** 40
    C. 60 **D.** 12

14. Escribe $\frac{8}{15}$ en forma decimal.

    F. 1.875 **G.** 0.5
    H. 0.53 **I.** $0.5\overline{3}$

15. Halla la suma. $\frac{5}{6} + \frac{1}{3}$

    A. $\frac{4}{9}$ **B.** $\frac{2}{3}$
    C. $1\frac{1}{6}$ **D.** $\frac{6}{7}$

16. Halla la diferencia. $8\frac{1}{4} - 5\frac{3}{5}$

    F. $3\frac{13}{20}$ **G.** $3\frac{2}{9}$
    H. $2\frac{13}{20}$ **I.** $2\frac{2}{9}$

17. Resuelve $x - \frac{5}{6} = 2\frac{1}{3}$.

    A. $1\frac{1}{2}$ **B.** $2\frac{2}{3}$
    C. 3 **D.** $3\frac{1}{6}$

Repaso acumulativo (continuación)

Capítulos 1 a 6

18. Halla el producto $3 \cdot 4\frac{3}{4}$.

F. $\frac{12}{19}$ **G.** $8\frac{1}{4}$

H. $12\frac{3}{4}$ **I.** $14\frac{1}{4}$

19. Halla el cociente $2\frac{2}{3} \div 2\frac{2}{5}$.

A. $1\frac{1}{9}$ **B.** $1\frac{13}{27}$

C. $4\frac{1}{5}$ **D.** $6\frac{2}{5}$

20. Completa $4\frac{1}{3}$ yd = __?__ pulg.

F. 13 **G.** 52

H. 144 **I.** 156

21. Jason compró $4\frac{2}{3}$ yd de cuerda para hacer un columpio. ¿Cómo se representa este número en forma de fracción impropia?

A. $\frac{6}{3}$ **B.** $\frac{14}{3}$

C. $\frac{7}{2}$ **D.** $\frac{12}{3}$

22. Una radio en oferta tiene un descuento del 15% en relación con su precio regular de $29.99. ¿Aproximadamente cuánto cuesta la radio?

F. $15.00 **G.** $18.00

H. $25.00 **I.** $30.00

23. ¿Qué número *no* es igual a $2\frac{4}{5}$?

A. $2\frac{8}{10}$ **B.** 28%

C. 2.8 **D.** $\frac{14}{5}$

24. ¿Cómo se escribe $\frac{45}{90}$ en su mínima expresión?

F. $\frac{9}{18}$ **G.** $\frac{15}{30}$

H. $\frac{3}{6}$ **I.** $\frac{1}{2}$

25. Resuelve $\frac{2}{3}x + 9 = -3$.

A. -18 **B.** -9

C. -8 **D.** -4

Respuesta gráfica

26. ¿Qué porcentaje de 300 es 126?

____

Respuesta corta

27. Si pasas ocho horas del día durmiendo, ¿qué forma (fracción, decimal o porcentaje) sería más adecuada para representar esta actividad? Explica tu respuesta.

____

____

____

____

Respuesta desarrollada

28. De las fracciones, los decimales y los porcentajes, ¿cuáles son las dos formas que más se parecen? Explica tu respuesta.

____

____

____

____

Nombre ______________________ Clase ______________ Fecha ______________

Repaso acumulativo

Capítulos 1 a 7

Opción múltiple. Elige la letra de la mejor respuesta.

1. Compara. -14×10 _?_ $-28 + (-102)$

   A. $<$ B. $>$
   C. $\geq$ D. $=$

2. ¿Cuál es el valor de $5 \times 6 - 7 \times 3$?

   F. -15 G. 9
   H. 51 I. 69

3. ¿Cómo se escribe $\frac{19}{25}$ en forma decimal?

   A. 0.91 B. 0.1925
   C. 0.25 D. 0.76

4. John tiene $4\frac{1}{2}$ lb de pescado, y quiere que cada persona coma una porción de 6 oz. ¿Cuántas personas comerán?

   F. 6 personas G. 12 personas
   H. 27 personas I. 75 personas

5. ¿Cuál es el valor de 1^{20}?

   A. 1 B. 5
   C. 10 D. 20

6. ¿Cuál es el rango de los siguientes datos? 13.4, 24.2, 33.0, 11.5, 21.0, 35.9, 40.2

   F. 22.5 G. 26.8
   H. 27.0 I. 28.7

7. ¿Cuál es la fracción equivalente a $\frac{8}{12}$?

   A. $\frac{2}{6}$ B. $\frac{10}{15}$
   C. $\frac{3}{4}$ D. $\frac{16}{20}$

8. Resuelve $-3m - 1 = -25$.

   F. -24 G. -8
   H. 3 I. 8

9. Completa. 153 pulg = ______ pies

   A. 4.25 B. 12.75
   C. 51 D. 459

10. El mes pasado, una flor medía $11\frac{1}{4}$ pulg de altura. Este mes, la flor mide $50\frac{7}{8}$ pulg. ¿Cuántas pulgadas creció la flor durante el último mes?

    F. $31\frac{3}{4}$ pulg G. $39\frac{5}{8}$ pulg
    H. $62\frac{1}{8}$ pulg I. ninguna de las anteriores

11. ¿Cómo se expresa $\frac{24}{5}$ en forma de número mixto?

    A. $2\frac{4}{5}$ B. $4\frac{2}{5}$
    C. $4\frac{4}{5}$ D. $5\frac{1}{5}$

12. ¿Cuál es la descomposición en factores primos de 210?

    F. $2 \times 3 \times 5 \times 7$ G. $5 \times 6 \times 7$
    H. $2 \times 7 \times 15$ I. $2 \times 5 \times 21$

13. $\triangle FGH$ tiene ángulos de 78º y 54º. ¿Cuánto mide el tercer ángulo?

    A. 12° B. 36°
    C. 48° D. 96°

14. La escala de un mapa es de 1.5 pulg : 200 mi. En el mapa, la distancia entre Miami y Chicago es de 9 pulg. ¿Cuál es la distancia real entre estas ciudades?

    F. 600 mi G. 1,200 mi
    H. 1,800 mi I. 2,700 mi

15. ¿Cuál de los siguientes es un cuadrilátero regular?

    A. trapecio B. triángulo
    C. cuadrado D. pentágono

Nombre ______________________ Clase ______________ Fecha ______________

Repaso acumulativo (continuación)

Capítulos 1 a 7

16. La media de cinco números es 20. Cuatro de los números son 24, 19, 25 y 22. ¿Cuál es el quinto número?

F. 18 **G.** 10

H. 21 **I.** 24

17. Según la gráfica, ¿cuántas familias tienen más de dos autos?

Número de autos por familia

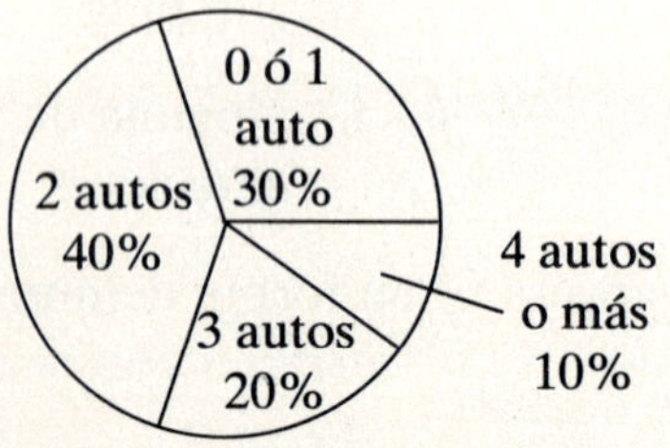

Total de familias: 150

A. 15 familias **B.** 45 familias

C. 60 familias **D.** 105 familias

18. Halla el valor de n en $\frac{32}{n} = \frac{4}{9}$ para que la proporción sea verdadera.

F. 4 **G.** 8

H. 36 **I.** 72

19. ¿Cuál es el 60% de 60?

A. 36 **B.** 60

C. 100 **D.** 360

20. Una computadora en oferta cuesta $2,800. El precio original era de $3,500. Halla el porcentaje de cambio.

F. 20% de disminución

G. 20% de aumento

H. 25% de disminución

I. 25% de aumento

Respuesta corta

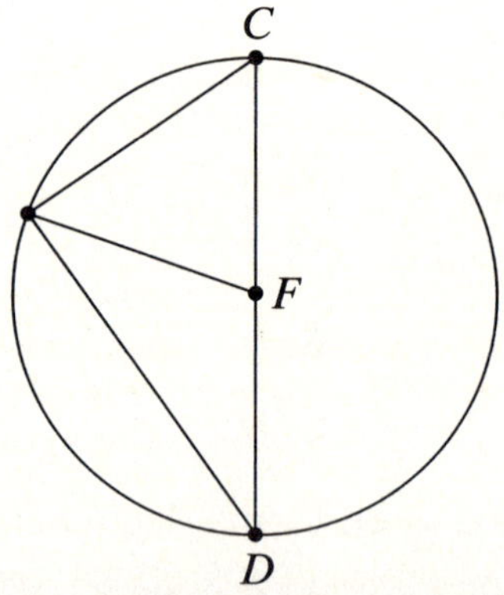

21. Usa el círculo de arriba. Nombra todos los radios indicados en el círculo F.

____

Respuesta gráfica

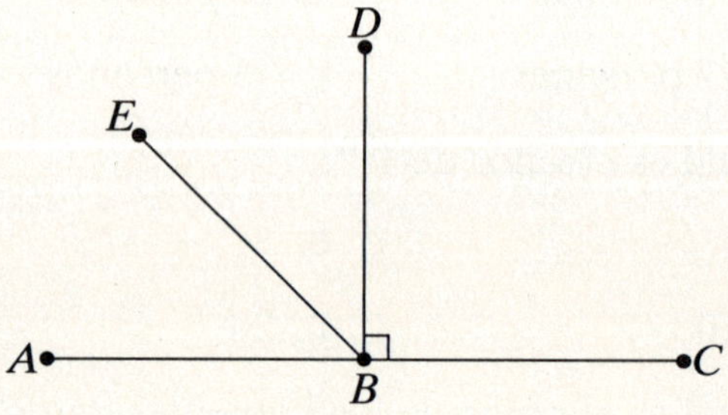

22. Usa la figura de arriba. ¿Cuál es el número máximo de ángulos adyacentes de 20º que pueden trazarse en $\angle DBC$?

____

Nombre ______________________ Clase ______________ Fecha ______________

Repaso acumulativo

Capítulos 1 a 8

Opción múltiple. Elige la letra de la mejor respuesta.

1. ¿Cómo redondeas 3.9256 a la centésima más cercana?

A. 3.9 **B.** 3.92

C. 3.93 **D.** 3.927

2. Halla $3\frac{3}{4} \times 4$.

F. $7\frac{3}{4}$ **G.** 12

H. $12\frac{3}{4}$ **I.** 15

3. Halla la suma mentalmente.
$5.4 + 4.3 + 0.7 + 1.6$

A. 10 **B.** 11

C. 11.5 **D.** 12

4. ¿Cuántas pulgadas son 2 yd 2 pies 5 pulg?

F. 53 pulg **G.** 101 pulg

H. 149 pulg **I.** ninguna de las anteriores

5. Halla la suma $2\frac{1}{3} + 1\frac{1}{4}$.

A. $1\frac{7}{12}$ **B.** $3\frac{1}{12}$

C. $3\frac{2}{7}$ **D.** $3\frac{7}{12}$

6. ¿Qué expresión variable significa "un número disminuido por 7"?

F. $7n$ **G.** $7 - n$

H. $n - 7$ **I.** $\frac{n}{7}$

7. ¿Cuál es la medida de un ángulo obtuso?

A. 14° **B.** 54°

C. 84° **D.** 94°

8. El plano de una casa tiene una escala de 2 cm : 3 m. ¿Cuál es la longitud real de una habitación que mide 30 cm en el plano?

F. 5 m **G.** 20 m

H. 45 m **I.** 90 m

9. De 240 canicas, 180 son de color rojo. ¿Qué porcentaje de canicas es de color rojo?

A. 18% **B.** 25%

C. 42% **D.** 75%

10. Una fotografía mide 8 pulg por 10 pulg. Sally debe ampliarla para que sus lados midan un 125% de la fotografía original. ¿Cuánto medirá la fotografía ampliada?

F. 6.4 pulg por 8 pulg

G. 10 pulg por 12.5 pulg

H. 16 pulg por 20 pulg

I. 64 pulg por 100 pulg

11. ¿Qué porcentaje es $\frac{3}{5}$?

A. 30% **B.** 35%

C. 60% **D.** 75%

12. Un triángulo tiene dos ángulos que miden 28º. ¿Qué tipo de triángulo es?

F. isósceles **G.** rectángulo

H. acutángulo **I.** equilátero

13. Después de comprarse un par de botas, Yan se quedó con $23.45. ¿Qué ecuación podrías usar para hallar cuánto dinero tenía Yan en un principio, si las botas costaron $29.55?

A. $x + 23.45 = 29.55$

B. $x + 29.55 = 23.45$

C. $x - 29.55 = 23.45$

D. $29.55 - 23.45 = x$

14. ¿Qué unidad usarías para estimar el espacio que ocupará una caja de pañuelos de papel sobre un estante?

F. mm^2 **G.** cm^2

H. m^2 **I.** km^2

Repaso acumulativo (continuación)

Capítulos 1 a 8

15. Halla el área del siguiente triángulo.

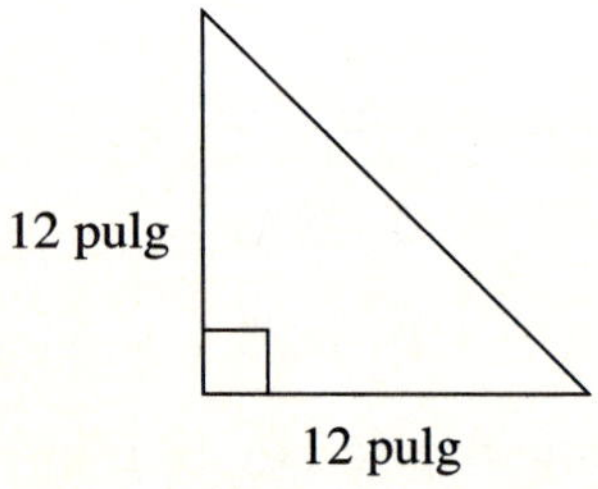

A. 144 $pulg^2$ **B.** 96 $pulg^2$

C. 72 $pulg^2$ **D.** 24 $pulg^2$

16. Halla el área del siguiente trapecio.

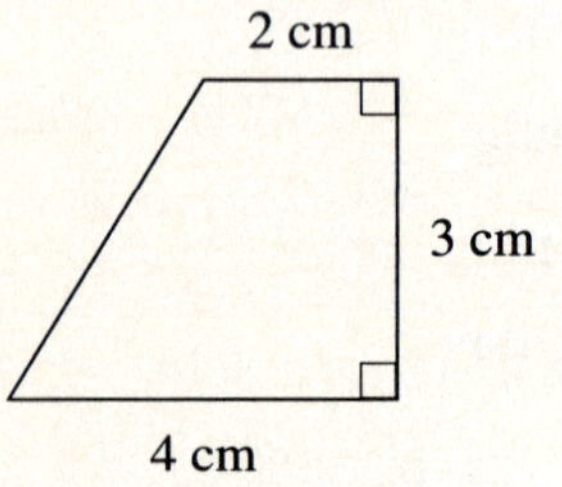

F. 9 cm^2 **G.** 12 cm^2

H. 18 cm^2 **I.** 24 cm^2

17. El volumen de un cubo es 216 cm^3. Halla el valor de x.

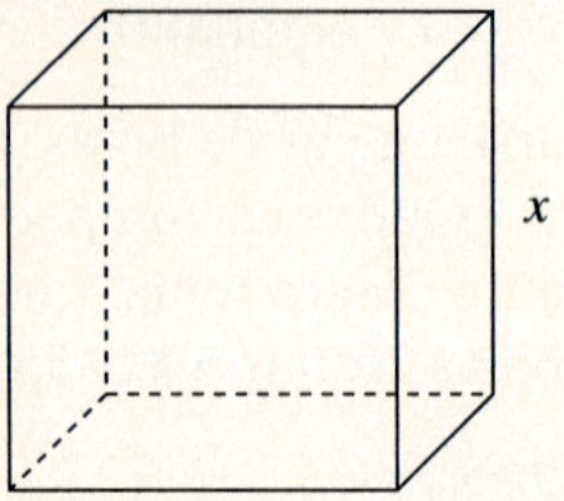

A. 3 cm **B.** 4 cm

C. 5 cm **D.** 6 cm

18. ¿Cuáles son los dos números enteros cuyo producto es -28 y cuya suma es -3?

F. $-14, 2$ **G.** $14, -2$

H. $-7, 4$ **I.** $7, -4$

19. ¿Cuántas yardas cuadradas de alfombra se necesitan para alfombrar una habitación de 4 yd por 5.5 yd?

A. 9.5 yd^2 **B.** 11 yd^2

C. 19 yd^2 **D.** 22 yd^2

20. Resuelve $4y + 12 = 0$.

F. 0 **G.** -3

H. -8 **I.** -48

Respuesta corta

21. En un juego de preguntas y respuestas, tu equipo respondió correctamente 32 de 40 preguntas. El equipo contrario respondió correctamente 16 de 20 preguntas. La razón de respuestas correctas e incorrectas, ¿fue igual o diferente en ambos equipos? Explica tu respuesta.

____

____

22. Dibuja un diagrama que represente el siguiente problema. Dos amigos viven a 28 millas de distancia sobre una calle recta. Uno de ellos puede andar en bicicleta 3 millas por hora más rápido que el otro. Ambos comienzan en el mismo momento y se encuentran después de andar en bicicleta durante dos horas. ¿A qué velocidad anduvo cada uno?

____

Nombre ______________________ Clase ______________ Fecha ______________

Repaso acumulativo

Capítulos 1 a 9

Opción múltiple. Elige la letra de la mejor respuesta.

1. Una camiseta que originalmente costaba \$40, fue rebajada a \$26. ¿Cuál es el porcentaje de disminución?

   A. 35% **B.** 54%

   C. 65% **D.** ninguna de las anteriores

2. ¿Cuál es el volumen de un cilindro con un área de 24 m^2 en su base y una altura de 6 m?

   F. 36 m^3 **G.** 48 m^3

   H. 72 m^3 **I.** 144 m^3

3. Halla la circunferencia de un círculo con un radio de 4 pies. Utiliza 3.14 para π.

   A. 6.28 pies **B.** 12.56 pies

   C. 25.12 pies **D.** 31.4 pies

4. ¿Qué medidas pueden tener los lados de un triángulo rectángulo?

   F. 6, 6, 5 **G.** 8, 9, 10

   H. 7, 7, 7 **I.** 5, 12, 13

5. Halla la media, la mediana y la moda de los datos 10, 7, 10, 15, 21, 5, 32, 18, 26.

   A. 20, 21, 10 **B.** 16, 15, 10

   C. 15, 21, 5 **D.** 27, 21, 10

6. ¿Qué número tiene el mismo valor que $|-13|$?

   F. $-|-13|$ **G.** $-|13|$

   H. 13 **I.** -13

7. Ordena $-5, 6, 0, -2$ y 1 de menor a mayor.

   A. $0, 1, -2, -5, 6$ **B.** $6, 1, 0, -2, -5$

   C. $-2, -5, 0, 1, 6$ **D.** $-5, -2, 0, 1, 6$

8. ¿Cuál de las siguientes opciones es equivalente a la suma de -43 y 18?

   F. $18 + (-43)$ **G.** $-43 + (-18)$

   H. $-18 + 43$ **I.** $43 + (-18)$

9. Escribe una expresión numérica para "9 menos -12".

   A. $9 - 12$ **B.** $12 - 9$

   C. $-12 - 9$ **D.** $9 + (-12)$

10. ¿Cuál es el signo del producto de dos números enteros con diferente signo?

    F. el signo del número menor

    G. negativo

    H. el signo del número mayor

    I. positivo

11. ¿Qué número es la mejor estimación para $-210 \div 29$?

    A. -10 **B.** 9

    C. 8 **D.** -7

12. ¿Qué ecuación es equivalente a $\frac{x}{6} - 12 = -6$?

    F. $\frac{x}{6} = 18$ **G.** $6x = 6$

    H. $x = 36$ **I.** $x - 12 = 1$

13. ¿Qué regla puedes usar para hallar el siguiente número en esta progresión? $-3, -1, 1, 3, 5,...$

    A. sumar -1 **B.** restar 2

    C. sumar 2 **D.** restar -2

Repaso acumulativo (continuación)

Capítulos 1 a 9

14. La regla de una función es $y = 2x - 4$. La regla de una segunda función es $y = 4x - 2$. ¿Para qué valor de x son opuestos los valores de salida?

F. $x = 1$ **G.** $x = -1$

H. $x = 2$ **I.** $x = -2$

15. Evalúa $(-1)^{45}$.

A. -145 **B.** -45

C. -1 **D.** 1

16. Un estudiante representó gráficamente las distancias recorridas por un auto de juguete después de bajar una rampa ubicada a 6 pulg, 12 pulg y 18 pulg de altura. Usa la siguiente gráfica para estimar la distancia que recorrería el auto de juguete si la rampa estuviera a 2 pies de altura.

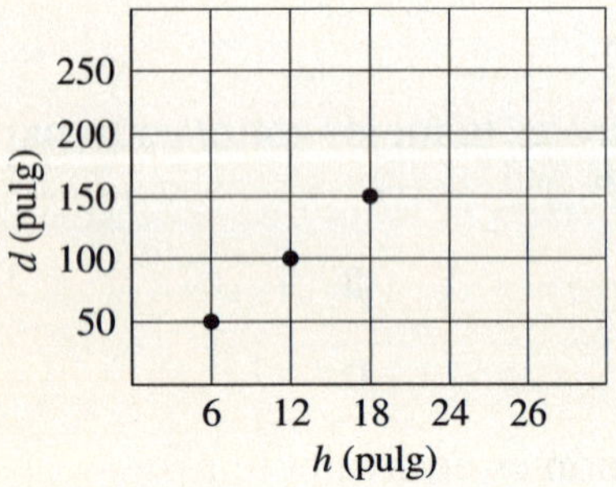

F. 24 pulg **G.** 50 pulg

H. 175 pulg **I.** 200 pulg

17. ¿Cuál es la regla de la función representada por la siguiente tabla?

x	y
-1	-4
0	-1
1	2
2	5

A. $y = 3x + 1$

B. $y = -3x + 1$

C. $y = 3x - 1$

D. $y = -3x - 1$

18. Has depositado \$500 en tu cuenta de ahorros. El banco paga 4% de interés anual. Usa la fórmula $S = p(1 + i)^t$ para hallar la cantidad de dinero que tendrás en tu cuenta después de 2 años.

F. \$20.00 **G.** \$40.80

H. \$520.00 **I.** \$540.80

Respuesta desarrollada

19. Una estudiante hizo una encuesta entre sus compañeros de clase para determinar la cantidad de tiempo promedio que ven televisión por día. Luego, representó gráficamente los resultados de su encuesta. Identifica dos datos que puedas extraer de la gráfica.

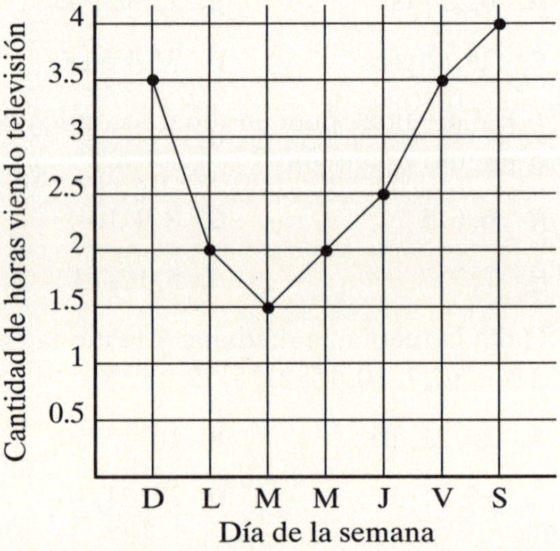

____

____

Respuesta corta

20. La familia de Mark pasa $\frac{3}{8}$ de un día viajando a una casa de vacaciones. La familia de Justin pasa $\frac{5}{6}$ de un día viajando a otra casa de vacaciones. ¿Qué familia pasa más tiempo viajando?

____

Repaso acumulativo

Capítulos 1 a 10

Opción múltiple. Elige la letra de la mejor respuesta.

1. ¿Cuál es el siguiente término en esta progresión? 500, 250, 125,...

   A. 100 B. 75

   C. 62.5 D. 50

2. ¿Cómo se expresa 1.47×10^8 en notación normal?

   F. 14,700,000 G. 147,000,000

   H. 1,470,000,000 I. 14,700,000,000

3. Usa la fórmula $S = p(1 + i)^t$ para hallar la cantidad de dinero que habrá en tu cuenta de ahorros después de diez años si depositaste $100 a una tasa de interés del 5% anual.

   A. $111.01 B. $112.74

   C. $150.00 D. $162.89

4. Halla la circunferencia de un círculo con un diámetro de 10 cm. Usa 3.14 como π.

   F. 15.7 cm G. 31.4 cm

   H. 78.5 cm I. 314 cm

5. ¿Cuál de las siguientes situaciones podría describir esta gráfica?

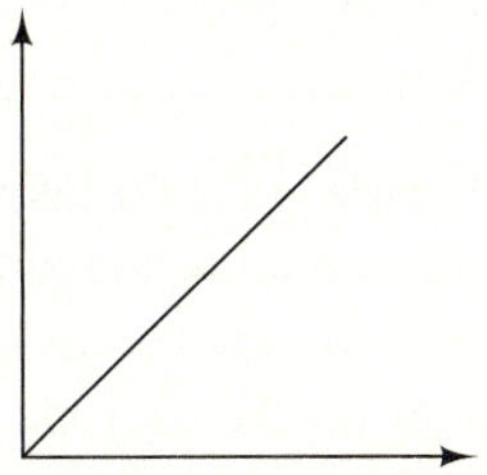

   A. distancia recorrida en tren

   B. altura de una pelota de béisbol después de un lanzamiento

   C. peso de una persona a dieta

   D. cantidad de dinero restante después de pagar las cuentas

6. ¿Cuál es el precio unitario aproximado de un limón, si una bolsa de 15 limones cuesta $2?

   F. $.075 G. $.13

   H. $.15 I. $.30

7. El mapa de una ciudad tiene una escala de 2 pulg : $\frac{1}{2}$ mi. La distancia que muestra el mapa desde la escuela a tu casa es de $5\frac{1}{2}$ pulg. ¿Cuál es la distancia real desde la escuela hasta tu casa?

   A. $13\frac{3}{4}$ mi B. 11 mi

   C. $5\frac{1}{2}$ mi D. $1\frac{3}{8}$ mi

8. ¿A cuántos pies de distancia se encuentran 12 postes utilizados como cerca de un terreno con un perímetro de 96 pies, si se encuentran a intervalos iguales?

   F. 12 pies G. 10 pies

   H. 8 pies I. 6 pies

9. ¿Qué proporción te ayudará a hallar el 36% de 90?

   A. $\frac{90}{60} = \frac{n}{100}$

   B. $\frac{n}{90} = \frac{36}{100}$

   C. $\frac{90}{100} = \frac{36}{n}$

   D. $\frac{100}{n} = \frac{36}{90}$

10. El precio de venta de un televisor es de $279, un 80% del precio original. ¿Cuál era el precio original?

   F. $55.80 G. $286.74

   H. $348.75 I. $400

11. ¿En qué cuadrante se encuentra el punto $A\ (3, -1)$?

   A. I B. II

   C. III D. IV

Repaso acumulativo (continuación)

Capítulos 1 a 10

12. ¿Cuál es la pendiente de la recta que se muestra en la gráfica?

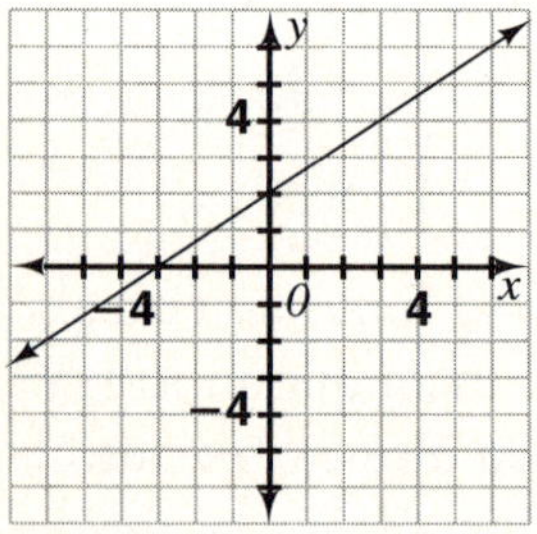

F. $\frac{3}{2}$　　**G.** $\frac{2}{3}$

H. $-\frac{3}{2}$　　**I.** 3

13. ¿Cuál de estas ecuaciones es lineal?

A. $y = 3x + 4$　　**B.** $y = x^3 + 2$

C. $y = x^2 - 3$　　**D.** $y = |x - 1|$

14. Jay tiene en el bolsillo dos monedas más de 25 centavos que de 10 centavos. En total, tiene 20 monedas. ¿Qué ecuación podrías usar para hallar cuántas monedas de cada tipo tiene Jay?

F. $x + 2 = 20$

G. $20 - x = 2x$

H. $x + (x + 2) = 20$

I. $\frac{20}{2} = x$

15. ¿Cuáles son las coordenadas de la imagen del punto $D(-2, 3)$ luego de reflejar D a través del eje x?

A. $(3, -2)$　　**B.** $(-2, -3)$

C. $(2, 3)$　　**D.** $(-3, 2)$

16. Los catetos de un triángulo rectángulo miden 12 pies y 16 pies. Halla el lado más largo del triángulo. Aplica el teorema de Pitágoras.

F. 20 pies　　**G.** 28 pies

H. 400 pies　　**I.** ninguna de las anteriores

17. Dos escaleras están inclinadas con el mismo ángulo sobre una pared, tal como se muestra en la siguiente ilustración.

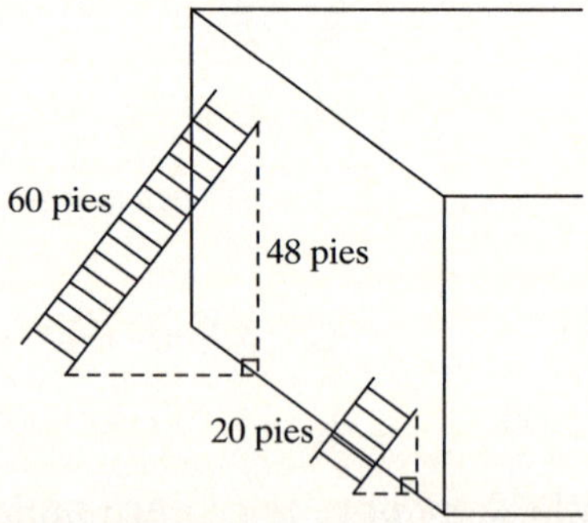

¿A qué altura de la pared llega la escalera más corta?

____

Respuesta desarrollada

18. Explica la regla para multiplicar dos números negativos enteros. Usa una recta numérica o fichas de álgebra para dar tres ejemplos. Haz un esquema de tu trabajo.

____

____

____

19. Casey contestó correctamente 32 de las 40 preguntas del examen de ciencias sociales. La semana pasada, respondió correctamente 24 de 30 preguntas. ¿Cuál fue su mejor puntaje? Explica tu respuesta.

____

____

____

Nombre ______________________ Clase ______________ Fecha ______________

Repaso acumulativo

Capítulos 1 a 11

1. Reemplaza cada ■ con +, −, × ó ÷ para que el enunciado sea verdadero.
3 ■ 4 ■ 3 = 4 ■ 5

A. ×, ÷, + **B.** ×, +, −
C. +, ×, − **D.** ×, −, +

2. ¿Cuál de las siguientes series está ordenada de menor a mayor?

F. 0.25, 0.52, 0.5 **G.** 5.0, 5.05, 5.5
H. 2.16, 2.1, 2.165 **I.** 0.03, 0.3, 0.003

3. Estima el área de la figura.

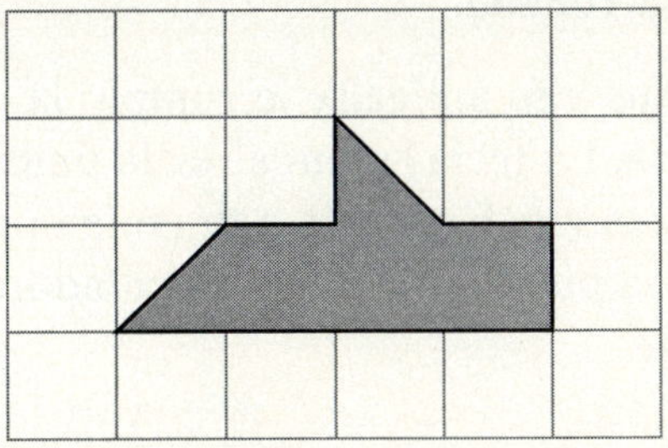

A. 5 unidades^2 **B.** 4 unidades^2
C. 3 unidades^2 **D.** 2 unidades^2

4. ¿Cuál de las siguientes operaciones es equivalente a 8×54?

F. $(8 \times 5) + (8 \times 4)$
G. $(8 \times 50) + (8 \times 4)$
H. $(5 \times 8) + (40 \times 8)$
I. $(8 \times 9) + (8 \times 6)$

5. Evalúa $s(72 + r)$ para $s = 0.1$ y $r = 32$.

A. 10.4 **B.** 39.2
C. 40 **D.** 104

6. ¿Cuál de los siguientes enunciados es correcto?

F. Un diagrama de puntos muestra la media de un conjunto de datos.
G. Un diagrama de tallo y hojas enumera cada uno de los datos.
H. Un histograma muestra una tendencia positiva o negativa entre dos conjuntos de datos.
I. Una gráfica de doble barra compara los cambios en el tiempo de dos conjuntos de datos.

7. ¿Cuál es la mediana de los datos dados?
6, 7, 5, 4, 8, 9, 5, 3, 1, 10

A. 5 **B.** 5.5
C. 6 **D.** 9

8. ¿Cuál es el mayor de los datos del ejercicio 7?

F. la media **G.** la mediana
H. la moda **I.** el rango

9. ¿Qué muestra el siguiente diagrama de dispersión?

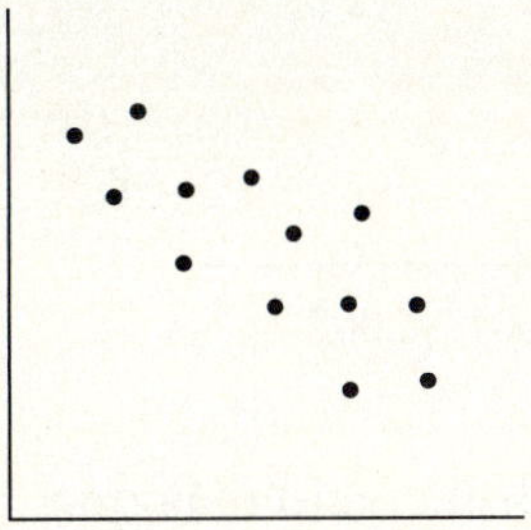

A. ninguna tendencia
B. una tendencia positiva
C. una tendencia negativa
D. una tendencia extrema

10. Carla tiene $50 en billetes de $5 y $10. En total, tiene 7 billetes. ¿Cuántos billetes de $5 tiene?

F. dos **G.** tres
H. cuatro **I.** cinco

11. Dos números enteros tienen un producto de −42. ¿Cuántos pares diferentes cuyo producto es −42 también suman un valor absoluto de 1?

A. 2 **B.** más de 2
C. ninguno **D.** 1

12. $10 \cdot |z| = y$ ¿Cuál de los siguientes enunciados es verdadero?

F. z es siempre negativo
G. z e y son siempre positivos
H. y es siempre positivo
I. z es siempre positivo

Repaso acumulativo (continuación)

Capítulos 1 a 11

La madre de Bob y Karen anotó la cantidad de pulgadas que creció cada uno de ellos durante sus primeros cuatro años de vida, e hizo una gráfica de doble línea con los datos. Usa la gráfica para resolver los ejercicios 13 a 16.

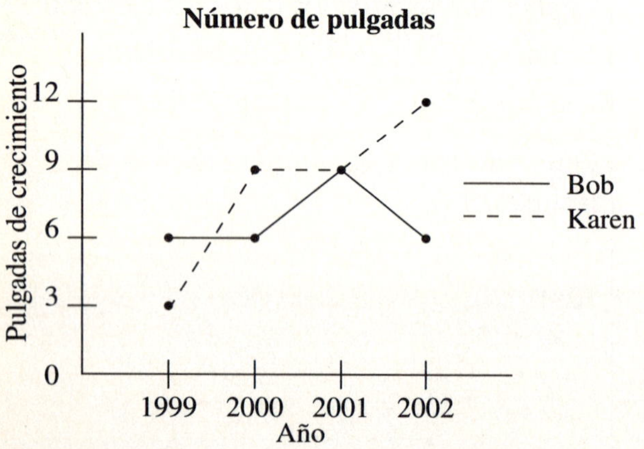

13. ¿Durante qué año Bob creció más que Karen?

F. 1999 **G.** 2000
H. 2001 **I.** 2002

14. ¿Durante qué año hubo más diferencia de crecimiento entre los dos?

A. 1999 **B.** 2000
C. 2001 **D.** 2002

15. ¿Cuál fue la media de crecimiento de Bob durante los cuatro años?

F. 4.0 pulg **G.** 5.0 pulg
H. 6.75 pulg **I.** 7.1 pulg

16. ¿Aproximadamente cuántas pulgadas creció Karen en total durante los cuatro años?

A. 30 pulg **B.** 33 pulg
C. 35 pulg **D.** 39 pulg

17. Resuelve $\frac{y}{5} - 10 = 4$.

A. 70 **B.** −30
C. 30 **D.** 200

18. La señora Baker compró varias cajas de jugo a \$.30 cada una y un pan a \$1.19. El costo total de su compra fue \$2.99 ¿Qué ecuación usarías para determinar cuántas cajas de jugo compró la señora Baker?

F. $\$1.19j + \$.30j = \$2.99$
G. $\$.30j + \$2.99 = \$1.19$
H. $\$2.99 - \$1.19j = \$.30$
I. $\$.30j + \$1.19 = \$2.99$

Respuesta desarrollada

19. Imagina que a tu amiga se le rompió la calculadora. La tecla "menos" es la única que no funciona. Explícale a tu amiga por qué todavía puede utilizar su calculadora para restar.

____

____

20. Tienes dos cuerdas: una mide tres pulgadas de largo y la otra, tres pies. ¿Cuál sería más adecuada para estimar el perímetro del piso de tu habitación? ¿Por qué?

____

____

____

____

Nombre ______________________ Clase ______________ Fecha ______________

Repaso acumulativo

Capítulos 1 a 12

Opción múltiple. Encierra en un círculo la letra de la mejor respuesta.

1. ¿Cuál es el área del siguiente trapecio?

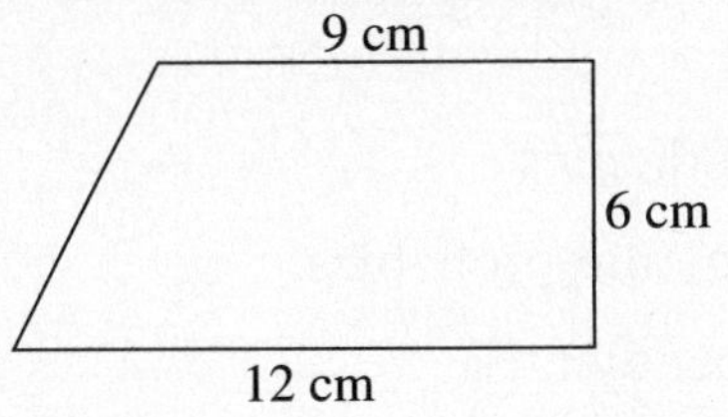

A. 36 cm^2 **B.** 63 cm^2

C. 64 cm^2 **D.** 126 cm^2

2. ¿Cuál es la longitud del lado de un cuadrado que tiene un área de 2.25 m^2?

F. 15 m **G.** 1.5 m

H. 0.15 m **I.** 0.015 m

3. Un triángulo tiene lados que miden 5 cm, 7 cm y 13 cm. ¿Qué fórmula usarías para saber si el triángulo es rectángulo?

A. $A = \frac{1}{2}bh$

B. $C = r^2$

C. $a^2 + b^2 = c^2$

D. $P = \ell_1 + \ell_2 + \ell_3$

4. En $\triangle ABC$, $\overline{BD}$ es la mediatriz de $\overline{AC}$. La altura es de 8 pulg y la base es de 12 pulg. ¿Cuál es la longitud de $\overline{AB}$ y de $\overline{BC}$?

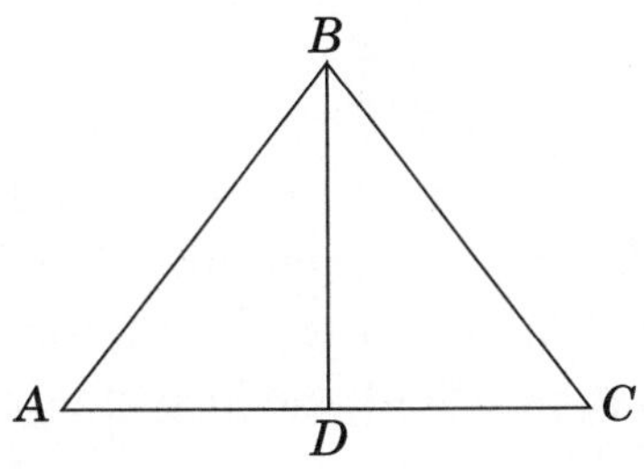

F. 8 pulg **G.** 9 pulg

H. 10 pulg **I.** 12 pulg

5. Margaret quiere pintar una caja de juguetes rectangular que mide 2 pies de ancho por 1.5 pies de alto por 4 pies de largo. Un cuarto de pintura cubrirá 100 $pies^2$. ¿Cuántos cuartos de pintura necesitará comprar Margaret si aplica dos capas tanto en el interior como en el exterior de la caja?

A. 1 ct **B.** 2 ct

C. 3 ct **D.** 4 ct

6. ¿Qué fracción se encuentra entre 5 y 6?

F. $5\frac{1}{2} + 2\frac{1}{4}$ **G.** $4\frac{3}{5} + 2\frac{3}{4}$

H. $11\frac{2}{3} - 6\frac{7}{8}$ **I.** $9\frac{1}{3} - 3\frac{4}{5}$

7. Resuelve $x - \frac{3}{4} = 9\frac{1}{2}$.

A. $10\frac{1}{4}$ **B.** 10

C. $9\frac{3}{4}$ **D.** $8\frac{3}{4}$

8. La longitud de una habitación es 12 pies 4 pulg. El ancho es 15 pies 6 pulg. ¿Cuál es el área del piso de la habitación en pies cuadrados?

F. $17\frac{5}{6}$ $pies^2$ **G.** 180 $pies^2$

H. $180\frac{1}{6}$ $pies^2$ **I.** $191\frac{1}{6}$ $pies^2$

9. Resuelve $\frac{5}{6}t = 9$.

A. $7\frac{1}{2}$ **B.** 9

C. 10 **D.** $10\frac{4}{5}$

10. Una bicicleta está de oferta a $\frac{1}{3}$ menos de su precio original de \$276. ¿Cuál es el precio de oferta de la bicicleta?

F. \$83 **G.** \$92

H. \$184 **I.** \$201

11. En la siguiente figura, ¿cuál es la razón del área sombreada en relación con el área no sombreada?

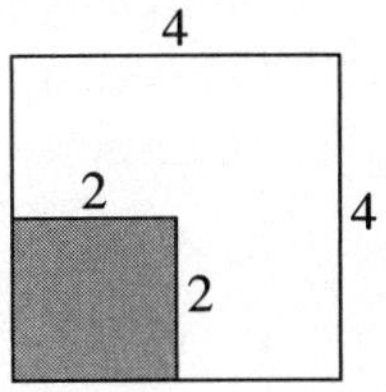

A. $\frac{1}{4}$ **B.** $\frac{1}{3}$

C. $\frac{3}{4}$ **D.** $\frac{4}{5}$

Repaso acumulativo (continuación)

Capítulos 1 a 12

12. Jan ganó $125 la semana pasada. Si trabajó 5 h por día de lunes a viernes, ¿cuánto dinero ganó por hora?

F. $25　　**G.** $5

H. $4.25　　**I.** $3.57

13. Los siguientes trapecios son semejantes. ¿Cuál es la longitud de $\overline{CD}$?

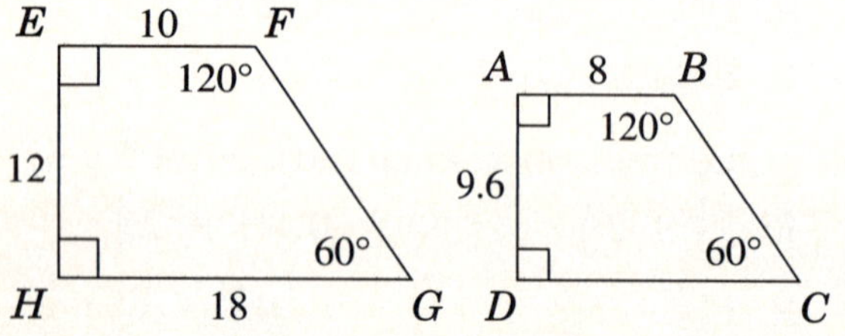

A. 12　　**B.** 22

C. 14.4　　**D.** 12.4

14. ¿Qué proporción te ayudará a hallar el 36% de 290?

F. $\frac{36}{290} = \frac{n}{100}$　　**G.** $\frac{290}{36} = \frac{n}{100}$

H. $\frac{n}{290} = \frac{36}{100}$　　**I.** $\frac{100}{290} = \frac{n}{36}$

15. Ragan ganaba $5.25 por hora antes de recibir un aumento de $.50 por hora. ¿Cuál es el porcentaje del aumento redondeado a la décima más cercana?

A. 10.5%　　**B.** 10%

C. 9.5%　　**D.** 9%

16. Dos ángulos de un triángulo miden 38º y 56º. ¿Qué tipo de ángulo es el tercero?

F. recto　　**G.** llano

H. obtuso　　**I.** agudo

17. Una bolsa contiene fichas rojas, azules, blancas y amarillas. Retiras una ficha, la vuelves a meter y luego retiras otra. ¿Cuántos resultados posibles hay?

A. 4　　**B.** 10

C. 12　　**D.** 16

18. Retiras una segunda ficha de la bolsa mencionada en el ejercicio 17 sin reemplazar la primera ficha. ¿Qué puedes decir de los dos sucesos?

F. Son dependientes.

G. Son igualmente probables.

H. Son independientes.

I. Son improbables.

19. Sabes que hay 3 fichas rojas, 4 fichas azules, 6 fichas blancas y 5 fichas amarillas en una bolsa. ¿Cuál es la probabilidad de que las primeras dos fichas que saques sean rojas si no reemplazas la primera ficha?

A. $\frac{2}{9}$　　**B.** $\frac{5}{25}$

C. $\frac{1}{54}$　　**D.** $\frac{1}{51}$

Respuesta corta

20. Si comienzas con un número, le sumas 6, lo multiplicas por 2 y luego le restas 7, el resultado es 9. ¿Cuál era el número original?

____

21.

Semana	Ahorros ($)
4	8
5	10
6	12
7	14

La tabla de arriba muestra los ahorros de Jeffrey entre la cuarta y la séptima semana. Jeffrey ahorró a la misma tasa durante este tiempo. Halla la pendiente de la recta que cruza (7, 14) y (5, 10). ¿Cómo se relaciona esta pendiente con los ahorros?

____

____

Evaluación alternativa Versión C

Capítulo 1

CINE MÁS ECONÓMICO

A Carla y Christian Mendoza, los mellizos de séptimo grado, les encanta ir al cine. El cine de su vecindario vendía pases especiales de verano por $90.00. El pase puede utilizarse para ver cualquier película durante 10 semanas. Sin el pase, las entradas compradas antes de las 5:00 p.m. cuestan $4.50 cada una. Las entradas compradas a partir de las 5:00 p.m. cuestan $7.00 cada una.

Muestra todo tu trabajo en una hoja de papel aparte.

1. Carla y Christian quieren convencer a sus padres de que les compren un pase de cine de verano a cada uno. Escribe una presentación que podrían usar para convencer a sus padres. Asegúrate de incluir datos realistas en la presentación.

2. ¿Crees que los padres de los mellizos deberían comprarle a cada uno un pase de cine de verano? Explica tu respuesta.

3. A continuación encontrarás el menú del puesto de alimentos del cine.

   ¿Cuál consideras que es el monto razonable para gastar en refrigerios? Explica tus elecciones y determina el costo total. Muestra tu trabajo.

MENÚ DEL PUESTO

Palomitas de maíz	pequeño:	$2.50	**Cacahuates**	pequeño:	$1.75
	grande:	$3.50		mediano:	$2.00
				grande:	$2.50
Bebidas	pequeño:	$2.00			
	grande:	$3.00			

4. Billy y Bobbie Carter van al cine con los mellizos Mendoza, pero Billy y Bobbie *no* tienen pases de cine. El señor y la señora Carter han establecido las siguientes pautas:

   - Sus hijos pueden ver una sola película por semana.
   - Sólo pueden ir a la primera función de la tarde.
   - Cada niño puede comprar dos productos del puesto de alimentos durante cada función.

   ¿De cuánto debe ser el presupuesto del señor y la señora Carter para que sus hijos vayan al cine? Explica tu respuesta y muestra tu trabajo.

Evaluación alternativa (continuación) Versión C

Capítulo 1

5. El señor Carter decidió que sus hijos colaboren con ciertas tareas para pagar los gastos del cine. Explica en detalle cómo Billy y Bobbie podrían ayudar a pagar parte del costo. Describe algunas tareas y la cantidad de dinero que los niños deberían cobrar por cada tarea. Recuerda que la cantidad debe ser realista. Por ejemplo, Bobbie podría recibir $5.00 por cortar el pasto.

Incursión en el tema

Imagina que ver televisión cuesta lo mismo que ir al cine. Por ejemplo, ver una película por televisión durante la tarde cuesta $4.50 y ver una película por la noche cuesta $7.00.

Si tuvieras que pagar esta tarifa para ver televisión, ¿aproximadamente cuánto pagarías por mes? Muestra tu trabajo o explica tu respuesta. (Si no ves televisión, estima la cantidad de tiempo y dinero que tu maestro gastaría por ver televisión durante un mes.)

Imagina que el uso de Internet cuesta lo mismo que el cine. Compara cuánto gastarías por usar Internet con el costo de mirar televisión. Compara la claridad y el tamaño de las películas en el monitor de la computadora y en la pantalla del televisor. ¿Influye esto en cuánto estarías dispuesto a pagar para ver las películas? Explica tu respuesta.

Usa una gráfica de datos para presentar tus respuestas a la clase. Compara tus costos con los de tus compañeros. Escribe un párrafo que explique las semejanzas y diferencias entre tus costos y los de tus compañeros de clase.

Evaluación alternativa Versión C

Capítulo 2

ÁLGEBRA EN EL PARQUE DE DIVERSIONES

Acabas de entrar a un parque de diversiones y quieres comprar boletos para los juegos. El parque vende boletos según el "tipo" de juego. La siguiente tabla muestra los nombres de los juegos del parque clasificados en tres categorías: A, B y C. Un boleto de clase A cuesta $1.50, un boleto de clase B cuesta $2.00 y un boleto de clase C cuesta $3.00.

Clase A	Clase B	Clase C
Pulpo	Autos chocadores	Montaña rusa
Gusano	Mini montaña rusa	Rueda panorámica
Tren	Montaña rusa acuática	Tren fantasma
Caminata lunar	Globo	Hamaca voladora
Carrusel	Tiro al aro	Martillo
Pelotero	Juegos de la selva	Barco pirata

Muestra todo tu trabajo en una hoja de papel aparte.

1. Le preguntaste a tu amiga Marina cuánto iba a gastar en boletos. Ella decidió jugar un juego contigo. En una hoja de papel, escribió la siguiente expresión algebraica:

$$2A + 3B + 2C$$

Luego, dijo, "A es el costo de un boleto clase A, B es el costo de un boleto clase B y C es el costo de un boleto clase C". ¿Cuánto dinero va a gastar Marina en total? Muestra tu trabajo.

2. Puedes comprar un total de seis boletos. ¿Qué seis actividades elegirías? Enumera cada actividad y la clase de boleto que se requiere. (Aunque hay algunos juegos que no conoces, seguramente te imaginas cómo es cada uno por su nombre.)

3. **a.** Marina te preguntó cuánto ibas a gastar. Escribe la expresión algebraica que indique cuánto gastarías en los seis juegos que escogiste en la pregunta 2.

b. ¿Cuánto te costarán estas actividades?

4. Max les preguntó a ti y a Marina cuánto iban a gastar en los boletos. Marina siguió jugando su juego. Escribió una expresión con tres términos que representaba la cantidad que ustedes dos iban a gastar en total. ¿Qué expresión pudo haber escrito? Asegúrate de escribirla en su mínima expresión.

Evaluación alternativa (continuación) Versión C

Capítulo 2

5. Maggie y Millie también quisieron jugar. Dijeron que cada una de ellas quería comprar 20 boletos, y escribieron el costo total de la siguiente manera:

$$8A + 9B + 23C$$

Maggie y Millie te pidieron que adivinaras la cantidad de cada clase de boletos que quería cada una. Escribe una expresión que *pueda* representar el costo de los boletos que quiere Maggie, y otra expresión que *pueda* representar el costo de los boletos que quiere Millie. (No hay una cantidad *correcta* para cada una.)

6. El parque de diversiones también vende paquetes de boletos. Hay tres diferentes tipos de paquetes, que se describen mediante las siguientes expresiones:

Costo	Paquete de boletos
Paquete pequeño de $15	$2A + 3B + 4C$
Paquete regular de $25	$2A + 4B + 8C$
Paquete grande de $65	$5A + 10B + 20C$

Calcula cuánto ahorrarías comprando cada paquete de boletos en lugar de comprar boletos individuales. Explica tu respuesta.

7. Imagina que compras un paquete pequeño. Nombra en qué juegos utilizarías cada uno de los paquetes. Escribe la clase de boleto junto a cada juego.

Incursión en el tema

Maggie y Millie quieren juntar su dinero para comprar sus boletos con la menor cantidad de dinero posible. (Recuerda que quieren 8 boletos A, 9 boletos B y 23 boletos C.) Halla la manera más económica de que compren los boletos usando cualquier combinación de paquetes y boletos individuales. La compra deberá incluir *por lo menos* la cantidad de boletos de cada clase que ellas quieren. Podrán comprar más boletos de los que quieren si eso significa un ahorro de dinero.

¿Cuánto ahorrarían si usaran este procedimiento en lugar de comprar boletos individuales?

Nombre ______________________ Clase ______________ Fecha ______________

Evaluación alternativa — Versión C

Capítulo 3

TODO EN UN DÍA

Todos tenemos 24 horas en un día, pero utilizamos las 24 horas de forma diferente. Por ejemplo, todos pasamos parte del tiempo durmiendo, pero la cantidad de horas que dormimos varía.

La siguiente tabla muestra la cantidad promedio de horas que las personas duermen a diferentes edades.

Edad en años	Horas de sueño
Recién nacido	19
6	11
12	9
25	8
40	7
48	6

Muestra todo tu trabajo en una hoja de papel aparte.

1. Escribe la fracción de un día que cada una de las siguientes personas probablemente pasará durmiendo. Escribe cada fracción en su mínima expresión.

   a. adulto joven

   b. recién nacido

   c. niño de primer grado

   d. estudiante de séptimo grado

   e. hombre de 48 años

2. Estima la fracción de un día que pasas durmiendo. Explica tu respuesta.

3. Un día tiene 1,440 minutos. Menciona cuántos minutos por día dedicas a las actividades que se enumeran a continuación. Luego, escribe una fracción que indique qué parte del día pasas haciendo cada actividad. Escribe cada fracción en su mínima expresión.

   a. comer

   b. cepillarte los dientes

   c. hacer la tarea

   d. hablar por teléfono

   e. ver televisión

Evaluación alternativa (continuación) Versión C

Capítulo 3

4. Hay ciertas actividades que todos necesitamos hacer, como comer y dormir. La mayoría de las personas tienen también determinada cantidad de tiempo libre en la semana para dedicarse a actividades que disfrutan, como practicar un deporte, jugar con una mascota, tocar un instrumento musical, leer libros, jugar videojuegos, ir a reuniones sociales, hacer compras, escuchar música, etc.

Una semana tiene 168 horas. Calcula cuántas horas de tiempo libre tienes por semana. El tiempo libre incluye sólo las horas en que no duermes, no estás en la escuela, no estás comiendo o haciendo la tarea. Muestra tu trabajo.

5. Piensa en al menos 4 cosas que te gusta hacer en tu tiempo libre. Copia la tabla de abajo. Enumera las actividades y estima la cantidad de horas por semana que pasas haciendo cada actividad. Luego, escribe la fracción del tiempo libre que dedicas a cada actividad.

Actividad	Horas por semana	Fracción del tiempo libre

Incursión en el tema

Imagina que puedes ser otra persona por un día. Esa persona puede ser alguien famoso, un pariente, un policía o el personaje de un libro o de una serie de televisión. Explica la razón de tu elección.

Ahora piensa qué hace esa persona durante el día. ¿Qué tareas realiza en relación con el trabajo? Usa fracciones para indicar qué parte del día dedica probablemente a cada tarea.

¿Qué crees que hace esa persona en su tiempo libre? Menciona al menos tres actividades que elegirías hacer en tu tiempo libre si fueras esa persona. Usa fracciones para estimar qué parte del día dedicarías a cada actividad.

Nombre ______________________ Clase ______________ Fecha ______________

Evaluación alternativa — Versión C

Capítulo 4

ENTRENAMIENTO PARA EL MARATÓN

Para entrenarse para el maratón de Centerville, Keith dibujó un mapa de sus rutas de práctica favoritas.

Tiempo de práctica

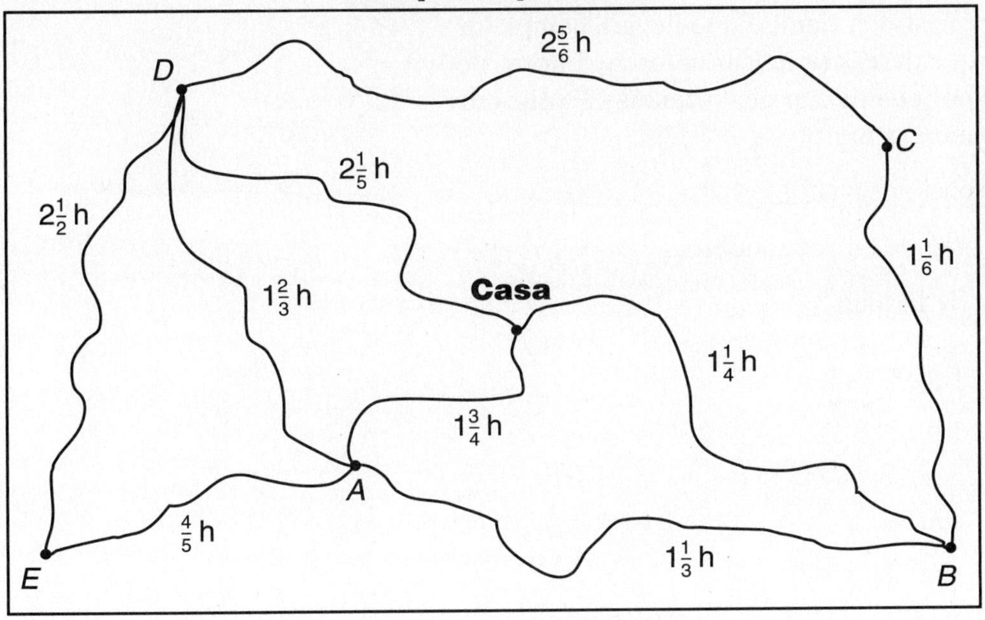

Muestra todo tu trabajo en una hoja de papel aparte.

1. Keith piensa correr desde su casa hasta el punto *B,* luego hasta el punto *A,* luego de vuelta a su casa. ¿Cuánto tiempo le llevará completar esta ruta? Si corre por esta ruta una vez al día de lunes a viernes, ¿cuál es el tiempo total de práctica?
2. Ayer, Keith corrió durante 6 horas. Si empezó en el punto *E,* nombra dos rutas posibles que pudo haber tomado. Explica tu razonamiento.
3. El entrenador le aconsejó a Keith que corriera desde su casa hasta el punto *D,* luego hasta el punto *C,* luego hasta el punto *B,* y por último, de vuelta hasta su casa. ¿Cuántas *horas* se requieren para completar esta ruta? ¿Cuántos *minutos* se requieren?
4. Diseña una ruta para que Keith pase al menos una vez por cada sendero. ¿Cuánto tiempo se necesitaría para completar esta ruta?
5. Si Keith corre una milla cada $\frac{1}{6}$ de hora, ¿cuánto correrá desde el punto *C* hasta el punto *D*? Explica tu respuesta.

Evaluación alternativa (continuación) Versión C

Capítulo 4

Incursión en el tema

Imagina que quieres entrenarte para un maratón que se realizará en tu comunidad. (Por lo general, un maratón cubre alrededor de 26 millas.) Crea un mapa de tu comunidad y diseña posibles rutas para el maratón. Estima y registra el tiempo que llevará completar cada ruta. Luego, imagina que deseas practicar cerca de 3 horas por día. Desarrolla un plan de entrenamiento de 4 semanas. Explica tu plan utilizando el mapa que creaste.

a. Dibuja el mapa en el espacio provisto.

b. Crea una tabla para tu plan de entrenamiento.

c. Escribe una explicación de tu plan.

Evaluación alternativa Versión C

Capítulo 5

EL ESTADO FÍSICO DE LOS ATLETAS

Todos los años, miles de atletas realizan la prueba Cooper, cuyo propósito es evaluar el estado físico de un atleta. Los resultados de la prueba pueden usarse para planificar un plan de entrenamiento.

La prueba Cooper es muy simple. Se trata de una prueba que determina cuánto puede correr una persona en 12 min. Un atleta en buen estado físico puede correr una mayor distancia que uno que no está tan bien entrenado. Como es más fácil medir vueltas que millas, los atletas suelen realizar la prueba en una pista de atletismo. Una vuelta equivale a $\frac{1}{4}$ mi en una pista estándar.

La siguiente tabla muestra cómo se utilizan los resultados de la prueba para determinar el estado físico de un individuo.

Estado físico	Número de vueltas en 12 min	millas
Excelente	7–8	1.75–2.00
Bueno	6–7	1.50–1.75
Regular	5–6	1.25–1.50
Malo	4–5	1.00–1.25

Resuelve.

1. Martina corrió $6\frac{1}{2}$ vueltas en 12 min. ¿Cuántas millas corrió aproximadamente? De acuerdo con los resultados de la prueba Cooper, ¿cuál es el estado físico de Martina?

2. Jeb se está preparando para jugar al béisbol este verano. No puede correr en la pista de la escuela, pero cerca de su casa hay una calle de una milla de longitud. Puede correr esa milla en 10 min. ¿Cuál es su estado físico? Explica tu razonamiento.

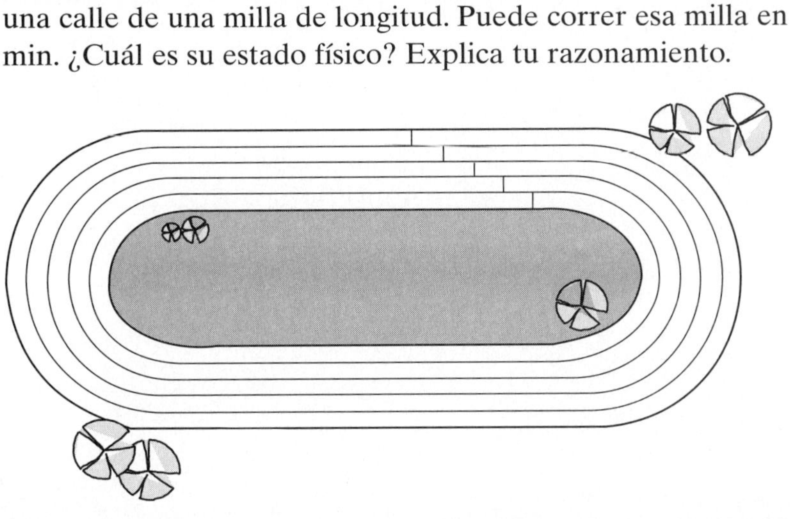

Evaluación alternativa (continuación) Versión C

Capítulo 5

3. Emilio y Ron realizaron la prueba Cooper. Emilio corrió un poco más de 6 vueltas, una distancia equivalente a 1.53 mi. Ron corrió un poco menos de 6 vueltas, una distancia equivalente a 1.48 mi. ¿Qué conclusión puede sacar el entrenador de Emilio y de Ron acerca del nivel de entrenamiento de los atletas? Explica tu respuesta.

4. De acuerdo con los resultados de la prueba Cooper, Brittany tiene un excelente estado físico. Corrió 8 vueltas en 12 min. ¿Cómo determinarías cuántos pies podría correr en 1 min? Explica el método que usarías y luego, realiza los cálculos.

5. La entrenadora DiMare quiere introducir la información de la prueba Cooper en una gráfica, ya que piensa que así los estudiantes la comprenderán mejor. Espera que una gráfica los estimule a mejorar su estado físico. Diseña una gráfica que presente la información de la tabla.

Incursión en el tema

Roger sabe que su estado físico no es bueno. Cuando intentó hacer la prueba por sí solo, pudo completar apenas 4 vueltas en 12 min. Sabe que debe estar en excelente estado para tener posibilidades de formar parte del equipo de fútbol, como él desea.

Las pruebas de aptitud para integrar el equipo se realizarán en 4 semanas. Roger quiere usar esas semanas para mejorar su estado físico. Puede dedicar al entrenamiento una hora por día durante cuatro días a la semana.

Desarrolla un plan para Roger. Asegúrate de incluir su objetivo y el modo de evaluar su progreso.

Evaluación alternativa (continuación) Versión C

Capítulo 6

AHORROS PARA LA UNIVERSIDAD

Michelle debe realizar una presentación ante un grupo de padres comentando los beneficios de una cuenta bancaria para ahorrar dinero para la universidad de sus hijos. Sabe que las tasas de interés cambian todo el tiempo, y por eso creó la siguiente tabla para darles a los padres una idea del valor que tendrán las diferentes cantidades de dinero después de un año con diferentes tasas de interés simple.

1. Copia y completa la tabla.

	1%	2%	3%	4%	5%	6%	7%	8%	9%
$1,000	$1,010	$1,020	$1,030						
$2,000	$2,020	$2,040							
$3,000	$3,030								
$4,000									
$5,000									
$6,000									
$7,000									
$8,000									
$9,000									

2. Imagina que Michelle hubiera expresado las tasas de interés en forma decimal y no en forma de porcentaje. ¿Qué decimales figurarían en la tabla?

3. ¿Cómo puedes usar la tabla para hallar la cantidad de dinero que habrá en la cuenta después de un año si se invierten $1,000 a una tasa del $1\frac{1}{2}$%? ¿Y si se invierten $5,000 a una tasa del $8\frac{1}{2}$%?

4. ¿Cómo puedes usar la tabla para hallar la cantidad de dinero que habrá en la cuenta después de un año si se invierten $1,500 a una tasa del 1%? ¿Y si se invierten $6,500 a una tasa del 6%?

5. ¿Cómo puedes usar la tabla para hallar la cantidad de dinero que habrá en la cuenta después de un año si se invierten $1,000 a una tasa del 10%? ¿Y si se invierten $5,000 a una tasa del 12%?

6. Usa la información de la tabla para escribir una fórmula general para calcular la cantidad ahorrada (A) después de un año en términos de la tasa de interés (T) y la cantidad inicial invertida (I).

Evaluación alternativa (continuación) Versión C

Capítulo 6

Incursión en el tema

Jocelyn ha decidido que irá a la universidad. Como regalo de cumpleaños, sus abuelos le prometieron que le darían algo de dinero para que empiece a ahorrar para ir a la universidad. Jocelyn sabe que las tasas de interés en los bancos locales están entre el 2% y el 6%.

Estima cuánto necesita Jocelyn para asistir a la universidad. Incluye los costos de enseñanza, alojamiento, comida y libros por un año. Luego, crea una tabla que muestre cuánto dinero deberán darle sus abuelos para que pueda asistir a la universidad.

Nombre ______________ Clase ______________ Fecha ______________

Evaluación alternativa — Versión C

Capítulo 7

POLÍGONOS PARA LA ROPA

Los estudiantes de una clase de arte están haciendo diseños de camisetas. El maestro dio las siguientes indicaciones:

- Crea tu diseño repitiendo *un polígono regular.*
- Los polígonos que formen tu diseño deben cubrir completamente el área del diseño; no puede haber espacios entre los polígonos. Es decir, los lados de cada polígono deben encontrarse con los lados de los demás.
- No te preocupes por los bordes de los diseños porque, si es necesario, las telas se cortarán.

Muestra todo tu trabajo en una hoja de papel aparte.

1. Tamika dibujó el diseño que se muestra a continuación. En papel punteado, realiza un diseño *diferente* utilizando el mismo tipo de polígono que usó Tamika.

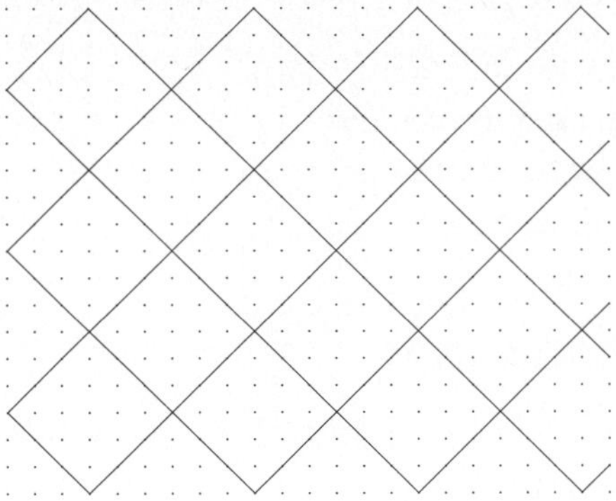

2. Travis decidió realizar su diseño a partir del diseño de Tamika. Le agregó líneas verticales, como se muestra a continuación. ¿El diseño de Travis respetó las indicaciones del maestro? Explica tu respuesta.

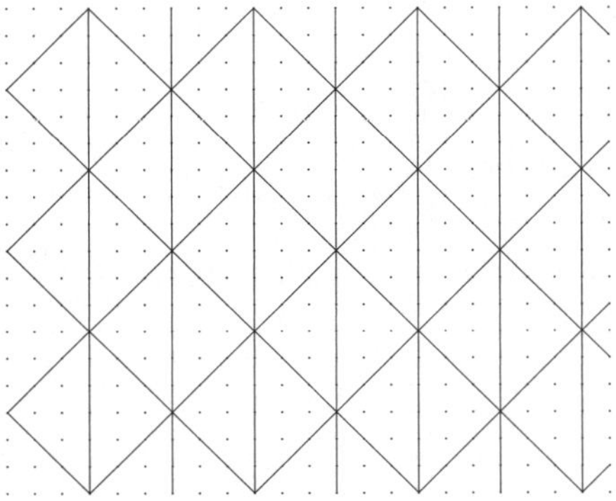

Evaluación alternativa (continuación) Versión C

Capítulo 7

3. Ira hizo el siguiente diseño. Cambia este diseño usando polígonos que tengan un cuarto del área de cada uno de los polígonos de Ira. Realiza tus cambios sobre el diseño de Ira.

4. ¿Es posible realizar un diseño que respete las instrucciones del maestro usando pentágonos? De ser así, dibuja ese diseño.

5. ¿Es posible realizar un diseño que respete las instrucciones del maestro usando hexágonos? De ser así, dibuja ese diseño.

6. Jerry quería predecir qué polígonos podían formar un diseño que respetara las instrucciones del maestro. El maestro le dio una pista: "Suma las medidas de los ángulos en cada vértice de tu diseño. Recuerda que un vértice es todo punto en el que se encuentran los lados de los polígonos".

a. ¿Cuál es la suma de las medidas de los ángulos en un vértice del diseño de Tamika?

b. ¿Cuál es la suma de las medidas de los ángulos en un vértice del diseño de Ira?

c. ¿Cuál es la suma de las medidas de los ángulos en un vértice de los diseños que dibujaste en los ejercicios 1, 3 y 5?

7. ¿A qué conclusión debe llegar Jerry? Explica tu respuesta.

Incursión en el tema

Ahora es tu turno de realizar dos diseños diferentes de camisetas. Para el primer diseño, utiliza *dos polígonos regulares diferentes.* Para el segundo, utiliza *tres polígonos regulares diferentes.* En ambos diseños, debes seguir la norma de que el área del diseño quede completamente cubierta por tus polígonos.

Nombre ______________________ Clase ______________ Fecha ______________

Evaluación alternativa **Versión C**

Capítulo 8

NAVEGACIÓN EN ZIGZAG

Dwayne quiere atravesar con su barco de vela un lago circular que tiene un diámetro de 1,000 yardas, pero tiene un problema: el viento está soplando directamente hacia él. Para resolver el problema, Dwayne aprendió a mover su bote en zigzag o a "virarlo" en un ángulo de 45º en relación con el viento, como se muestra en la gráfica.

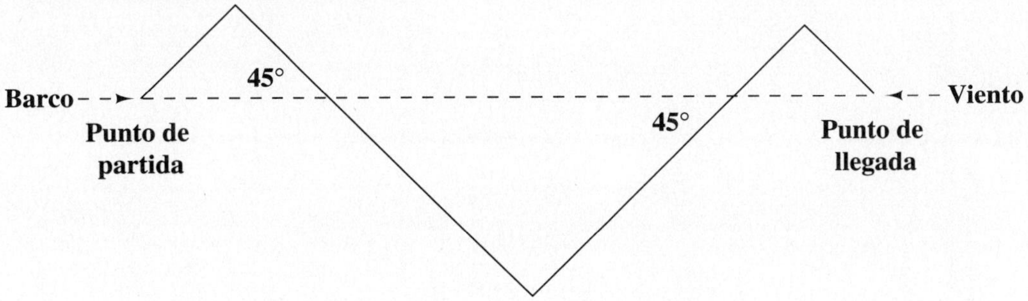

Muestra todo tu trabajo en una hoja de papel aparte.

1. Haz un dibujo a escala de un lago circular con un diámetro de 1,000 yd en una hoja cuadriculada. Luego, dibuja un camino que atraviese el lago usando el movimiento en zigzag que Dwayne aprendió para virar. Comienza en un lado del lago y dirígete hacia el lado opuesto. Rotula la escala para tu lago y la longitud aproximada de cada segmento de tu camino. Usa una regla, un compás y un transportador.

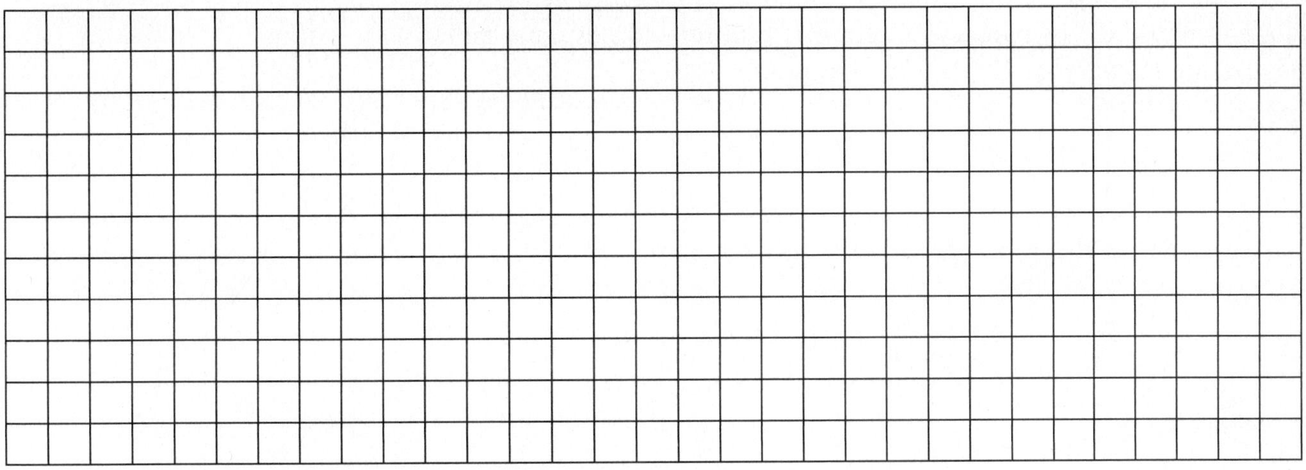

2. **a.** ¿Hasta dónde llegaría Dwayne si utilizara tu camino?

   b. Usando un viraje de 45º, ¿hay algún camino más corto que éste?

   c. Usando un viraje de 45º, ¿hay algún camino más largo?

   d. Dibuja más caminos para confirmar tus respuestas. ¿Cuál es tu conclusión? Explica tu respuesta.

Evaluación alternativa (continuación) Versión C

Capítulo 8

3. Éste es un dibujo del barco de vela de Dwayne. El área de la vela es muy importante para la velocidad del barco. ¿Cuál es el área aproximada de la vela en el barco de Dwayne?

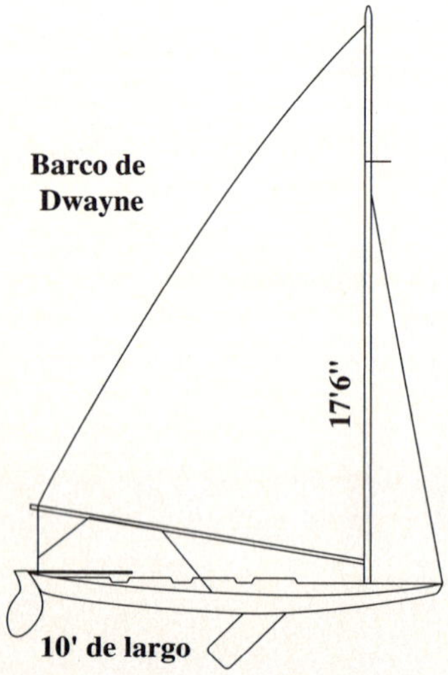

Incursión en el tema

A continuación verás los dibujos de dos barcos de vela. En cada uno, se indica su longitud (sin incluir el timón). Utiliza una regla para estimar las dimensiones de cada vela. Rotula las dimensiones y halla el área de cada vela. ¿Cómo puedes comparar la longitud de las velas con la longitud de los barcos? ¿Crees que esta relación es igual en la mayoría de los barcos? Explica tu respuesta.

a.

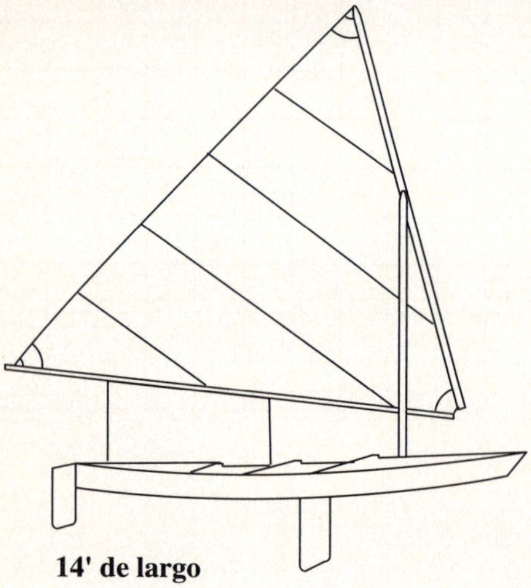

b.

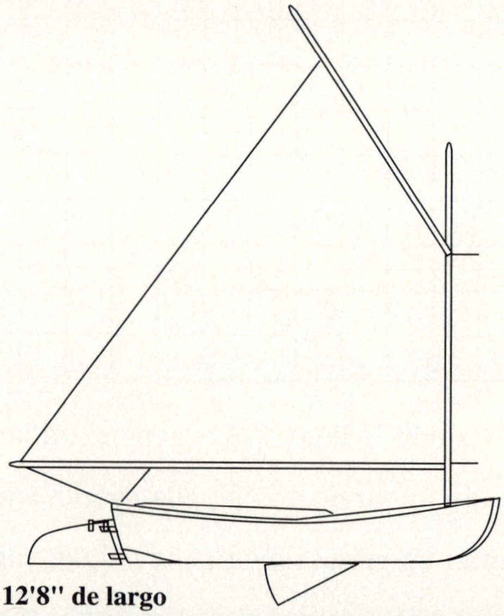

Evaluación alternativa — Versión C

Capítulo 9

¿CUANTOS AÑOS TIENE ESE ÁRBOL?

¿Conoces a algún candidato para el Registro Nacional de Árboles Grandes? El Registro es una lista que incluye el ejemplar más grande de cada especie de árbol en Estados Unidos. La lista que figura a continuación muestra algunos de estos árboles campeones.

Árbol y lugar	Altura	Extensión
Pecán Mer Rouge, Louisiana	160 pies	95 pies
Haya americana Jamaica Plain, Massachusetts	144 pies	96 pies
Arce colorado Condado Macomb, Michigan	136 pies	95 pies
Tulipero Condado de Macon, Carolina del Norte	135 pies	55 pies
Plátano de California Santa Bárbara, California	116 pies	158 pies

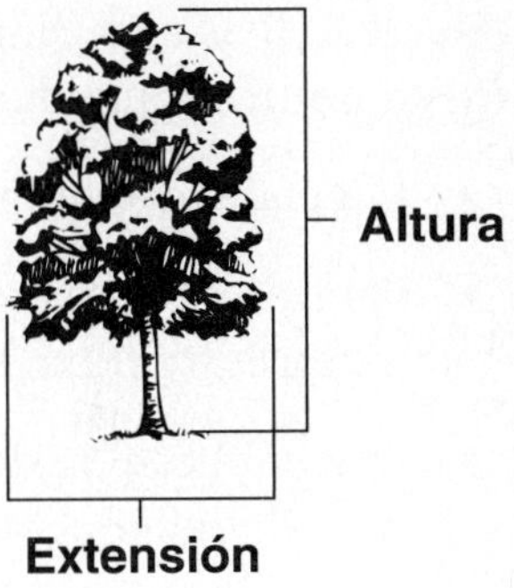

Muestra todo tu trabajo en una hoja de papel aparte.

- La altura de un árbol es la distancia que existe entre el punto más alto de su copa y el punto en el que el suelo se junta con su tronco.
- La extensión de un árbol es el ancho del área que cubren sus ramas.

El diagrama de la derecha ilustra la altura y la extensión.

1. Basándote en la información anterior, ¿crees que existe un patrón relacionado con la altura y la extensión de estos árboles campeones? Explica tu respuesta.

2. Imagina que seleccionas un tipo de árbol (por ejemplo, un arce o un roble) y mides diez ejemplares del mismo. ¿Crees que hallarías un patrón relacionado con la altura y la extensión? Explica tu respuesta.

3. El Registro Nacional requiere información sobre la circunferencia del tronco de cada árbol. El tronco se mide siempre en un punto ubicado a 4.5 pies del suelo. Esta información sirve para calcular la edad de un árbol. La circunferencia de un árbol típico crece aproximadamente 1 pulg cada año. Por ejemplo, un árbol con una circunferencia de 2 pies, tiene alrededor de 24 años. En unidades métricas, la circunferencia de un árbol crece aproximadamente 2.5 cm cada año.

a. Haz una tabla de función que muestre la relación que existe ente la edad de un árbol y su circunferencia, en pulgadas.

b. Haz una tabla de función que muestre la relación que existe entre la edad de un árbol y su circunferencia, en centímetros.

Evaluación alternativa (continuación) Versión C

Capítulo 9

4. La circunferencia de un árbol sigue creciendo durante toda su vida. Una vez que el árbol alcanza la altura "adulta", su crecimiento se hace más lento.

Decide cuál de las siguientes gráficas representa mejor el crecimiento de un árbol que ha alcanzado su altura adulta. Explica tu decisión.

A.

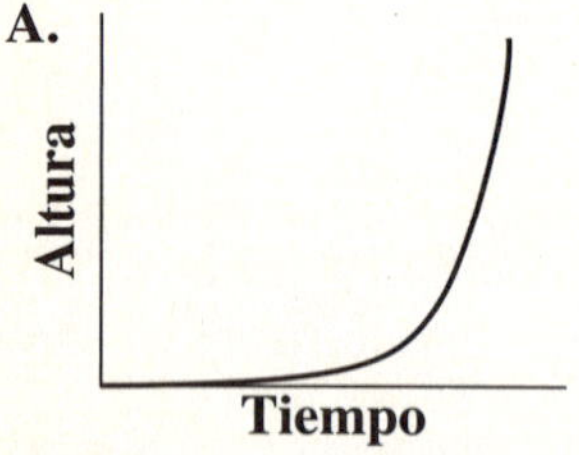

B.

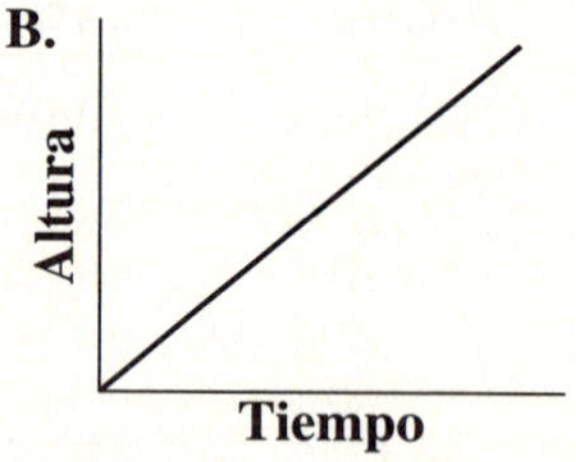

C.

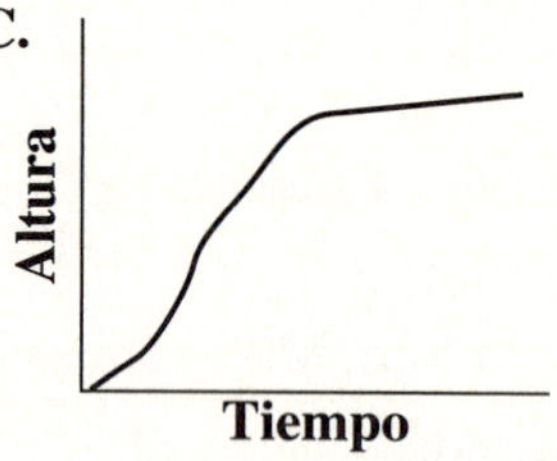

Incursión en el tema

¿Tienes algún candidato para el Registro Nacional de Árboles Grandes? Escribe una carta a la Asociación Forestal Americana en la que describas a tu candidato. Éste debe ser un árbol que realmente exista en tu comunidad. Asegúrate de incluir la siguiente información:

- el género y el nombre de la especie en latín
- las tres medidas requeridas: circunferencia del árbol, altura y extensión promedio de la copa
- una explicación detallada de la ubicación exacta del árbol para que alguien que no conoce el área pueda hallarlo
- la fecha de la medición y quién la realizó
- una descripción de la condición física del árbol

Evaluación alternativa Versión C

Capítulo 10

LÁNZATE A LAS MONTAÑAS

¿Alguna vez pensaste en lo mucho que puedes divertirte en una montaña? Escalar montañas es divertido para los excursionistas, y descenderlas es divertido para los que practican esquí.

Muestra todo tu trabajo en una hoja de papel aparte.

1. Cuánto más empinada es una montaña, más difícil resulta escalarla o descenderla. Observa estos dos perfiles de montañas y decide cuál parece más difícil de escalar. Explica tu respuesta.

2.

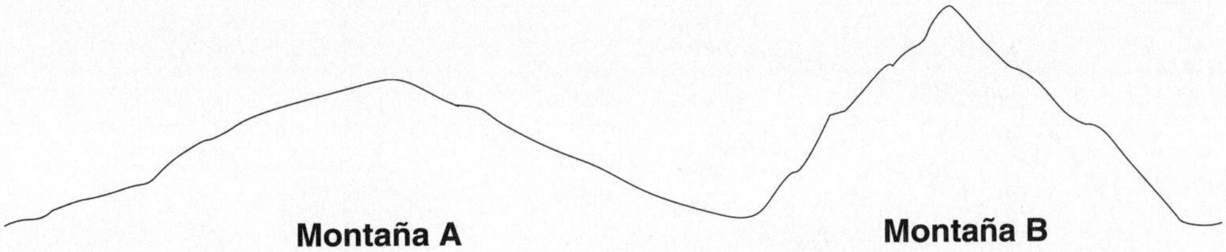

Los centros de esquí marcan sus senderos con símbolos que indican los niveles de dificultad. Los círculos representan los senderos más fáciles, los cuadrados representan los que son un poco más difíciles, y los diamantes, los más difíciles de todos. El mapa que aparece abajo muestra diferentes senderos en el monte Esquí. Elige un sendero marcado con un círculo, uno con un cuadrado y otro con un diamante. Rodea con un círculo los senderos que elegiste y ponles un nombre adecuado.

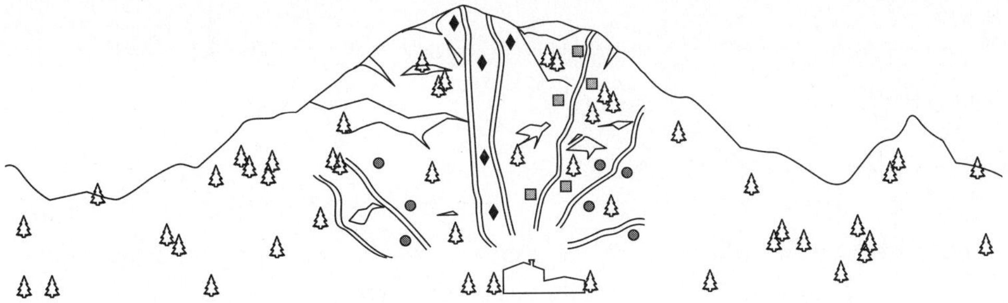

3. Copia la siguiente tabla. Dibuja el perfil de cada uno de tus tres senderos en la tabla. (El perfil de un sendero de esquí muestra qué tan empinado es.) En la tabla, aparece el perfil de muestra del sendero para novatos.

Tabla de perfiles		
Tipo de sendero	**Nombre**	**Perfil**
Novato	Camino fácil	

Evaluación alternativa (continuación) Versión C

Capítulo 10

4. El mapa que aparece a continuación muestra dos senderos de excursionismo en el monte Monadnock, al sur de New Hampshire. Los nombres de los senderos son el sendero Marlboro y el sendero Dublín. Un libro de excursionismo indica que cada sendero tiene 2.2 millas de longitud; el viaje hasta la cima de la montaña lleva aproximadamente 2 h en cada sendero.

Las líneas en el mapa se llaman líneas de contorno. Una línea de contorno indica la altura o la elevación. Cada punto en la línea de contorno tiene la misma elevación. Hay una diferencia de 100 pies en la elevación entre dos líneas adyacentes. Cuánto más cerca están las líneas entre sí, más empinada es la montaña. Haz una copia de este mapa.

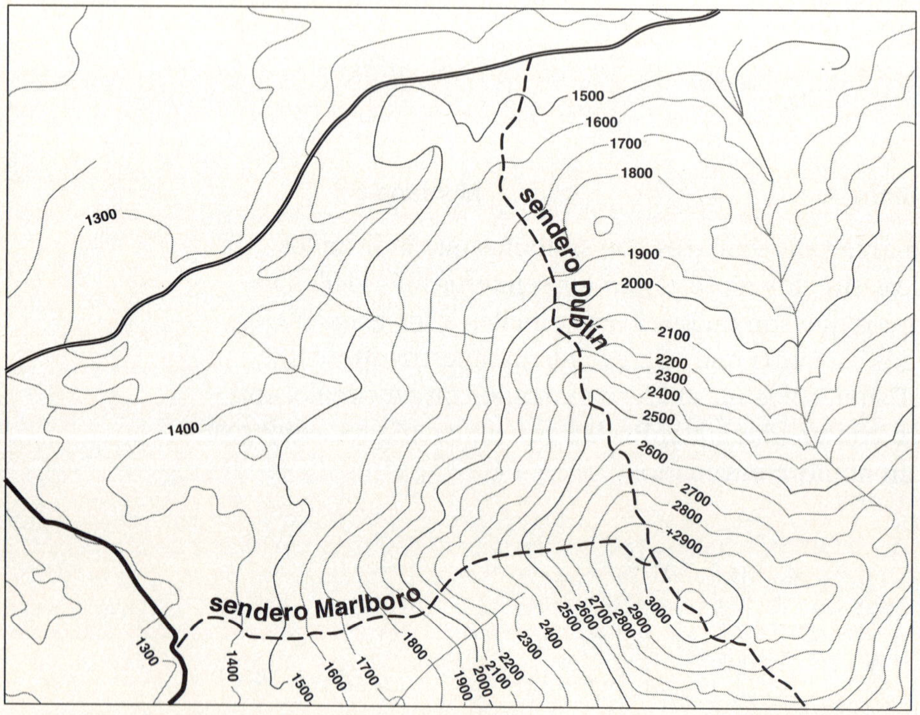

a. Marca en rojo la parte más empinada de cada sendero.

b. Marca en azul la parte menos empinada de cada sendero.

c. ¿Qué puedes decir sobre la pendiente de los dos senderos? Explica tu respuesta.

d. Si tuvieras que elegir entre estos senderos, ¿cuál elegirías? Explica tu respuesta.

Incursión en el tema

¿Dónde puedes encontrar pendientes cerca de donde vives? Menciona por lo menos cuatro posibilidades. Las pendientes que se te ocurran pueden estar dentro o fuera, ser naturales o creadas por el hombre. Clasifica cada pendiente como: poco empinada, moderada, empinada o muy empinada. Luego, mira tu lista y coloca una estrella al lado de la pendiente que crees que es la más empinada. Explica tu respuesta.

Evaluación alternativa Versión C

Capítulo 11

A TU SERVICIO

Jill tiene una heladería. Necesita ayuda para organizar un horario que indique qué empleados trabajarán cada sábado. En primer lugar, analizó los recibos de la caja registradora del sábado pasado. Luego, hizo la siguiente tabla para mostrar el número de clientes que tuvo por hora.

CLIENTES DE LA HELADERÍA DE JILL		
A partir de	**Hasta**	**Número de clientes**
11:00 a.m.	12:00 mediodía	63
12:00 mediodía	1:00 p.m.	120
1:00 p.m.	2:00 p.m.	102
2:00 p.m.	3:00 p.m.	86
3:00 p.m.	4:00 p.m.	50
4:00 p.m.	5:00 p.m.	29
5:00 p.m.	6:00 p.m.	56
6:00 p.m.	7:00 p.m.	87
7:00 p.m.	8:00 p.m.	143
8:00 p.m.	9:00 p.m.	119
9:00 p.m.	10:00 p.m.	86
10:00 p.m.	11:00 p.m.	58

Muestra todo tu trabajo en una hoja de papel aparte.

1. Haz una gráfica para ilustrar la información anterior.

2. Cuando planea el horario de cada sábado, a Jill le gusta seguir ciertos lineamientos. Utilizando los lineamientos que aparecen a continuación, inventa un horario para este sábado teniendo en cuenta el número de clientes que Jill tuvo el sábado pasado.

   - Nadie trabaja más de 4 horas por día.
   - Nadie trabaja menos de 2 horas por día.
   - Además de los asistentes, siempre hay 1 persona a cargo de la caja registradora cada hora.
   - Siempre hay 1 asistente que trabaja por cada 30 clientes en el negocio. Jill redondea siempre el número de asistentes necesarios al número entero más cercano. Entonces, si hay 31 clientes en una hora, se necesitarán dos asistentes, y así sucesivamente.

Evaluación alternativa (continuación) Versión C

Capítulo 11

Utiliza variables o nombres ficticios para los empleados (por ejemplo, asistente A, asistente B, etc.). Haz un horario que sea fácil de leer. Indica quién será el cajero cada hora.

3. ¿Piensas que utilizar los recibos de la caja del sábado pasado fue una buena idea para diseñar el horario de este sábado? Explica tu respuesta.

4. Explica la información que aparece en este diagrama de dispersión. Basándote en estos datos, calcula el gasto promedio de cada cliente. Si cada cliente gastara exactamente la misma cantidad de dinero, ¿cómo cambiaría este diagrama de dispersión?

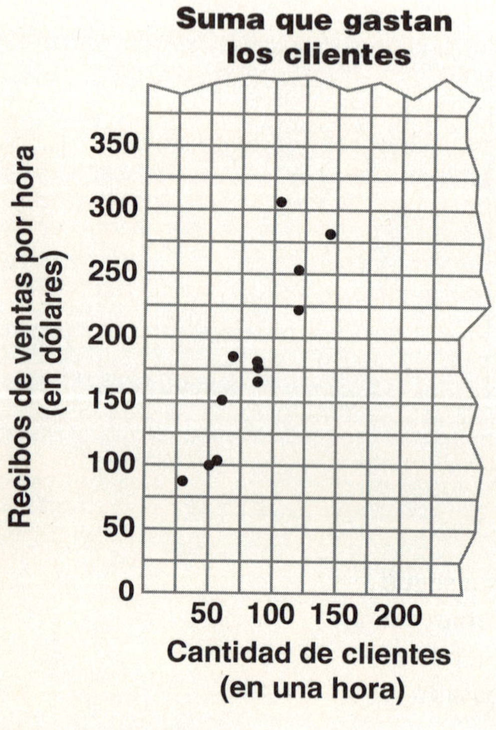

Incursión en el tema

Menciona un trabajo fuera del horario escolar para el que estés capacitado. Describe el lugar en el que trabajarías, tus actividades, tu posible horario y cuánto dinero ganarías por hora. Organiza un horario semanal para este trabajo. Basándote en este horario, decide cuánto dinero ganarías por semana. Si mantuvieras este horario, ¿cuánto dinero ganarías en un mes?

Nombre ______________________ Clase ______________ Fecha ______________

Evaluación alternativa Versión C

Capítulo 12

CAMBIOS EN LAS INICIALES

Las listas que figuran a continuación contienen los nombres más comunes que se les dieron a los bebés varones y mujeres en Estados Unidos en los años 1925, 1950 y 1970.

Niñas

1925	1950	1970
1. Mary	1. Linda	1. Michelle
2. Barbara	2. Mary	2. Jennifer
3. Dorothy	3. Patricia	3. Kimberly
4. Betty	4. Susan	4. Lisa
5. Ruth	5. Deborah	5. Tracy

Niños

1925	1950	1970
1. Robert	1. Robert	1. Michael
2. John	2. Michael	2. Robert
3. William	3. James	3. David
4. James	4. John	4. James
5. Charles	5. David	5. John

Muestra todo tu trabajo en una hoja de papel aparte.

1. ¿La popularidad de los nombres de niñas y niños sigue los mismos patrones de cambio? Explica tu respuesta con ejemplos.
2. Para predecir un nombre entre los cinco nombres más frecuentes en el año 2000, ¿qué sería más fácil: predecir un nombre de varón o un nombre de mujer? Explica tu respuesta.
3. La gente usa su nombre para identificar sus pertenencias, al igual que tú lo hiciste al escribir tu nombre en esta hoja. A veces, sólo se escriben las iniciales. Las iniciales también pueden utilizarse en memorándums, documentos legales y formularios, como las listas de asistencia.
   a. ¿Cuántas posibilidades existen para la primera inicial de todos los nombres del idioma inglés en el mundo? Explica tu respuesta. (Nota: el alfabeto inglés tiene 26 letras.)
   b. ¿Cuántas posibilidades existen para la última inicial? Explica tu respuesta.

Evaluación alternativa (continuación) Versión C

Capítulo 12

4. Muestra cómo harías un diagrama de árbol de las posibles combinaciones de primeras y últimas iniciales. No es necesario que hagas el diagrama completo. Sólo tienes que hacer lo necesario para demostrar completamente el patrón de las ramas.

5. ¿Cuántas combinaciones posibles de primeras y últimas iniciales hay? Muestra cómo llegaste a tu respuesta.

6. Algunas iniciales pueden ser más frecuentes que otras porque es más probable que los nombres comiencen con ciertas letras que con otras. Piensa en una letra muy común y en una letra menos común como primera inicial para los estudiantes de tu escuela. Luego, piensa en una letra muy común y en una que no lo es como última inicial.

   Haz dos conjuntos de iniciales, un conjunto de iniciales comunes y otro de iniciales poco comunes. Luego, explica por qué elegiste esos conjuntos de iniciales.

Incursión en el tema

Las placas de automóvil se utilizan para identificar los vehículos. Es importante que cada vehículo tenga un número de placa único. Los estados emiten placas para cada vehículo que se registra en el estado. Cada estado tiene un sistema diferente para decidir qué números se utilizarán.

Al principio, sólo se utilizaban números para la identificación, pero cuando aumentó el número de automóviles, camiones y otros vehículos, muchos estados comenzaron a agregar letras del alfabeto a las placas.

Observa las placas de los vehículos de tu área. Fíjate si puedes descifrar algunas de las reglas utilizadas para asignar los números y las letras. Enumera estas reglas. Luego, decide cuántas placas diferentes hay disponibles. Decide si estas reglas permitirán que existan suficientes placas disponibles en un plazo de 20 años a partir de ahora, o si será necesario revisar el sistema de reglas.

Nombre ______________________ Clase ______________ Fecha ______________

Prueba del 1er cuarto de curso — Versión A

Capítulos 1 a 3

1. Usa la estimación por la izquierda para hallar la suma. 3.59 + 44.603 + 16.24

2. En la competencia de esquí de Colorado, el esquiador francocanadiense saltó 89.5234 metros. El esquiador estadounidense saltó 90.06 metros. ¿Cuánto más saltó el esquiador estadounidense en comparación con el esquiador francocanadiense?

3. Jennifer necesitaba tela para su proyecto 4-H. Compró 3.25 yardas de tela que se vendía a $8.82 la yarda. ¿Cuál fue el costo total de la tela? Redondea al centavo más cercano.

4. Convierte 25 m = ________ cm.

5. Halla $|-16|$.

6. En un juego, Mary obtiene un puntaje de 7. Si pierde 10 puntos, ¿cuál es su nuevo puntaje?

7. Un submarino desciende de la superficie (0 metros) a −150 metros en 3 minutos. ¿Cuál es el cambio de profundidad por minuto?

8. Eric hace su tarea en 2.5 horas cada día de la semana y juega al fútbol 1.25 horas cada día de la semana. Escribe una ecuación que muestre el total de horas que utiliza para ambas actividades en 5 días.

9. Ordena de menor a mayor $\frac{1}{4}$, 0.3, $\frac{-7}{8}$, −2.

10. Evalúa la expresión $7x - 3$ si $x = 4$.

Resuelve.

11. $d + 14 = 27$

12. $\frac{p}{7} = 15$

13. $\frac{x}{4} + 3 = -7$

14. Después de comprar boletos para 2 rifas, Mary tenía $3. Los boletos costaron $4 en total. Escribe una ecuación que pueda usarse para hallar cuánto dinero tenía Mary al principio.

15. Rashaan ganó $60 dólares cortando césped este fin de semana. Cobra $15 por jardín. Escribe una ecuación para saber en cuántos jardines trabajó, y luego resuélvela.

16. Explica cómo resolver la ecuación $3t + 11 = -10$.

Nombre ______________________ Clase ______________ Fecha ______________

Prueba del 1er cuarto de curso (continuación) Versión A

Capítulos 1 a 3

17. Josh compró paquetes de estampas de béisbol por $.79 cada paquete y un recipiente para las estampas por $3.98. El costo total de las compras de Josh fue $7.93. Escribe una ecuación que pueda usarse para determinar cuántos paquetes de estampas compró Josh.

18. Escribe una frase con palabras para la expresión algebraica $\frac{x}{4} + 5$.

19. Escribe la desigualdad para la siguiente gráfica.

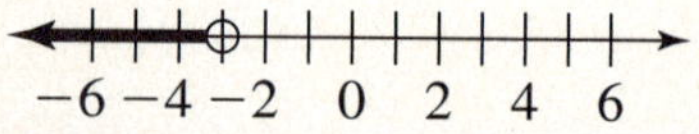

Resuelve.

20. $x - 0.234 \geq 7.021$

21. $\frac{m}{-6} < 5$

22. Simplifica. $3^3 \cdot (7 - 2)^2$

23. Escribe el número 7,000,000,000 en notación científica.

24. Escribe un número menor a 100 que sea divisible por 2, 5 y 9.

25. Escribe la fracción $\frac{42}{49}$ en su mínima expresión.

26. Ordena de menor a mayor.
$\frac{9}{10}, \frac{8}{11}, \frac{7}{9}$

27. Tina fue al centro comercial a comprar una camisa para un amigo. De las camisas que eligió, una tenía cuello redondo y la otra era tipo *henley.* Las dos venían en rojo, verde y azul. Crea una lista organizada que muestre las diferentes opciones que tiene Tina.

28. Escribe $\frac{15}{7}$ en forma de número mixto.

29. En la tienda local, cuesta $.35 revelar el negativo de una foto. Si Lauren gastó $3.85 para revelar negativos, ¿cuántos negativos reveló?

30. Halla el MCD de este par de números: 77 y 154.

31. Durante ocho días, se registró la cantidad de pacientes que se atiende en el consultorio de un dentista por día. Basándote en los datos dados, halla la media, la mediana y la moda de esta muestra.
8 6 14 22 21 8 10 12

32. En su prueba de estudios sociales, Casey respondió correctamente 32 de las 40 preguntas. La semana pasada, respondió correctamente 24 preguntas de 30. ¿Cuál fue la mejor calificación? Explica tu respuesta.

33. Las piezas necesarias para reparar tu barco cuestan $72.16. El mecánico cobra $42 por cada hora de trabajo. La factura final es de $198.16. ¿Cuánto tiempo trabajó el mecánico en tu barco? Escribe una ecuación y resuélvela. Muestra todo tu trabajo.

Nombre ______________________ Clase ______________ Fecha ______________

Prueba del 1er cuarto de curso — Versión B

Capítulos 1 a 3

1. Usa la estimación por la izquierda para hallar la suma. 13.40 + 36.63 + 125.042

2. En la competencia de natación de la escuela, Tonya tuvo un tiempo de 34.56 segundos y María, de 33.23. ¿Cuál fue la diferencia de velocidad entre María y Tonya?

3. El señor Jung necesita 4 libras de carne para un almuerzo que está planeando. Si la carne cuesta $4.79 la libra, ¿cuánto costará el almuerzo? Redondea al centavo más cercano.

4. Convierte 320 ml = ________ L.

5. Halla $|-21|$.

6. Augusta obtuvo 60 puntos en un juego. Perdió algunos puntos y obtuvo un nuevo puntaje de −10. ¿Cuántos puntos perdió?

7. En la secundaria South Grove, el cambio promedio en la inscripción fue −65 por año durante los últimos 5 años. ¿Cuál fue el cambio total en la inscripción durante ese período de tiempo?

8. Carmen pasa 1.25 horas cada día de la semana practicando natación y 1.5 horas cada día de la semana paseando y cuidando al perro de un vecino anciano. Escribe una ecuación que muestre la cantidad total de horas que Carmen pasa haciendo ambas actividades durante 5 días.

9. Ordena de menor a mayor.
$\frac{2}{3}, \frac{-1}{2}, -2, 0.5$

10. Evalúa la expresión $x + (y \cdot z)$ usando los valores $x = 3, y = 2$ y $z = 7$.

Resuelve.

11. $e - 11 = 2.9$

12. $\frac{t}{2} = 8.6$

13. $3x + 11 = -10$

14. Después de comprar 2 boletos de autobús, Marta tenía $12. Los boletos costaron $72 en total. Escribe una ecuación que pueda usarse para hallar cuánto dinero tenía Marta antes de comprar los boletos.

15. Twyla ganó $30 cuidando niños la semana pasada. Cobra $5 por hora. Escribe y resuelve una ecuación para hallar cuántas horas trabajó.

Nombre ______________________ Clase ______________ Fecha ______________

Prueba del 1er cuarto de curso (continuación) Versión B

Capítulos 1 a 3

16. Explica cómo resolver la ecuación $\frac{j}{4} + 3 = -7$.

17. La señora Baxter compró una cantidad de cajas de jugo a \$.30 cada una y un pan a \$1.19. El costo total de sus compras fue \$2.99. Escribe una ecuación para determinar cuántas cajas de jugo compró la señora Baxter.

18. Escribe una frase con palabras para la expresión algebraica $2x - 5$.

19. Escribe la desigualdad para la siguiente gráfica.

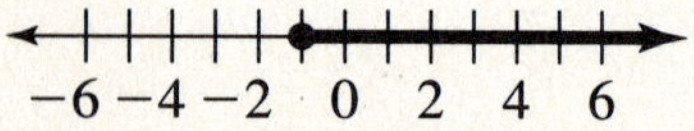

Resuelve.

20. $1.4 + x \leq 7$

21. $\frac{m}{10} < -4$

22. Simplifica $4^3 + 18 \div 3$.

23. Escribe el número 596,000 en notación científica.

24. Escribe un número menor a 100 que sea divisible por 3, 4 y 6.

25. Escribe la fracción $\frac{35}{60}$ en su mínima expresión.

26. Ordena de menor a mayor.
$\frac{5}{6}, \frac{1}{4}, \frac{11}{12}$

27. Jill fue al centro comercial a comprar una camisa para un amigo. De las camisas que eligió, una tenía cuello en v y la otra era tipo *henley.* Ambas venían en amarillo, violeta y azul. Haz una lista de las diferentes opciones que tiene Jill.

28. Escribe $\frac{17}{6}$ en forma de número mixto.

29. Una impresora imprime etiquetas de correo a una velocidad de 50 por minuto. ¿Cuántos minutos tardará para imprimir 1,000 etiquetas?

30. Halla el MCD para el par de números 84 y 14.

31. Thomas registró la cantidad de aves que se alimentaban en el comedero de su patio durante siete días. Basándote en los datos dados, halla la mediana, la media y la moda de esta muestra.
9 7 15 21 20 9 11

32. Durante un partido de fútbol, Erin hizo 3 goles en 7 intentos. Lauren hizo 7 goles en 10 intentos. Escribe una fracción que represente el porcentaje de tiros exitosos de cada jugadora. Compáralas para determinar quién fue la más exitosa.

33. Las piezas necesarias para reparar tu computadora cuestan \$32.16. El técnico cobra \$45 por hora de trabajo. La factura final es de \$167.16. ¿Cuánto tiempo trabajó el técnico en tu computadora? Escribe una ecuación y resuélvela. Muestra todo tu trabajo.

Prueba del 2º cuarto de curso — Versión A

Capítulos 4 a 6

Estima cada respuesta.

1. $8\frac{2}{5} + 4\frac{4}{9}$
2. $2\frac{3}{7} \cdot 1\frac{1}{5}$
3. $6\frac{1}{8} \div 2\frac{1}{2}$
4. $9\frac{1}{5} - \frac{2}{3}$
5. La señora Calvin fue al mercado a comprar fiambres. Compró $1\frac{1}{2}$ lb de salchichón, $\frac{3}{4}$ lb de jamón cocido, $1\frac{1}{8}$ de queso suizo, $1\frac{2}{5}$ lb de jamón crudo y $\frac{7}{8}$ lb de salami. Estima cuántas libras de fiambres compró la señora Calvin.

Halla cada suma o diferencia.

6. $\frac{3}{20} + \frac{4}{15}$
7. $\frac{15}{16} - \frac{1}{24}$
8. Cyndi está haciendo una almohada en su clase de costura. Necesita $1\frac{1}{3}$ yd de tela estampada liviana, $2\frac{1}{2}$ yd de tela de un solo color y $1\frac{3}{4}$ yd de tela estampada oscura. ¿Cuánta tela necesita Cyndi para su almohada?
9. La siguiente tabla muestra las millas que dos corredores corrieron durante una semana de entrenamiento. ¿Quién corrió más? ¿Cuál es la diferencia?

	Lun. (millas)	Mar. (millas)	Miér. (millas)	Jue. (millas)	Vier. (millas)
Marissa	2	$3\frac{1}{2}$	3	2	3
Mark	3	2	2	3	$3\frac{1}{8}$

Halla los productos o cocientes.

10. $1\frac{1}{2} \cdot 4\frac{2}{3}$
11. $1\frac{1}{4} \div 2\frac{6}{7}$
12. Resuelve para x. $\frac{1}{6}x = \frac{1}{8}$
13. A las 3:00 p.m. empieza una película. Miako tarda 15 minutos en llegar a la casa de su amigo, y otros 10 minutos en llegar al cine. ¿A qué hora tendría que salir Miako, a más tardar, para llegar a ver la película de las 3:00?
14. Completa 440 yd = ______ mi. (*Pista:* 1 mi = 1,760 yd)
15. Si el tamaño promedio de la porción de arroz es $1\frac{1}{4}$ tazas, ¿cuántas porciones se pueden servir en $6\frac{1}{2}$ tazas de arroz?
16. ¿Cuál es la medida más precisa, 42 minutos ó $1\frac{3}{4}$ h?
17. Escribe la siguiente razón de 2 formas diferentes: 24 pelotas de béisbol a 18 bates de béisbol.
18. Expresa lo siguiente como una tasa unitaria. 144 intentos de pases por 36 pases realizados
19. Kevin anotó 80 puntos en 5 juegos de básquetbol. A esta tasa, ¿cuántos puntos anotará en 16 juegos?
20. Un elefante africano adulto macho pesa aproximadamente 12,000 libras, y sus colmillos miden aproximadamente 8 pies de longitud. Un elefante indio adulto macho pesa alrededor de 8,000 libras, y sus colmillos miden aproximadamente 5 pies de longitud. ¿Hay una relación proporcional entre el peso y la longitud de los colmillos de ambos elefantes? Explica tu respuesta.

Prueba del 2º cuarto de curso (continuación) Versión A

Capítulos 4 a 6

21. $\triangle ABC \sim \triangle DEF$. Halla x.

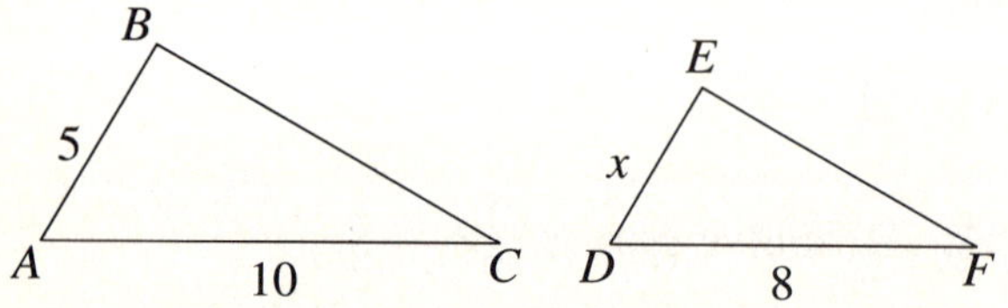

22. Cuando la sombra de un arce es de 9 pies de longitud, la de una secoya es de 22.5 pies de longitud. Si el arce mide 30 pies de altura, ¿cuánto mide la secoya?

23. ¿Cuál es la escala de un mapa si una carretera de 20 millas se indica con 4 pulgadas de longitud?

24. Escribe 0.023 en forma de porcentaje.

25. Escribe 40% en forma decimal.

26. Escribe $\frac{7}{5}$ en forma de porcentaje.

27. Escribe 47% en forma de fracción.

28. ¿Qué porcentaje de 72 es 24?

29. La industria ABC emplea a 294 trabajadores que viven a 5 millas de la fábrica. Esto es el 30% del total de empleados. ¿Qué cantidad de empleados hay?

30. Una encuesta de la NCAA que se realizó entre 802 universidades de cuatro años que ofrecen deportes femeninos intercolegiales indica que el 96% ofrece básquetbol; el 91%, voleibol; el 89%, tenis; el 82%, gimnasia; el 71%, *softball* y el 69%, atletismo. ¿Cuántas universidades ofrecen *softball*?

31. Compras un par de tenis con un descuento del 12% del precio de venta regular, que es de $69.95. ¿Cuánto cuestan los tenis? Redondea al centavo más cercano.

32. El precio al por mayor de un objeto que regularmente se vende a $22.23 es $19.50. ¿Cuál es el margen de ganancia porcentual por este objeto?

33. Resuelve la proporción $\frac{4}{7} = \frac{x}{49}$.

34. El número de estudiantes que se anotaron para una clase fue 64. Después de la distribución de un volante, el número aumentó un 25%. ¿Cuántos estudiantes se anotaron en total?

35. Define *dibujo a escala* con tus propias palabras.

36. Tus padres acaban de comprar un nuevo televisor y un equipo de audio por $2,250. Pagaron un adelanto de $750 y pagarán el resto en cuotas mensuales fijas durante el próximo año. Escribe una ecuación para determinar el monto de cada cuota, y resuélvela.

37. Mario trabaja como vendedor. Gana $400 por semana más una comisión del 4% sobre todas las ventas. Si vende mercancías por $1,650 en una semana, ¿cuánto gana en total esa semana?

Nombre ____________________ Clase ____________ Fecha ____________

Prueba del 2º cuarto de curso Versión B

Capítulos 4 a 6

Estima cada respuesta.

1. $9\frac{3}{4} + 5\frac{1}{9}$
2. $2\frac{6}{7} \cdot 2\frac{4}{5}$
3. $5\frac{6}{7} \div 3\frac{1}{8}$
4. $7\frac{3}{8} - 1\frac{3}{4}$
5. El señor Frost fue a la ferretería. Compró $2\frac{1}{2}$ lb de tornillos, $\frac{3}{4}$ lb de arandelas, $1\frac{1}{7}$ lb de pernos y $1\frac{2}{5}$ lb de clavos. Estima cuántas libras de mercadería compró el señor Frost.

Halla las sumas o diferencias.

6. $\frac{1}{20} + \frac{11}{15}$
7. $\frac{15}{18} - \frac{5}{24}$
8. Mark corrió $3\frac{3}{4}$ millas el primer día de la carrera, $6\frac{1}{2}$ millas el segundo y $5\frac{2}{5}$ millas el tercero. ¿Cuántas millas corrió en total?
9. La siguiente tabla muestra las millas que dos nadadores nadaron durante una semana de entrenamiento. ¿Quién nadó más? ¿Cuál es la diferencia?

	Lun. (millas)	Mar. (millas)	Miér. (millas)	Jue. (millas)	Vier. (millas)
Martha	3	$3\frac{1}{2}$	3	1	2
Jack	4	2	2	2	$2\frac{1}{8}$

Halla los productos o cocientes.

10. $4\frac{1}{2} \cdot 1\frac{2}{3}$
11. $1\frac{2}{5} \div 2\frac{2}{7}$
12. Resuelve para x. $\frac{1}{5}x = \frac{1}{15}$
13. Luego de realizar compras en el centro comercial, John tenía \$5.60. Gastó \$2.50 en el boleto de autobús para llegar y \$1.25 en una carpeta y un cuaderno que compró en la papelería. ¿Cuánto dinero tenía John al salir de su casa?
14. Completa 8,400 pies = ______ yardas.
15. Melanie tiene una tela de $11\frac{1}{3}$ yd de longitud. ¿Cuántos trozos de $2\frac{5}{6}$ yd se pueden cortar de esta tela?
16. Elige la medida más precisa: 40 h ó $1\frac{3}{4}$ días.
17. Escribe la razón de 2 formas diferentes: 16 manzanas a 14 peras
18. Expresa como una tasa unitaria. 112 lanzamientos por 28 fouls
19. Harold metió 16 goles en 5 partidos de fútbol. A esta tasa, ¿cuántos goles meterá en 15 partidos?
20. Un elefante africano adulto macho mide aproximadamente 11 pies de altura y pesa aproximadamente 12,000 libras. Un elefante africano adulto hembra mide alrededor de 9 pies de altura y pesa aproximadamente 9,000 libras. ¿Hay una relación proporcional entre el peso y la altura de los elefantes? Explica tu respuesta.

Prueba del 2º cuarto de curso (continuación) Versión B

Capítulos 4 a 6

21. $\triangle ABC \sim \triangle DEF$. Halla x.

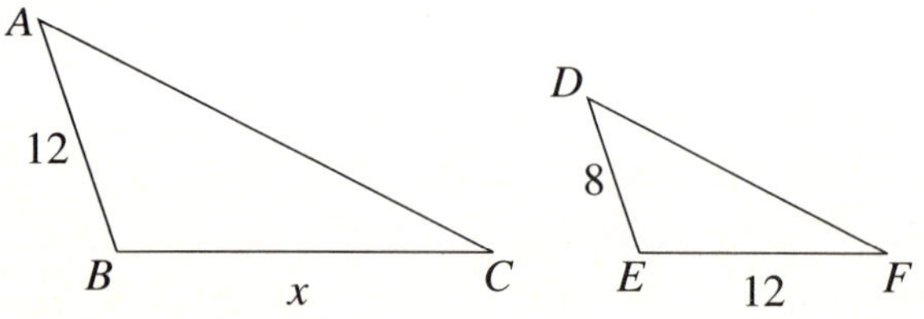

22. Cuando la sombra del mástil de una bandera mide 10 pies de longitud, la sombra de un edificio es de 30 pies de longitud. Si el mástil mide 75 pies de altura, ¿cuánto mide el edificio?

23. ¿Cuál es la escala de un mapa si una carretera de 15 millas se indica con 3 pulgadas de longitud?

24. Escribe 0.058 en forma de porcentaje.

25. Escribe 72% en forma decimal.

26. Escribe $\frac{9}{8}$ en forma de porcentaje.

27. Escribe 35% en forma de fracción.

28. ¿Qué porcentaje de 96 es 24?

29. Se dice que un artículo en liquidación tiene una rebaja del 20% con respecto a su precio original. Ahora cuesta $80. ¿Cuál era el precio original?

30. Una encuesta de la NCAA que se realizó entre 802 universidades de cuatro años que ofrecen deportes femeninos intercolegiales indica que el 96% ofrece básquetbol; el 91%, voleibol; el 89%, tenis; el 82%, gimnasia; el 71%, *softball* y el 69%, atletismo. Si se obtuvieran los mismos resultados en una encuesta entre 508 universidades de dos años, ¿cuántas universidades ofrecerían tenis?

31. ¿Qué es más barato: un par de esquíes de $95 en liquidación con un descuento del 10%, o un par a $120 con un descuento del 25%?

32. Chelsey aumentó su puntaje en los bolos de 200 a 250. Halla el porcentaje del aumento.

33. Resuelve la proporción $\frac{5}{8} = \frac{x}{72}$.

34. Desde que Todd recibió un aumento del 3% en su salario, su nuevo salario anual es $25,750. ¿Cuál era su salario anual antes del aumento?

35. Define *escala* con tus propias palabras.

36. Tus padres acaban de comprar una computadora por $ 2,100. Pagaron un adelanto de $300 y pagarán el resto en cuotas mensuales fijas durante los próximos dos años. Escribe una ecuación para determinar el monto de cada cuota, y resuélvela.

37. Mario trabaja como vendedor. Gana $350 por semana más una comisión del 6% sobre todas las ventas. Si vende mercadería por $1,540 en una semana, ¿cuánto dinero gana en total esa semana?

Nombre ______________________ Clase ______________ Fecha ______________

Prueba del 3$^{\underline{er}}$ cuarto de curso — Versión A

Capítulos 7 a 9

1. Usa una regla para dibujar $\overleftrightarrow{AB}$.

2. Clasifica el siguiente ángulo.

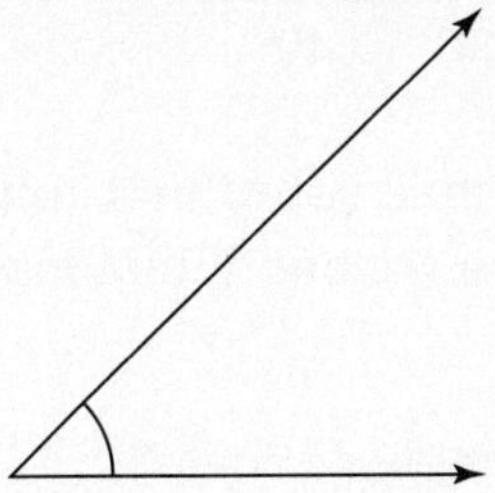

3. El complemento de un ángulo es 29º. ¿Cuál es la medida del ángulo?

4. $\overline{JK}$ biseca $\overline{LM}$ en el punto *D*. ¿Qué puedes decir sobre *D?*

5. Clasifica los tres triángulos basándote en los siguientes conjuntos de ángulos (1) 30°, 60°, 90°; (2) 55°, 30°, 95°; (3) 55°, 55°, 70°.

6. Las medidas de dos de los ángulos de un triángulo son 68º y 54º. Halla la medida del tercer ángulo.

7. Nombra un polígono de seis lados.

8. Un ciclista recorre 71.4 mi en 3 h. ¿Cuántas millas puede recorrer en 6 h?

9. Usa los siguientes triángulos.

a. $\triangle ABC \cong \triangle$______

b. $\angle BCA \cong \angle$______

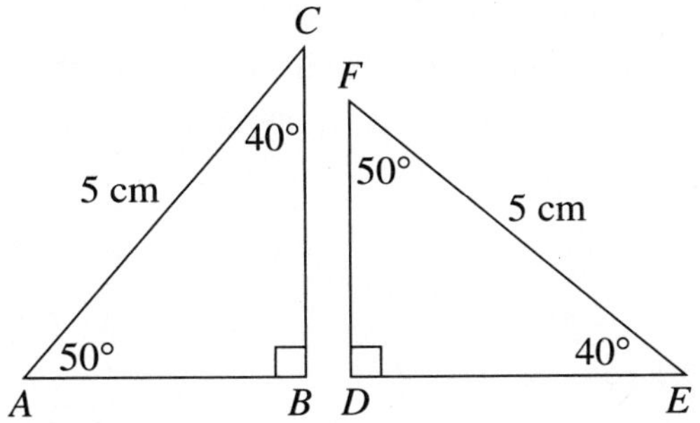

10. Nombra un diámetro para el círculo *C* que aparece abajo.

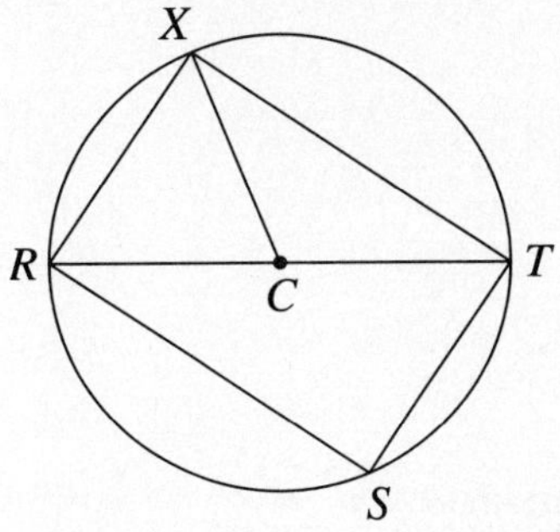

11. La gráfica circular que aparece abajo representa la cantidad de horas que pasa un estudiante haciendo su tarea en el transcurso de un mes. ¿Qué porcentaje de estas horas las dedica a matemáticas e historia? Redondea a la décima más cercana.

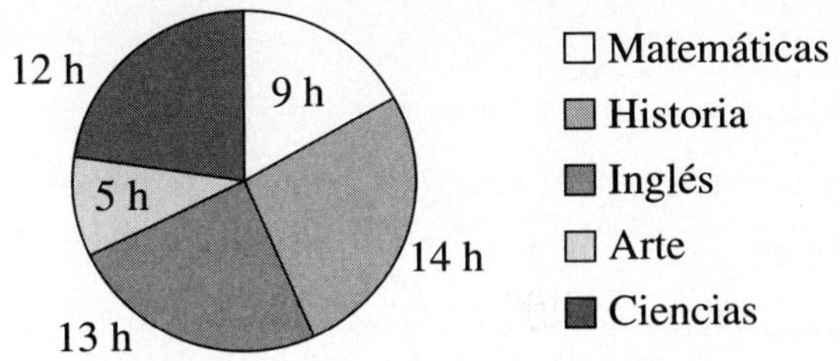

12. Halla el área:

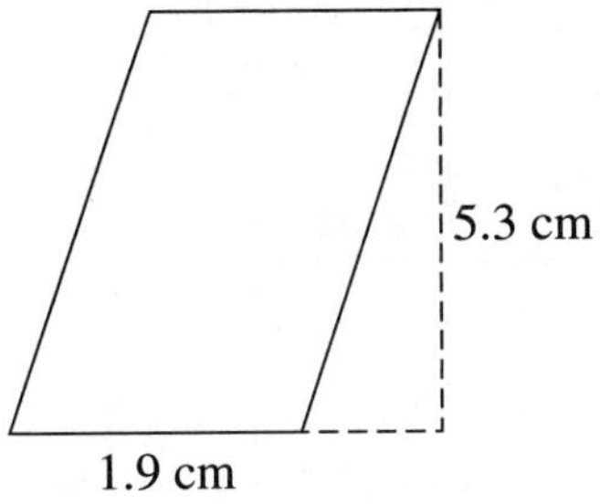

13. Halla el área:

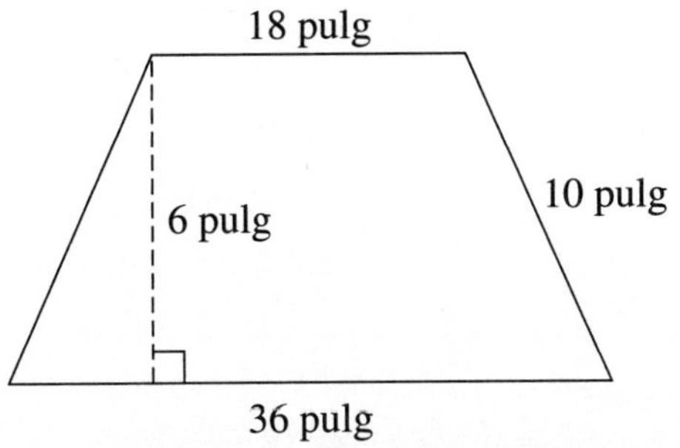

Prueba del 3er cuarto de curso (continuación) Versión A

Capítulos 7 a 9

14. Simplifica. $\sqrt{100}$

15. Halla la longitud que falta en el triángulo rectángulo.

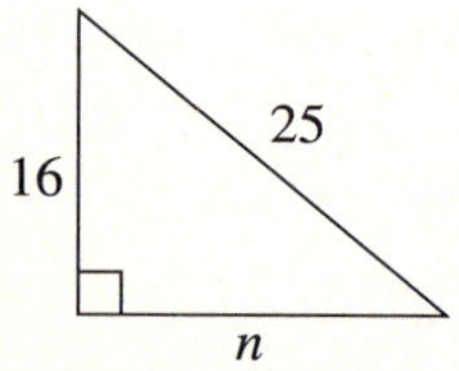

16. Identifica la figura.

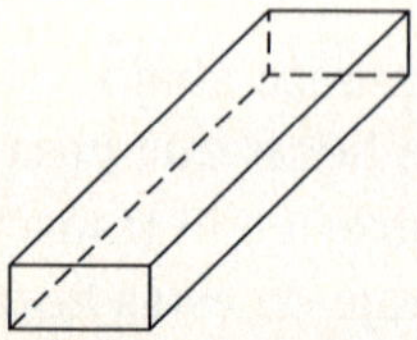

17. Halla el área total del prisma triangular.

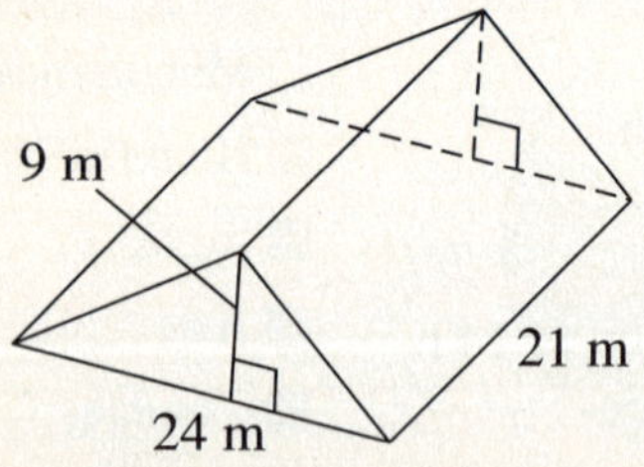

18. ¿Cuáles son los dos siguientes términos en la progresión $-3, 9, -27, 81, \ldots$?

19. Completa la tabla.

Manzanas (lb)	Precio
1	$1.19
2	$2.38
3	$3.57
4	
5	

20. Escribe la regla de función para los números de la tabla.

n	4	5	6	7
$f(n)$	16	25	36	49

21. ¿Cuál es el interés simple sobre un capital de $4,225 prestado por un año a una tasa de interés del 7.25%?

22. Resuelve a en la ecuación $\frac{1}{4}a - b = c$.

23. Halla el área de la figura sombreada. El área de cada cuadrado es 1 cm^2.

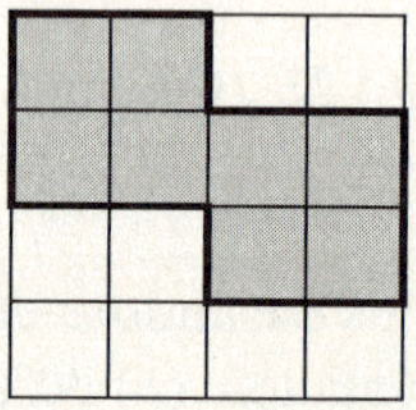

24. Halla el volumen de un prisma rectangular que mide 8 pulgadas de longitud, 6 pulgadas de ancho y 5 pulgadas de altura.

25. Un triángulo rectángulo tiene un ángulo que mide 42º. ¿Cuáles son las medidas de los otros dos ángulos? Muestra tu trabajo.

26. Clasifica el siguiente cuadrilátero de todas las formas que puedas.

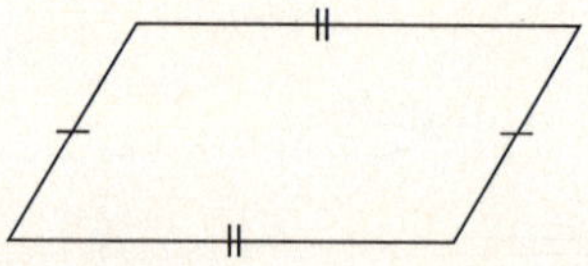

27. El diámetro de una piscina circular es 27 pies. Halla la circunferencia y el área de la piscina y redondéalas a la décima más cercana. Muestra tu trabajo.

Prueba del 3er cuarto de curso — Versión B

Capítulos 7 a 9

1. Usa una regla para dibujar $\overrightarrow{XY}$.

2. Clasifica el siguiente ángulo.

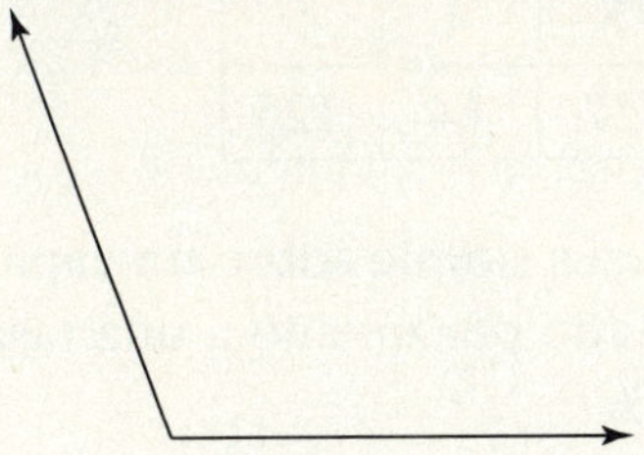

3. El suplemento de un ángulo es 29º. ¿Cuál es la medida del ángulo?

4. Nombra las tres mediatrices del segmento $\overline{HF}$.

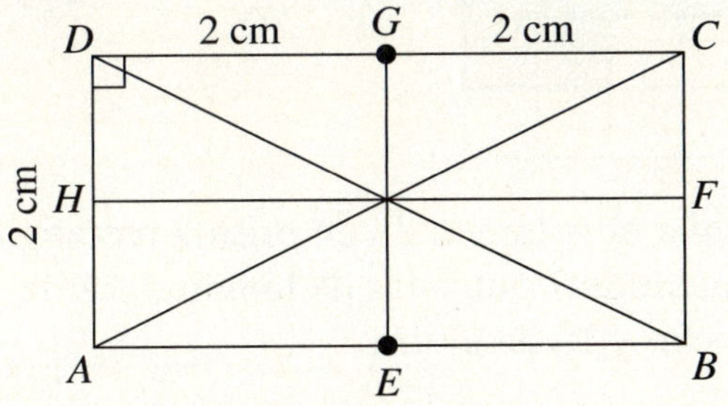

5. Clasifica los siguientes tres triángulos basándote en las longitudes de sus lados: *a.* 12, 10, 24; *b.* 7, 7, 7; *c.* 15, 32, 15.

6. Las medidas de dos de los ángulos de un triángulo son 42 ° y 52º. Halla la medida del tercer ángulo.

7. Nombra un polígono de ocho lados.

8. Hay dieciséis equipos en un campeonato de fútbol. Cada equipo juega hasta que pierde un partido. No hay empates. ¿Cuántos partidos se juegan?

9. Usa los siguientes triángulos $\triangle MNO \cong \triangle PQR$.

a. $\angle N \cong \angle$ ______ **b.** $\angle O \cong \angle$ ______

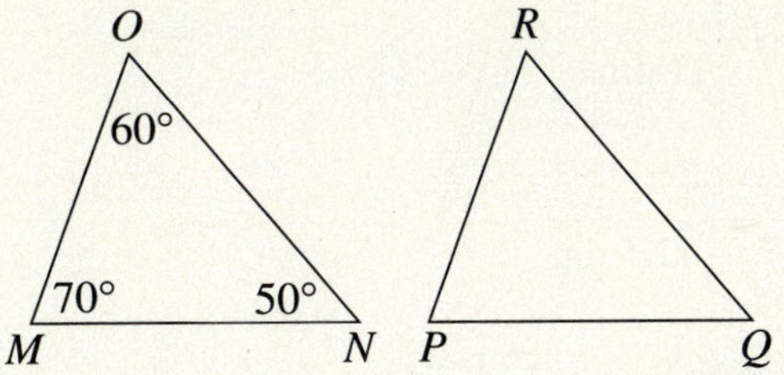

10. Nombra una cuerda para el círculo *C*.

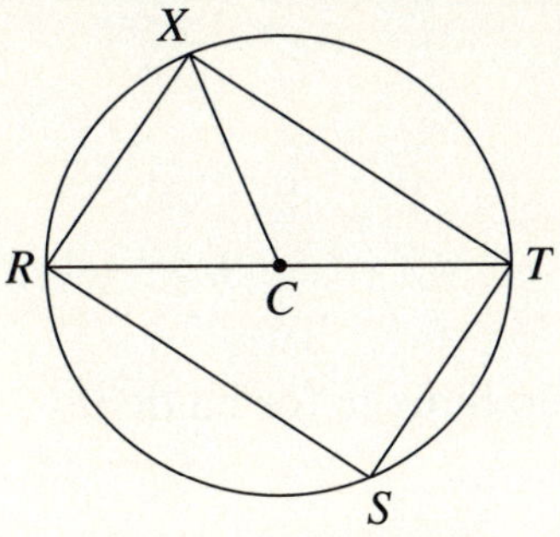

11. La gráfica circular de abajo representa el presupuesto mensual de una familia. Si el total del presupuesto mensual es $1,700, ¿cuáles son los gastos destinados a la vivienda?

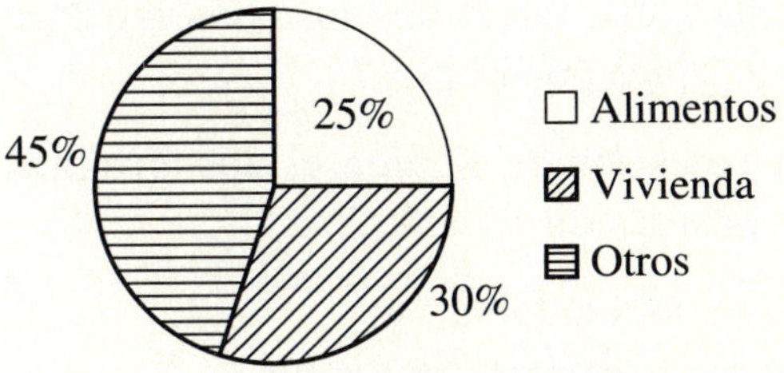

12. Halla el área de este triángulo.

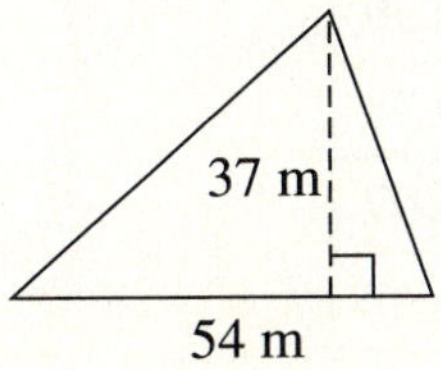

Prueba del 3er cuarto de curso (continuación) Versión B

Capítulos 7 a 9

13. Halla el área.

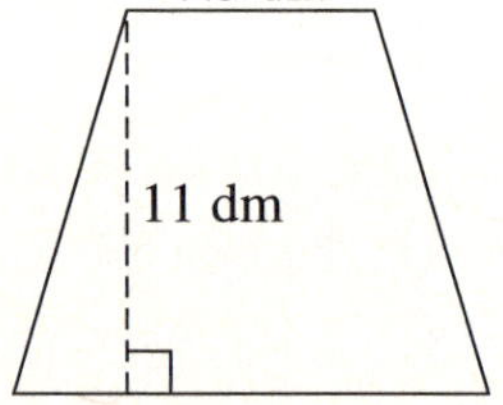

14. Simplifica. $\sqrt{144}$

15. Halla la longitud que falta.

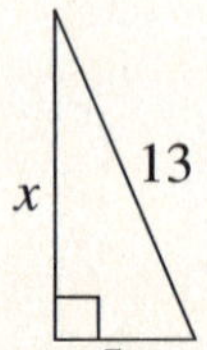

16. Este sombrerillo tiene la forma de un ____.

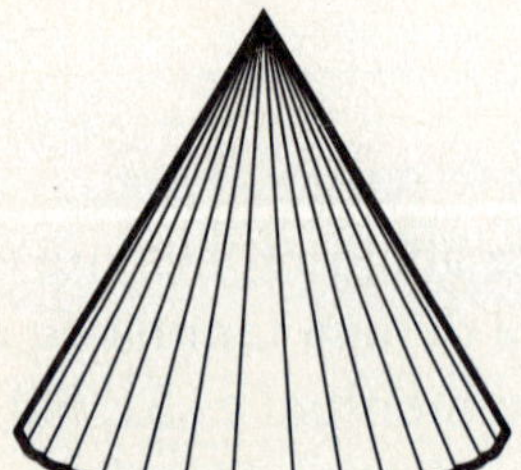

17. ¿Cuál es el área total de un prisma rectangular cuyas dimensiones son 3 pies por 2 pies por 12 pies?

18. ¿Cuáles son los siguientes dos términos en la progresión 100, 50, 25,...?

19. Completa la tabla.

Bagels **(docena)**	**Precio**
1	\$4.99
2	\$9.98
3	\$14.97
4	
5	

20. Escribe la regla de función de los números de la tabla.

n	2	3	4	5
$f(n)$	8	27	64	125

21. ¿Cuál es el interés simple sobre un capital de \$5,820 prestado por un año a una tasa de interés del 9.5%?

22. Resuelve r en la ecuación $A = 2\pi r$.

23. Halla el área de la figura sombreada. El área de cada cuadrado es 2 cm^2.

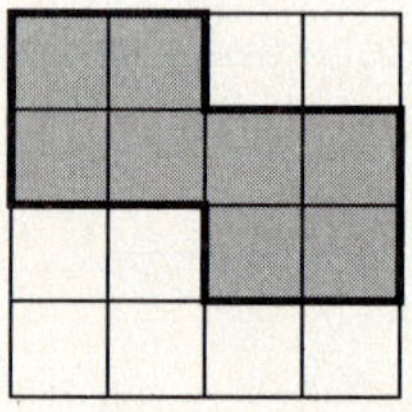

24. Halla el volumen de un prisma rectangular que mide 7 pulgadas de longitud, 12 de ancho y 15 de altura.

25. Un triángulo isósceles tiene un ángulo obtuso que mide 102º. ¿Cuáles son las medidas de los otros dos ángulos? Muestra tu trabajo.

26. Clasifica este cuadrilátero de todas las formas que puedas.

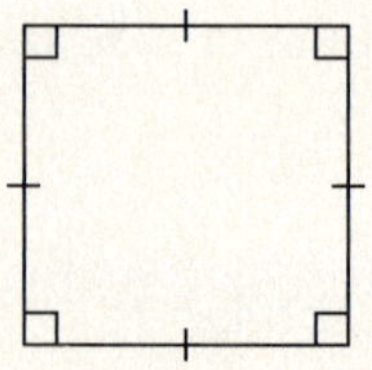

27. Un granjero hace un círculo de cultivos en su campo. El diámetro del círculo de cultivo es 64 pies. Halla la circunferencia y el área del círculo y redondéalas a la décima más cercana. Muestra tu trabajo.

Nombre ______________________ Clase ______________ Fecha ______________

Prueba del 4º cuarto de curso — Versión A

Capítulos 10 a 12

1. ¿En qué cuadrante se encuentra el punto con las coordenadas (14, −13)?

2. Escribe un par ordenado que sea una solución de la ecuación $3x + 2y = -11$. Asegúrate de que los valores x e y en el par ordenado sean enteros menores que 10 y mayores que −10.

3. Sin trazar puntos, explica cuál de estas dos ecuaciones se muestra en la gráfica.
$y = 2x - 1$, $y = -2x + 1$.

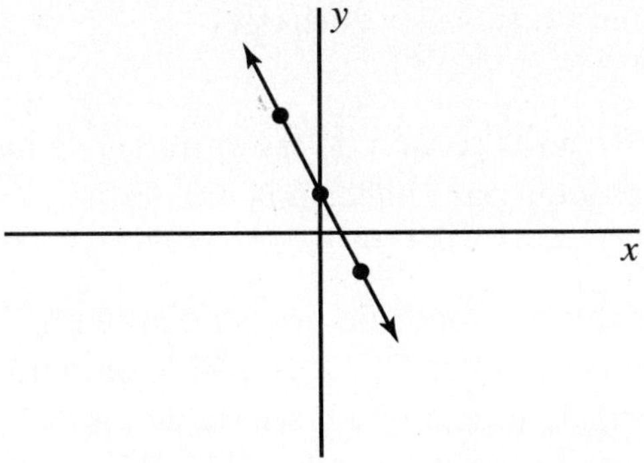

4. ¿Qué punto está en (1, −2)?

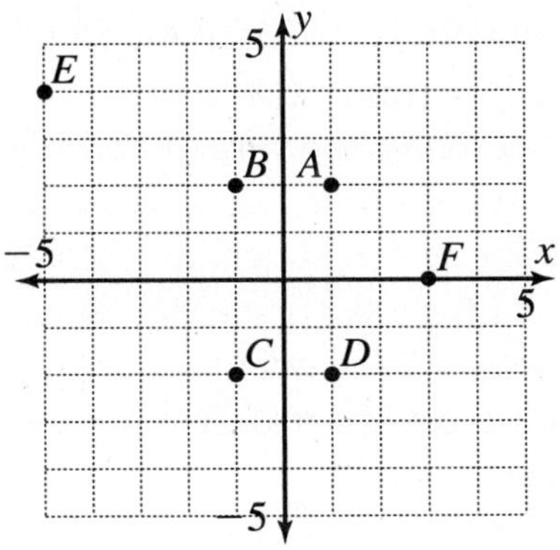

5. Escribe la ecuación de valor absoluto que se representa en la siguiente gráfica.

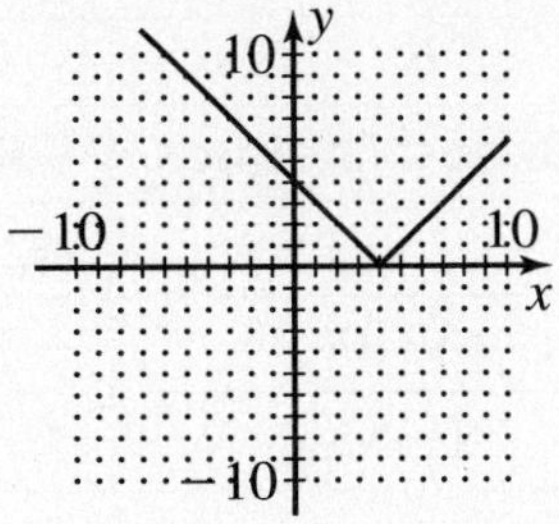

6. El punto B que aparece abajo se traslada 4 unidades hacia arriba. ¿Cuáles son sus nuevas coordenadas?

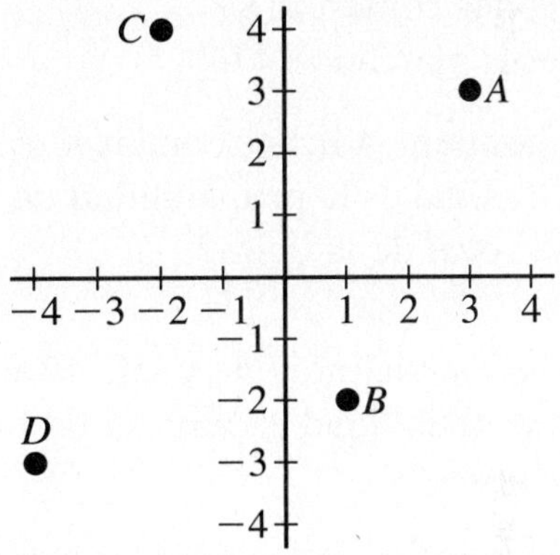

7. Escribe las coordenadas del par ordenado (3, −2) después de la traslación $(x, y) \rightarrow (x + 2, y - 3)$.

8. Dibuja un eje de simetría en esta figura.

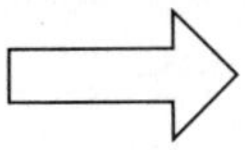

9. **a.** La figura que aparece a la izquierda, ¿tiene simetría rotacional?

b. La figura de la izquierda fue rotada en el sentido de las agujas del reloj hasta la posición que se muestra a la derecha. ¿De cuánto fue la rotación?

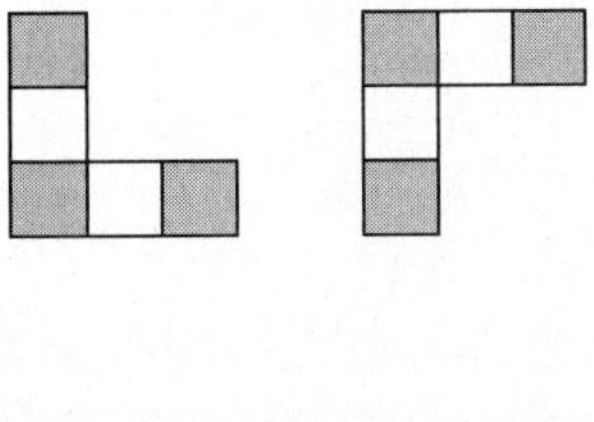

Prueba del 4º cuarto de curso (continuación) Versión A

Capítulos 10 a 12

10. En la siguiente hoja de cálculo, ¿cuál es el saldo de la celda C3?

	A	B	C
	Fecha	**Depósitos/Cheques**	**Saldo**
1	6/25		\$255
2	6/28	−\$310	−\$55
3	6/29	\$165	

11. Usa una proporción para estimar la población de peces.
Total de peces contados: 1,151
Peces marcados contados: 99
Total de peces marcados: 436

12. Una bolsa contiene 4 fichas con las letras D, E, F y G. ¿Cuál es la probabilidad de extraer una *vocal* de la bolsa?

13. Lanzas 30 veces una moneda y sale 12 veces cara. ¿Qué probabilidad experimental tienes de que salga cara?

14. Una rueda está dividida en 8 secciones congruentes numeradas del 1 al 8. ¿Cuál es la probabilidad de obtener dos 1 en una vuelta?

15. ¿De cuántas formas se pueden ubicar 4 libros en un estante a partir de una selección de 7 libros posibles?

16. ¡Calcula 3!

17. Observa el siguiente diagrama de tallo y hojas. ¿Cuántos estudiantes obtuvieron una calificación de 84?

Tallo	Hoja
9	2
8	4 4 5 6
7	2 2 5 5 8
6	0 1 2 5

Clave: 6|2 = 62

18. Una cafetería ofrece 5 variedades diferentes de sándwiches, 4 platos y 6 bebidas diferentes para el almuerzo. ¿Cuántos almuerzos diferentes se pueden elegir?

19. Un puesto de alimentos ofrece solamente un tipo de pan, pero los clientes pueden elegir 3 de los 6 ingredientes disponibles para acompañar el pan. ¿Cuántas posibles combinaciones existen de 3 ingredientes?

20. ¿Qué muestra es más probable que sea aleatoria? Explica tu respuesta.

a. Caminas por los pasillos de una escuela para hacer una encuesta.

b. Te paras en una de las entradas de una escuela para hacer una encuesta.

21. Las calificaciones de un estudiante en historia son 92, 82, 75, 91 y 75. Compara la media, la mediana y la moda de los resultados de las pruebas. ¿Cuál hace que la calificación parezca más alta? ¿Y más baja? Muestra tu trabajo y explica tu respuesta.

22. Se realizó una encuesta entre un grupo de estudiantes de séptimo grado para determinar el número promedio de libros que lee por año un niño de 12 años. La siguiente tabla de frecuencia muestra los datos recopilados a partir de esta encuesta. Identifica dos posibles opciones de intervalos para estos datos. Justifica cada intervalo seleccionado.

3 II	11 IIIIII	18 IIII
4 IIII	12 IIII	19 II
6 II	14 IIIIIIIII	20 IIIIIIII
7 IIIII	15 II	22 II
9 III	17 I	24 IIIIII

Nombre ______________ Clase ______________ Fecha ______________

Prueba del 4º cuarto de curso — Versión B

Capítulos 10 a 12

1. ¿En qué cuadrante está el punto con las coordenadas $(-12, -11)$?

2. Determina si el par ordenado $(-4, 2)$ es una solución de $4x - 3y = -10$.

3. Sin trazar puntos, explica cuál de estas dos ecuaciones está representada en la gráfica.
$y = 6x - 1$, $y = -5x - 1$

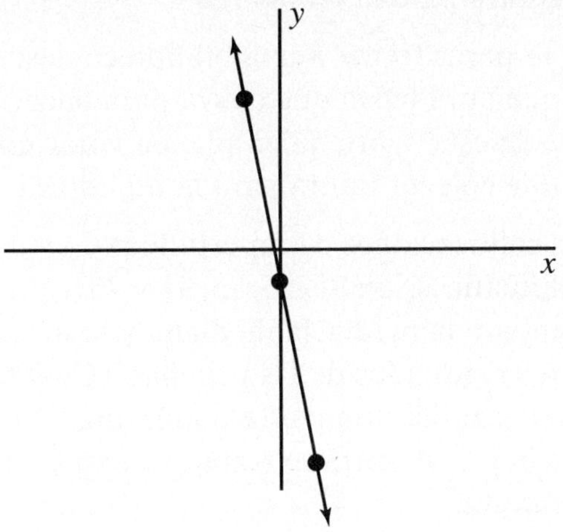

4. ¿Qué punto está en $(-2, 4)$.

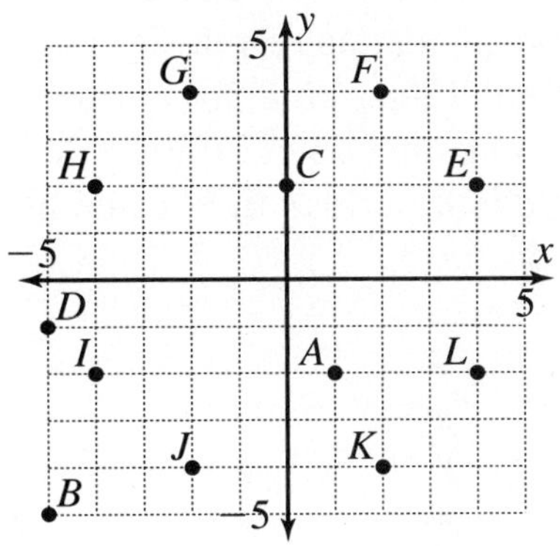

5. Escribe la ecuación de la siguiente parábola.

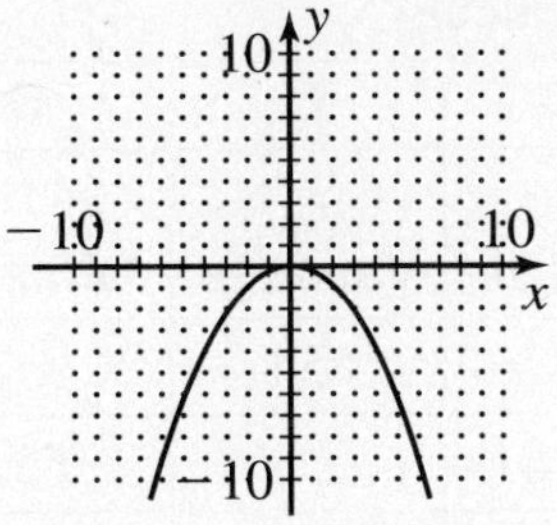

6. El punto D que aparece a continuación se traslada 2 unidades hacia abajo y 5 unidades a la derecha. ¿Cuáles son sus nuevas coordenadas?

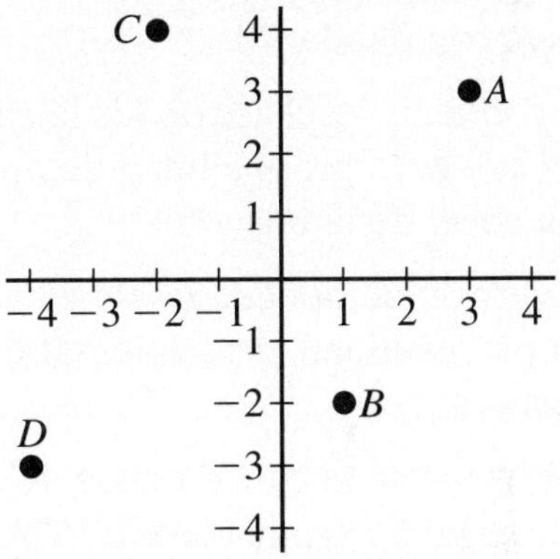

7. Escribe las coordenadas del par ordenado $(8, 3)$ después de la traslación de 4 a la izquierda y 6 hacia abajo.

8. Dibuja un eje de simetría en la figura.

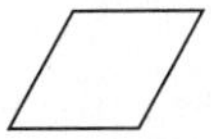

9. a. La figura de la izquierda, ¿tiene simetría rotacional?

b. La figura de la izquierda fue rotada en el sentido de las manecillas del reloj hasta la posición que se muestra a la derecha. ¿De cuánto fue la rotación?

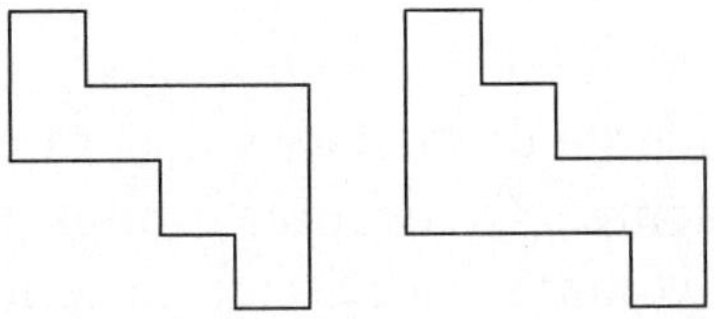

Nombre ______________________ Clase ______________ Fecha ______________

Prueba del 4º cuarto de curso (continuación) Versión B

Capítulos 10 a 12

10. ¿Qué número va en la celda D4 de la siguiente hoja de cálculo?

	A	B	C	D
1	**Escuela secundaria**	**Total**	**Varones**	**Mujeres**
2	Southwest	1,826	854	972
3	Marshall	1,781		852
4	Washburn	1,423	631	

11. Usa una proporción para estimar la población de aves.
Total de aves contadas: 436
Aves contadas con banda: 50
Total de aves con banda: 70

12. Una bolsa contiene 4 fichas con las letras A, B, C y D. ¿Cuál es la probabilidad de *no* extraer una vocal de la bolsa?

13. Lanzas 80 veces una moneda y sale 45 veces cara. ¿Qué probabilidad experimental tienes de que salga cruz?

14. En una bolsa, hay siete cubos rojos y tres cubos verdes. Halla *P*(rojo, verde). (*Nota:* No hay reemplazo.)

15. Cinco amigos están parados uno al lado del otro para sacarse una foto. ¿En cuántos órdenes diferentes se pueden parar?

16. ¡Calcula 6!

17. Observa el siguiente diagrama de tallo y hojas. ¿Cuántos estudiantes obtuvieron una calificación en las decenas de 70 u 80?

Tallo	Hoja
9	2
8	4 4 5 6
7	2 2 5 5 8
6	0 1 2 5

Clave: 7|5 = 75

18. Hay 5 estudiantes que se postulan para presidente de la clase y 6, para vicepresidente. ¿De cuántas formas posibles puede un votante seleccionar un candidato para cada cargo?

19. Una heladería ofrece helados elaborados a partir de 4 sabores de yogurt, 6 coberturas diferentes y 3 tipos diferentes de frutas secas. Usa el principio de conteo para hallar la cantidad de helados diferentes que pueden comprarse.

20. ¿Qué muestra es más probable que sea aleatoria? Explica tu respuesta.

a. Te paras frente a una biblioteca de las 4 a las 6 p.m. para hacer una encuesta acerca de quién planea votar por una colecta futura para la biblioteca.

b. Te paras frente a una biblioteca desde que abre hasta que cierra para hacer una encuesta sobre quién planea votar por una colecta futura para la biblioteca.

21. Las calificaciones de un estudiante en matemáticas son 95, 85, 75, 91 y 75. Compara la media, la mediana y la moda de los resultados de las pruebas. ¿Cuál hace que la calificación parezca más alta? ¿Y más baja? Muestra tu trabajo y explica tu respuesta.

22. Se les pide a 24 estudiantes que identifiquen un deporte en equipo en el que hayan participado. Sus respuestas se muestran en el diagrama de puntos que aparece a continuación. ¿Cuántas respuestas se registraron en el diagrama de puntos? ¿Cuál es la relación con el número de estudiantes encuestados? Explica cómo puede suceder esto.

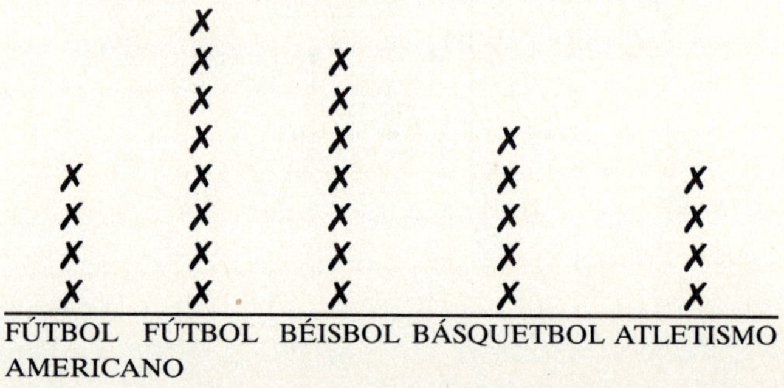

Nombre ____________________ Clase ______________ Fecha ______________

Prueba de mitad de curso — Versión A

Capítulos 1 a 6

1. Estima \$19.17 + \$11.74.

2. El precio original de un traje de baño es \$72.99. El precio de liquidación de ese mismo traje es \$54.29. ¿Cuánto ahorras si te compras el traje de baño en liquidación?

3. Un repostero compró 14 latas de ensalada de frutas a \$.85 cada una, 16 latas de duraznos a \$.79 cada una y 12 latas de peras a \$.79 cada una. ¿Cuál fue el costo total de estas compras?

4. Convierte 4 kg 52 g a kilogramos.

5. Escribe los enteros 3, -13, 19, 17 y -1 de menor a mayor.

6. La elevación del mar Salton es -235 pies mientras que la elevación del monte Shasta es 14,162 pies. Halla la diferencia en la elevación entre el mar Salton y el monte Shasta.

7. Una empresa de bienes raíces obtuvo un saldo de pérdidas y ganancias de $-\$750$ por mes durante 3 meses. Halla el saldo total correspondiente a los tres meses.

8. Tienes un terreno que mide 200 pies por 300 pies. Planeas construir una casa de 70 pies $\times$ 100 pies. ¿Cuánto terreno queda para el jardín?

9. Simplifica $(6 + 2) \div 8 + 10$.

10. ¿Cuál es la moda del siguiente conjunto de datos? 3, 6, 5, 8, 1, 5, 9, 5

11. Evalúa $9y - 4$ si $y = 6$.

12. Resuelve $5x = 120$.

13. Un laboratorio está usando 155 ratones para probar una vacuna. A 55 de estos ratones se les inyectó una dosis de 5 mg, y a 42 de ellos se les inyectó una dosis de 15 mg. Los ratones restantes forman el grupo de control. Escribe una ecuación y halla el número de ratones que forman el grupo de control.

14. Un número multiplicado por un entero positivo es igual a -22. Explica lo que sabes sobre el primer número y por qué.

15. Escribe una expresión algebraica que indique tres veces un número más seis.

Prueba de mitad de curso (continuación) Versión A

Capítulos 1 a 6

Resuelve.

16. $2y + 9 = -3$

17. $\frac{x}{6} - 3 = 1$

18. Un nutricionista está preparando un postre que contiene 150 calorías, 60 calorías menos que $\frac{1}{2}$ de la cantidad de calorías en una porción normal de pastel de manzana y helado. ¿Cuántas calorías hay en una porción normal de pastel de manzana y helado?

19. Escribe una desigualdad que represente "7 es mayor que x".

Resuelve.

20. $t - 11 \leq 17$

21. $-30 > \frac{t}{-4}$

22. Simplifica $(7 - 2^2) + 3$.

23. Escribe 5.93×10^3 en forma normal.

24. ¿Cuál es el MCD de 60 y 84?

25. Escribe la fracción $\frac{18}{36}$ en su mínima expresión.

26. Jennifer completó $\frac{13}{28}$ de un crucigrama. Liz completó $\frac{1}{2}$ de un crucigrama idéntico. ¿Quién completó una mayor parte?

27. ¿Cuál sería el perímetro del quinto cuadrado de este patrón?

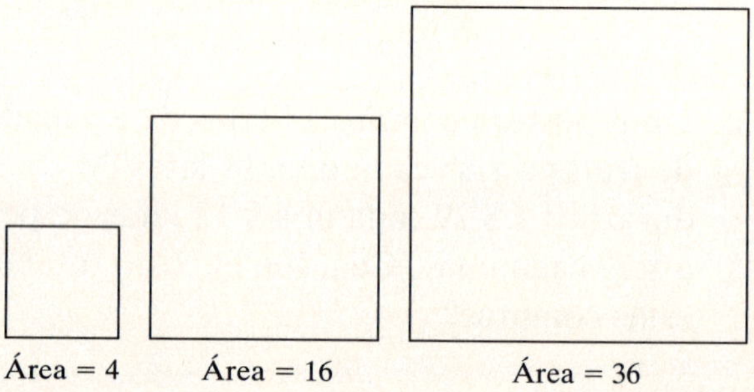

28. Escribe $6\frac{2}{3}$ en forma de fracción impropia.

29. Ordena de menor a mayor.
$\frac{1}{8}, 0.3, \frac{-2}{3}, -1$

30. Estima $2\frac{9}{11} + 4\frac{3}{7}$.

31. Estás horneando *muffins* que requieren $\frac{1}{2}$ taza de aceite vegetal. Sólo tienes $\frac{1}{3}$ de taza. ¿Cuánto más necesitas?

32. Un cachorro pesa $4\frac{1}{8}$ libras esta semana. La semana pasada, pesaba $3\frac{3}{4}$ libras. ¿Cuánto engordó está semana?

Nombre ______________________ Clase ______________ Fecha ______________

Prueba de mitad de curso (continuación) Versión A

Capítulos 1 a 6

33. Quieres aumentar $2\frac{1}{2}$ veces la cantidad de ingredientes de una receta. La receta requiere $1\frac{2}{3}$ tazas de salsa de tomate. ¿Cuánta salsa de tomate debes usar?

34. Un carpintero tiene una caja de clavos, todos del mismo tamaño. Un solo clavo pesa $\frac{1}{4}$ oz y todos los clavos pesan $64\frac{3}{4}$ oz. ¿Cuántos clavos hay?

35. Resuelve $N + \frac{1}{2} = \frac{2}{3}$.

36. Ben y Eric fueron caminando a la casa de un vecino para ayudarlo a arreglar el jardín. Ben trabajó $\frac{2}{3}$ de la cantidad de tiempo que trabajó Eric. Eric comenzó a la 1:00 p.m. y se detuvo a las 4:45 p.m. ¿A qué hora dejó de trabajar Ben?

37. $3\frac{3}{4}$ galones = ________ pintas

38. Elige la unidad métrica más adecuada para la longitud de un sujetapapeles.

39. En una tienda de mascotas, hay 5 perros y 9 gatos. Escribe la razón de perros a gatos de tres formas diferentes.

40. Usa los datos 4, 7, 12, 16, 17, 22, 25 y 28. Escribe la razón de la suma de los números pares y la suma de los números impares en forma decimal. Redondea a la décima más cercana.

41. Como jugador de hockey, Gordie Howe jugó 1,767 partidos, metió 801 goles e hizo 1,049 asistencias. Si los goles y las asistencias cuentan como un punto, ¿cuál fue el promedio de puntos que obtuvo por partido? Redondea a la centésima de punto más cercana.

42. ¿Qué es mejor: comprar 3 latas por $2 ó 6 latas por $5?

43. Escribe la proporción *más simple* que sea equivalente a $\frac{16}{40}$.

44. Un conductor viaja 190 millas en 4 horas. A esa velocidad, ¿cuánto tiempo le llevaría recorrer 475 millas?

45. Dos pueblos están separados por 72 cm en un mapa con una escala de 8 cm : 40 km. ¿Cuál es la distancia real entre los dos pueblos?

46. ¿Qué porcentaje de la figura se encuentra sombreado?

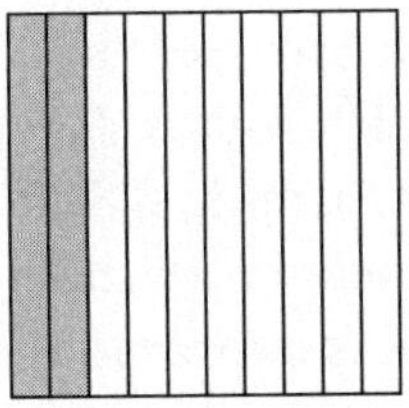

47. Ordena de menor a mayor.
$\frac{7}{12}$, 0.53, 72%, $\frac{2}{5}$

48. ¿Qué porcentaje de 45 es 18?

Prueba de mitad de curso (continuación) Versión A

Capítulos 1 a 6

49. El número de estudiantes inscritos en una escuela secundaria cambió de 875 el año pasado a 840 este año. ¿Cuál fue el porcentaje de la disminución?

50. Evalúa la expresión $2^4 \cdot 3^2$.

51. Halla el MCD de los números 63 y 84.

52. Estima $34\frac{1}{8} \div 7\frac{2}{3}$.

53. $\triangle TUV \sim \triangle WXY$. Halla la longitud del lado WX.

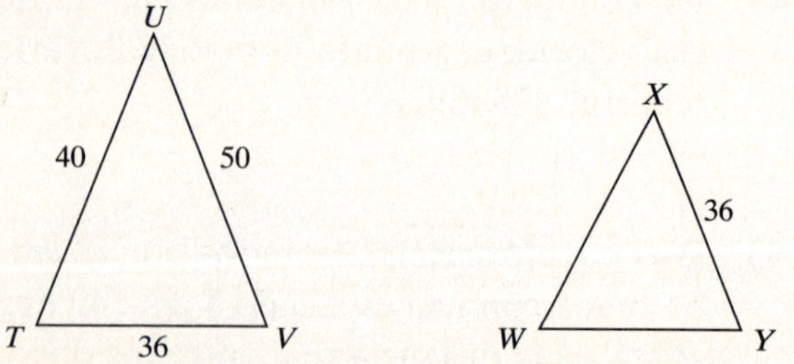

54. Da un ejemplo de un conjunto de datos que tiene una media de 48 e incluye -8.

55. El diámetro de Mercurio, el planeta más pequeño del Sistema Solar, es de aproximadamente 3.1×10^3 millas. Júpiter, el planeta de mayor diámetro, mide 8.8×10^4 millas. ¿Cuál es la diferencia entre los diámetros de estos planetas expresada en notación científica?

56. ¿72,640 es divisible por 8? Explica tu respuesta.

57. Un vendedor gana un salario de $2,600 por mes más un 4% de comisión sobre todas las ventas. ¿Cuánto ganará el vendedor si se recaudan $9,420 por ventas en el mes? Muestra tu trabajo.

58. Una tienda de regalos está ofreciendo un juego de moldes para galletas por $6.50 más 6% de impuestos. También hay un costo de $3.00 por gastos de envío y manejo, sin impuestos. Si encargaras un juego de moldes para que te lo envíen a domicilio, ¿qué porcentaje del pago total sería sólo por los moldes? Redondea al porcentaje más cercano.

59. Un plomero pasa un total de 375 minutos haciendo un trabajo. El plomero cobra $42.20 por hora.

a. Usa números mixtos para escribir la cantidad de tiempo en horas. Muestra tus cálculos.

b. Estima cuánto dinero cobrará el plomero. Explica cómo hallaste tu estimación.

60. El salario del gerente de una tienda es de $57,480, y recibe un aumento del 3%. Si los gastos del gerente han aumentado $1,700, ¿el aumento resulta suficiente para cubrir todos sus gastos? ¿Cuánto dinero adicional hay, o cuánto dinero adicional debe pagarse? Muestra tus cálculos.

Nombre ______________________ Clase ______________ Fecha ______________

Prueba de mitad de curso — Versión B

Capítulos 1 a 6

1. Estima usando la estimación por la izquierda.

   $$\begin{array}{r} 57.36 \\ +44.84 \\ \hline \end{array}$$

2. El precio original de una bicicleta de montaña es \$172.99. El precio de liquidación de la misma bicicleta es \$124.29. ¿Cuánto dinero ahorras si compras la bicicleta en liquidación?

3. El agua constituye aproximadamente el 0.6 del peso del cuerpo humano. ¿Cuánta agua hay en una persona que pesa 125.5 lb?

4. Convierte 3 kg 260g a gramos.

5. Escribe los enteros 4, −12, 20, 16 y −2 de menor a mayor.

6. Un equipo de fútbol americano ganó 2 yardas en un partido y perdió 9 en el partido siguiente. Halla la suma de las yardas en ambos partidos.

7. Un buzo se sumergió a una velocidad de −3 pies por segundo y alcanzó el nivel de −60 pies. Halla cuánto tiempo le llevó llegar a este nivel.

8. Estás armando un juego para un proyecto escolar. El tablero del juego tendrá 15 pulgadas por 15 pulgadas. Un cuadrado grande ocupa 8 pulgadas por 8 pulgadas. ¿Qué área del tablero queda para los dibujos decorativos?

9. Simplifica $(10 - 3) \times 2 + 2$.

10. ¿Cuál es el valor extremo del siguiente conjunto de datos? 2, 1, 0, 14, 3, 2, 0, 0

11. Evalúa $\frac{x}{y + z}$ para $x = 24$, $y = 4$ y $z = 2$.

12. Resuelve $\frac{y}{8} = 24$.

13. Se usará una mezcla de concreto y grava para rellenar un molde con un volumen de 1,500 m^3. Escribe una ecuación y halla el volumen de la grava que deberá mezclarse con 975 m^3 de cemento para rellenar el molde.

14. Stuart resolvió la ecuación $\frac{x}{5} = -100$ y obtuvo el resultado $x = -20$. Explica cómo puede haber obtenido este resultado. ¿Cómo lo ayudarías a corregir su error?

15. Escribe una expresión algebraica para indicar 10 menos un número dividido por 4.

Prueba de mitad de curso (continuación) Versión B

Capítulos 1 a 6

Resuelve.

16. $3y - 4 = 8$

17. $\frac{x}{5} + 6 = 10$

18. Un nutricionista está preparando un guiso que contiene 255 calorías, 20 calorías menos que $\frac{1}{4}$ del número de calorías en una porción normal de guiso. ¿Cuántas calorías hay en una porción normal?

19. Escribe una desigualdad para "7 es menor o igual a y".

Resuelve.

20. $n + 5 \geq 7$

21. $-8y \geq -56$

22. Simplifica $3(4^2 - 5)$.

23. Escribe 8.27×10^4 en forma normal.

24. ¿Cuál es el MCD de 30 y 105?

25. Escribe la fracción $\frac{36}{90}$ en su mínima expresión.

26. Tres amigos estaban leyendo el mismo libro. Uno leyó $\frac{5}{11}$ del libro. Otro leyó $\frac{4}{7}$. El tercero leyó $\frac{6}{13}$. ¿Quién leyó menos? ¿Quién leyó más?

27. ¿Cuál es el área del sexto rectángulo en este patrón?

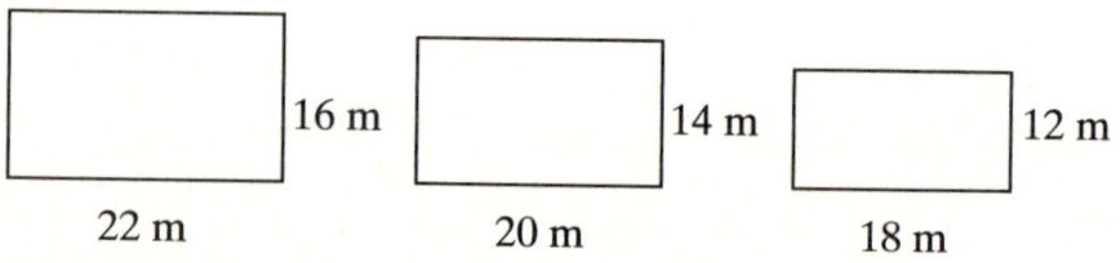

28. Nombra una fracción impropia que sea igual a $3\frac{4}{7}$.

29. Ordena de menor a mayor.
$\frac{-3}{4}$, 0.6, $\frac{2}{3}$, -2

30. Estima $5\frac{4}{5} + 2\frac{1}{7}$.

31. Un trozo de tela mide $3\frac{1}{2}$ yardas de longitud. Para una almohada, se necesitan $1\frac{7}{8}$ yardas. ¿Cuánta tela sobrará?

32. Una receta de pan requiere $2\frac{1}{2}$ tazas de harina blanca y $3\frac{2}{3}$ tazas de harina de trigo. ¿Cuánta harina se necesita en total?

33. Una receta requiere $\frac{2}{3}$ tazas de cebolla picada. ¿Cuántas cebollas se necesitan para hacer $\frac{3}{4}$ del total de la receta?

34. Se colocan bloques de cemento de $\frac{3}{4}$ pies de longitud a lo largo de una calle que mide $12\frac{3}{4}$ pies de longitud. ¿Cuántos bloques se necesitan?

35. Resuelve y comprueba $x - \frac{2}{10} = \frac{3}{11}$.

Prueba de mitad de curso (continuación) Versión B

Capítulos 1 a 6

36. Ben y Eric fueron a la casa de un vecino a ayudarlo a arreglar el jardín. Ben trabajó $\frac{2}{3}$ del total de tiempo que trabajó Eric. Eric empezó a las 12:30 p.m. y se detuvo a las 2:45 p.m. ¿A qué hora dejó de trabajar Ben?

37. 19 onzas = _______ lb _______ oz

38. Elige la unidad de medida angloamericana adecuada para medir la capacidad de una taza de café.

39. En una clase, hay 9 varones y 11 mujeres. Escribe la razón de los varones en relación con el total de estudiantes.

40. Usa los datos 4, 7, 12, 16, 17, 22, 25 y 28. Escribe la razón de la suma de los números impares y la suma de los números pares en forma decimal. Redondea a la décima más cercana.

41. Un granjero vende calabazas por $4.00 cada una y el precio disminuye a $2.50 por cada calabaza que compras luego de haber comprado la tercera. ¿Cuál es el precio promedio por calabaza si compras 10?

42. ¿Qué es mejor: comprar 50 por $3.25 ó 5 por $.38?

43. Escribe la proporción más simple que sea equivalente a $\frac{27}{90}$.

44. Debbie ahorró $108 en 6 meses. A este ritmo, ¿cuánto tiempo le llevará ahorrar los $360 que necesita para comprarse una abrigo de cuero?

45. El modelo a escala de un avión usa una escala de 1 pulg = 8 pies. La distancia de ala a ala del modelo es de 16.5 pulg. ¿Cuál es la distancia real de ala a ala?

46. ¿Qué porcentaje de la figura está sombreado?

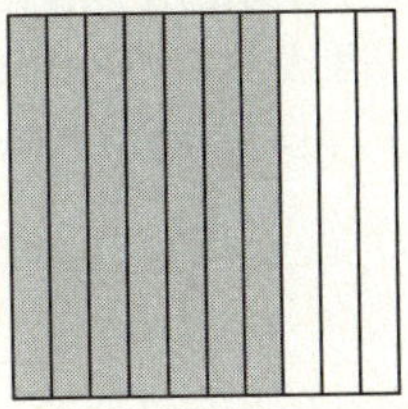

47. Ordena de menor a mayor.
0.89, 81%, $\frac{6}{7}$, $\frac{11}{13}$

48. ¿Qué porcentaje de 72 es 20?

49. Una familia está vendiendo su propiedad. La comisión del agente de bienes raíces es del 7%. Los vendedores quieren quedarse con $69,750 una vez descontada la comisión. ¿Cuál debe ser el precio de venta?

50. Evalúa la expresión $12 + 7^2$.

Prueba de mitad de curso (continuación) Versión B

Capítulos 1 a 6

51. Halla el MCD de los números 24 y 40.

52. Estima $3\frac{1}{8} \div \frac{2}{3}$.

53. Si las siguientes figuras son similares, ¿cuál es el perímetro de la figura más pequeña?

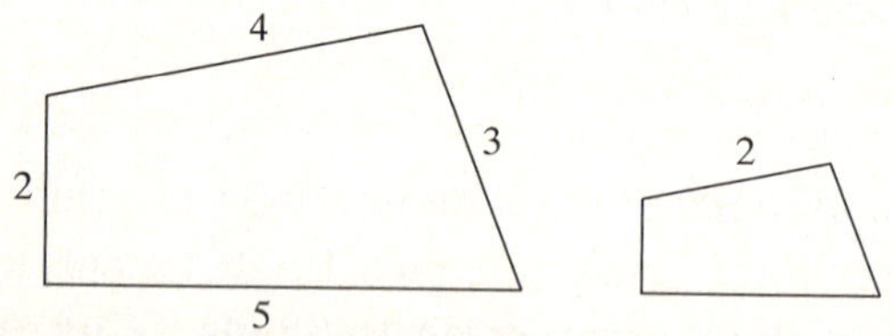

54. Da un ejemplo de un conjunto de datos que tiene una media de 15 e incluye −2.

55. El océano Pacífico cubre aproximadamente 64,186,300 millas cuadradas de la superficie del planeta, mientras que el océano Atlántico cubre aproximadamente 33,420,000 millas cuadradas. Expresa ambas áreas en notación científica.

56. ¿Es 8,592 divisible por 3? Explica tu respuesta.

57. Un vendedor a comisión gana $175 por semana más un 12% de comisión sobre las ventas. ¿Cuánto ganaría el vendedor si las ventas en una semana fueran de $8,295? Muestra tus cálculos.

58. Si vas a cenar a un bufete entre las 4:00 p. m. y las 6:00 p.m., el precio regular de la cena se reduce un 30%. Tu familia, integrada por cuatro personas, concurre al bufete a las 4:45 p.m. El precio regular de la cena es $10.50. ¿Cuánto paga tu familia?

59. Un electricista pasa un total de 435 minutos haciendo un trabajo. Cobra $45 por hora.

a. Usa números mixtos para escribir el tiempo que pasó en horas. Muestra tus cálculos.

b. Estima cuánto cobra el electricista. Explica cómo llegaste a esa estimación.

60. Un conductor tiene una asignación por su vehículo de $7,800 por año. Recibió un aumento del 6% para el año próximo. Si los gastos del año pasado superaban en $480 el monto permitido, ¿tendrá suficiente dinero este año si tiene los mismos gastos? ¿Cuánto dinero adicional tiene que pagar o cuánto dinero adicional ahorrará? Muestra tus cálculos.

Nombre ______________________ Clase ______________ Fecha ______________

Prueba de final de curso — Versión A

Capítulos 1 a 12

1. Redondea para estimar.
$3.79 + 2.99 + 1.07$

2. Una aficionada a la artesanía compró $18.07 en materiales de artesanía. Le dio al vendedor $20.27. ¿Cuánto dinero le devolvieron?

3. Una chef vendió pizzas cuyo costo de elaboración fue de $7.98. Si vendió 18 pizzas en una feria, ¿cuánto dinero gastó en los ingredientes?

4. Un equipo de fútbol ganó 4 yardas en un partido y perdió 9 yardas en el partido siguiente. Halla la cantidad total de yardas del equipo en los dos partidos.

5. Ordena los siguientes enteros de mayor a menor $-12, 20, -11, 0$.

6. Un vecino quiere comprar un nuevo estéreo que cuesta $340. Podrá ahorrar $17 por semana para comprarlo. ¿Cuántas semanas deberá ahorrar?

7. Resuelve $9 = \frac{r}{2} - 3$.

8. Escribe una oración para la ecuación $3p = -27$.

9. Representa gráficamente $3 < x + 7$ en la recta numérica.

10. Escribe una desigualdad para la siguiente gráfica.

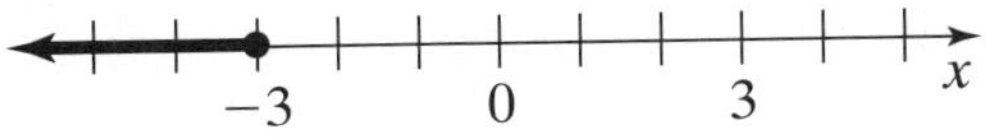

11. Escribe la fracción *más simple* equivalente a $\frac{24}{27}$.

12. Simplifica $3^2 + 4(8 - 5)$.

13. Muestra que $\frac{2}{3} < \frac{3}{4}$ es un enunciado verdadero cambiando las fracciones a decimales.

14. Dibuja la siguiente figura en el patrón que se muestra a continuación.

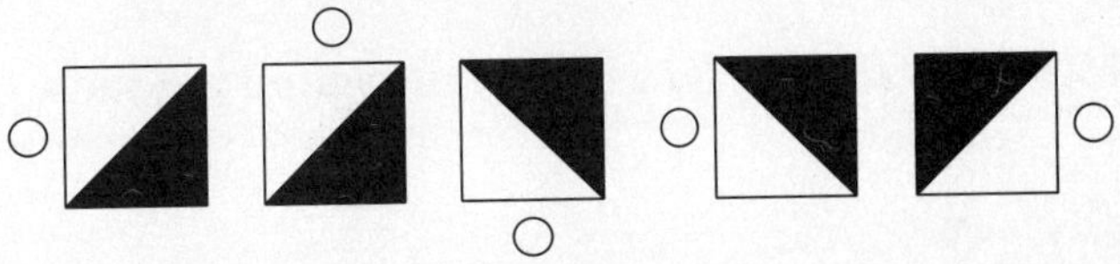

15. Escribe los factores primos de 126. Usa los exponentes cuando sea posible.

16. Un atleta corrió $3\frac{3}{4}$ millas el primer día de la carrera, $6\frac{1}{2}$ millas el segundo día y $5\frac{1}{5}$ millas el tercer día. ¿Cuántas millas corrió en total?

17. Unas barras de granola que pesan $2\frac{1}{3}$ oz cada una vienen en cajas de doce unidades. ¿Cuánto pesan en total todas las barras de granola de una caja?

18. Un profesor de pintura tiene una lata de $12\frac{3}{4}$ oz de témpera. La quiere dividir en partes iguales entre 6 estudiantes. ¿Cuánto debería darle a cada uno?

19. Halla *x*. $x + \frac{3}{4} = \frac{5}{6}$

20. 84 oz = ______ lb ______ oz

21. Una clase de teatro está formada por 11 varones y 16 mujeres. Escribe la razón de las mujeres y los varones de tres formas diferentes.

22. El estado de Georgia abarca 159 condados y 58,056 millas cuadradas. ¿Cuál es la tasa unitaria de millas cuadradas por condado? Redondea tu respuesta a la milla más cercana.

Prueba de final de curso (continuación) Versión A

Capítulos 1 a 12

23. ¿Qué es mejor: comprar 9 latas de chile a \$23.23 u 8 latas a \$19.60?

24. El par de razones que se muestra a continuación, ¿forma una proporción? Explica tu respuesta hallando un común denominador.
$\frac{11}{19} \stackrel{?}{=} \frac{55}{95}$

25. $\triangle XYZ \sim \triangle JKL$. Halla la longitud del lado que falta.

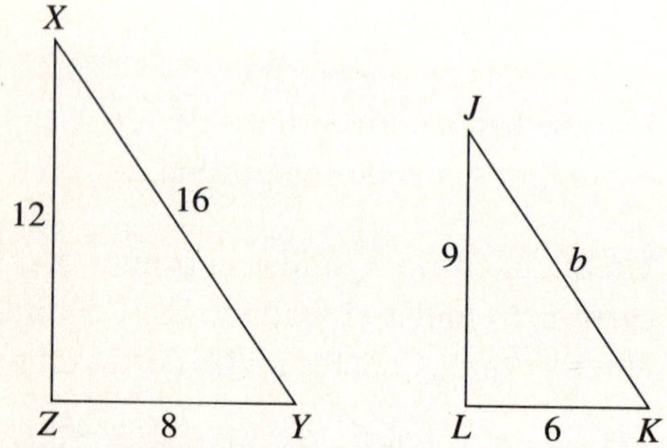

26. Ordena de menor a mayor.
$72\%, \frac{7}{9}, 0.79, \frac{11}{15}$

27. Escribe 0.9% en forma decimal y en forma de fracción.

28. ¿Qué porcentaje de 50 es 33? Si es necesario, redondea tu respuesta a la décima más cercana.

29. 67 es el 25% ¿de qué número?

30. ¿Cuál es el costo total de un abrigo cuyo precio es \$86.90 si el impuesto sobre las ventas es del 7%?

31. Halla el área de la siguiente figura.

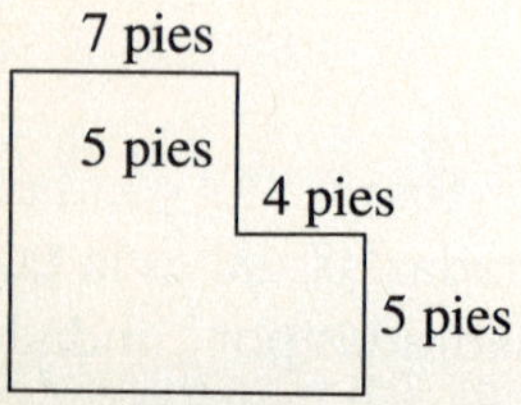

32.
a. Nombra un par de ángulos complementarios.
b. ¿Qué recta es perpendicular a $\overleftrightarrow{EF}$?
c. Nombra un par de rectas paralelas.

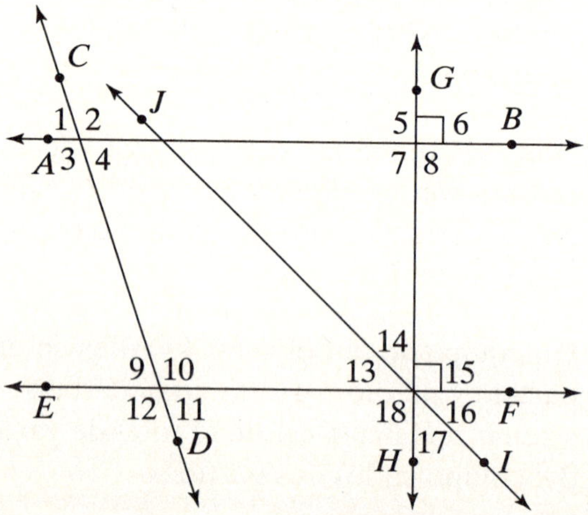

33. Usa el siguiente círculo. El punto X es el centro del círculo. Clasifica $\triangle BXD$.

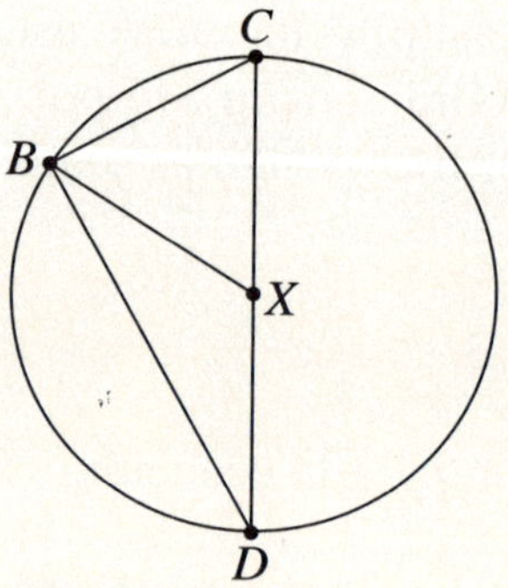

34. Un triángulo es congruente con el que se muestra a continuación. ¿Cuál es la medida del ángulo que es congruente con $\angle NLM$?

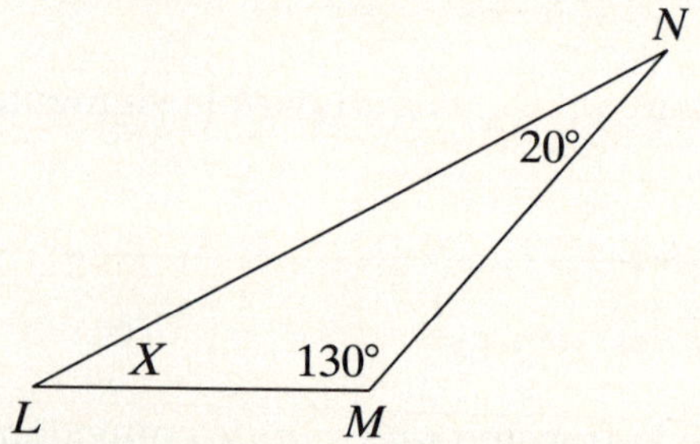

Nombre ______________________ Clase ______________ Fecha ______________

Prueba de final de curso (continuación) Versión A

Capítulos 1 a 12

35. El ochenta por ciento de los días en un pueblo son despejados y el resto, nublados. Di que ángulo central dibujarías en una gráfica circular para mostrar cuántos días despejados hubo.

36. Halla el área del trapezoide.

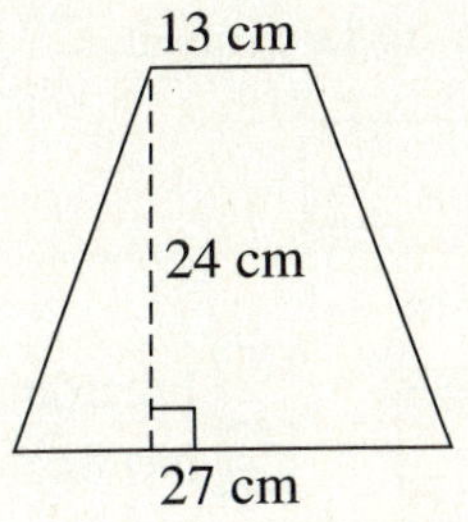

37. Halla la longitud del lado que falta.

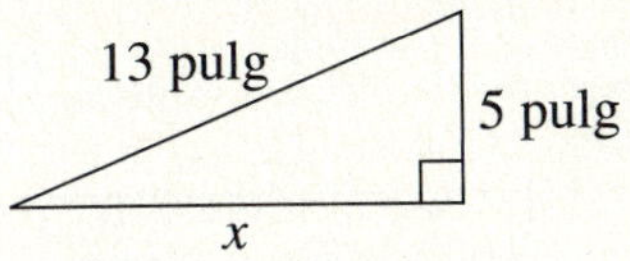

38. Halla el volumen de un cilindro cuyo diámetro es 14 pies y su altura, 12 pies. Redondea al pie cúbico más cercano.

39. Halla el área total del prisma triangular.

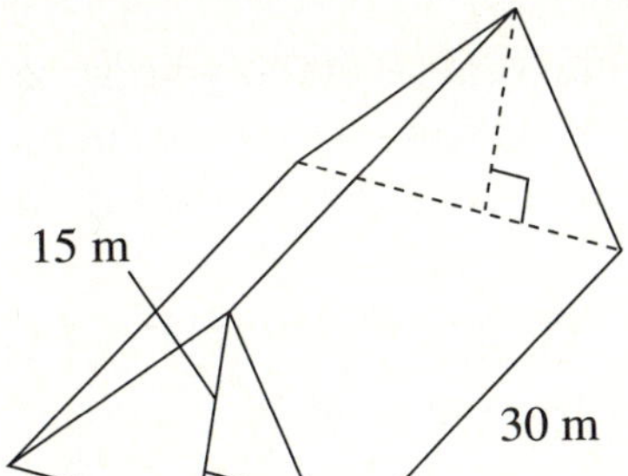

40. ¿Cuál es la longitud aproximada de cada una de las aristas de un cubo cuyo volumen es 150 cm^3? Redondea a la décima de centímetro más cercana.

41. ¿En qué se parecen las pirámides y los conos? ¿En qué se diferencian?

42. Completa la tabla de función.

entrada (n)	salida ($n - 5$)
2	
3	
4	

43. Describe una actividad que pueda estar representada por esta gráfica.

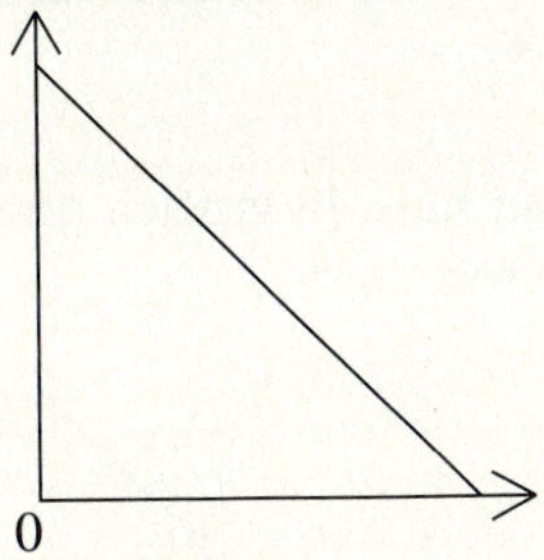

44. La siguiente gráfica ilustra las velocidades promedio de las ballenas y las barracudas. Escribe una regla que represente la distancia como función del tiempo para cada animal.

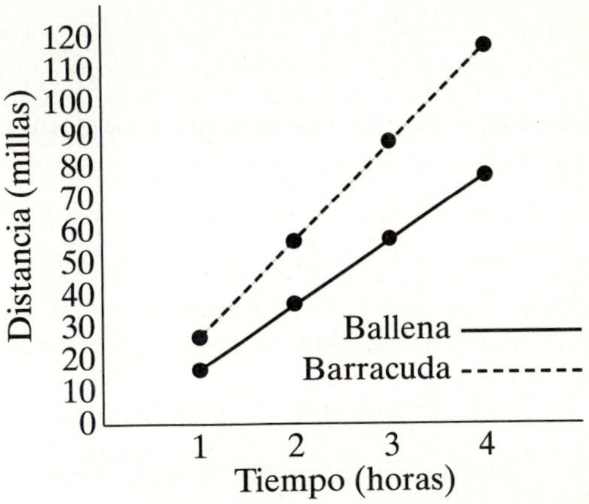

45. En tu sexto cumpleaños, tu familia deposita \$100 en una cuenta que paga 5% de interés compuesto anualmente. ¿Cuánto dinero hay en la cuenta cuando cumples 13 años?

46. ¿En qué cuadrante son negativas las dos coordenadas de un punto?

Prueba de final de curso (continuación) Versión A

Capítulos 1 a 12

47. Los libros de tapa blanda usados están en liquidación a $.75 cada uno. ¿Cuántos libros podrías comprar si tuvieras $3.75? Completa la tabla para hallar la respuesta.

x					
y					

48. Halla la pendiente de una calle si una gráfica lineal que la representa atraviesa los puntos (5, 3) y (25, 8).

49. Escribe una ecuación para la gráfica que se muestra a continuación.

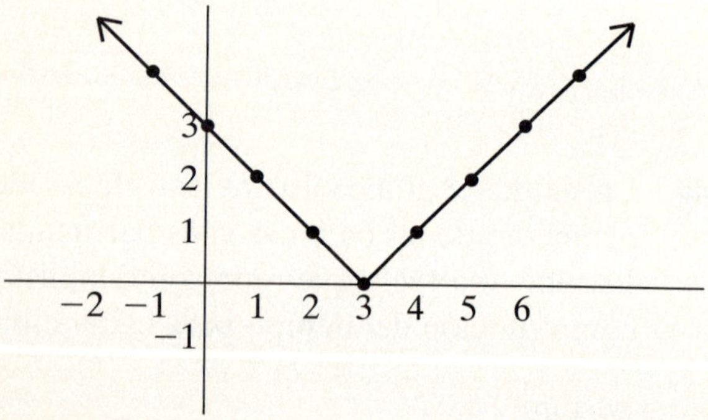

50. La banda de un espectáculo de entretiempo marchaba en formación. El percusionista principal comenzó en un punto con las coordenadas (−1, 3) y se movió 5 pasos hacia abajo y 4 hacia la derecha. ¿Cuáles son las coordenadas de la posición final del percusionista?

51. El siguiente diagrama de puntos representa el número de galones de agua que diez personas usan diariamente. Escribe la cantidad de galones que usa cada una de las diez personas.

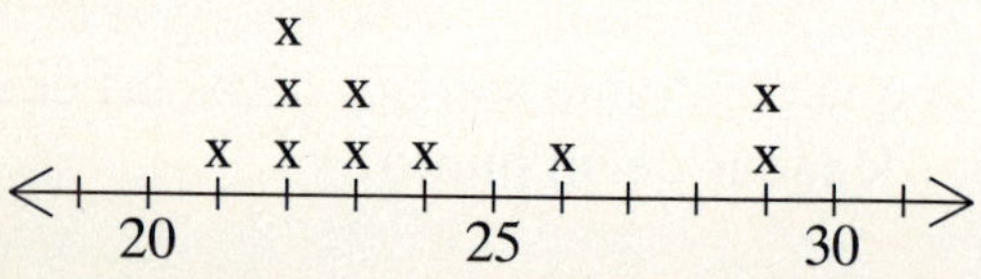

52. La siguiente gráfica de doble barra compara el número de libros de ficción con el número de libros que no son de ficción en tres bibliotecas de diferentes escuelas primarias. Según la gráfica, ¿cuál es la diferencia entre el número de libros de ficción y el número de libros que no son de ficción en la biblioteca de la escuela C?

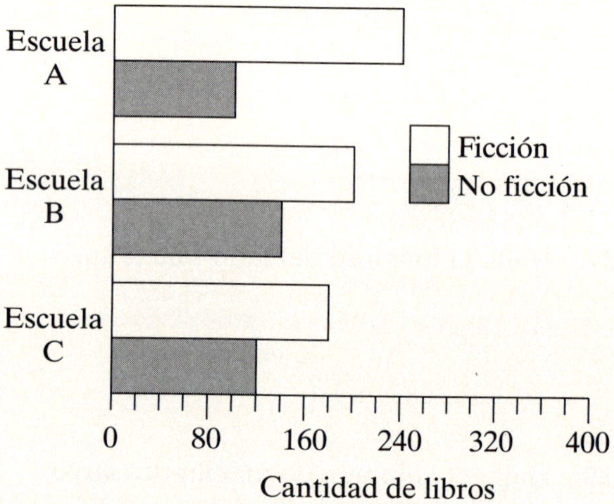

53. ¿Cuál es el mejor tipo de gráfica para mostrar las poblaciones de varones y mujeres en tres escuelas diferentes?

54. El siguiente diagrama de tallo y hojas se creó para mostrar los resultados de la prueba de ciencias. ¿Cuál es la media de estos datos?

Tallo	Hoja
10	0 0 0 0
9	0 0 2 2 4 6 6 8 8
8	0 4 4 6 6

Clave: 9 | 2 = 92

55. Después de introducir un nuevo jugo de frutas, una empresa realiza una prueba de sabor para comprobar la aceptación del producto. Entre los que participaron en la encuesta, 64 dijeron que preferían la nueva bebida, 112 preferían la bebida anterior, y 24 no notaron ninguna diferencia. ¿Qué probabilidades hay de que una persona encuestada prefiera la nueva bebida?

Nombre ______________________ Clase ______________ Fecha ______________

Prueba de final de curso — Versión B

Capítulos 1 a 12

1. Redondea para estimar
$4.26 + 5.37 + 2.79$.

2. Paul tenía \$67.55. Gastó \$28.77. ¿Cuánto dinero le quedó?

3. Una amiga vendió jaulas para pájaros cuya fabricación costó \$6.29. Si vendió 15 jaulas en la feria de artesanías, ¿cuánto gastó en los materiales?

4. ¿Cuál es el cambio de elevación si se va de una elevación de -175 m a una de 750 m?

5. Ordena los siguientes números enteros de menor a mayor. $-15, 30, -17, 5$

6. Tu hermano gastó \$800 en un paquete turístico y luego gastó un promedio de \$30 por día de vacaciones. En total, gastó \$1,040 durante todo el período de vacaciones. ¿Cuántos días duró el viaje?

7. Halla j. $5 = 6j + 41$

8. Escribe una oración para la ecuación
$x - 4 = -3$.

9. Representa gráficamente $4 \geq x + 5$ en la recta numérica.

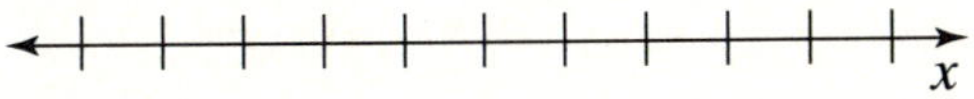

10. Escribe una desigualdad para la siguiente gráfica.

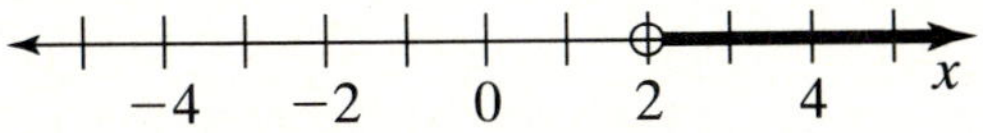

11. Escribe la fracción *más simple* equivalente a $\frac{24}{36}$.

12. Simplifica $(3 + 9)2 + 7 \times 3^2$.

13. Demuestra que $\frac{5}{6} < \frac{7}{8}$ cambiando los números a fracciones con un mínimo común denominador.

14. Una serie de frascos que contienen canicas tiene el siguiente patrón:

Frasco #1 2 verdes, 1 roja y 3 amarillas
Frasco #2 4 verdes, 1 roja y 6 amarillas
Frasco #3 8 verdes, 1 roja y 9 amarillas
Frasco #5 32 verdes, 1 roja y 15 amarillas

¿Cuántas canicas habría en el frasco #4?

15. Escribe los factores primos de 735. Usa exponentes cuando sea posible.

16. Un modelo de cortinas requiere $4\frac{1}{2}$ yd de tela. Un modelo de colcha que haga juego requiere $3\frac{1}{4}$ yd de tela. ¿Cuánta tela se necesita para hacer las cortinas y la colcha?

17. Un compañero de clase coleccionó 420 estampas de béisbol. Si su hermano coleccionó $2\frac{1}{2}$ veces más de estampas en comparación con tu compañero, ¿cuántas estampas tiene el hermano?

18. ¿Cuántas tablas de $2\frac{1}{4}$ pies pueden cortarse de una tabla de $13\frac{1}{2}$ pies?

19. Tu tía compró $2\frac{2}{3}$ libras de zanahorias en el supermercado. Las quiere dividir entre sus amigas y darle a cada una $\frac{1}{3}$ de libra. ¿Con cuántas amigas puede compartir las zanahorias?

20. 88 pies = ______ yd ______pies

Prueba de final de curso (continuación) Versión B

Capítulos 1 a 12

21. Un ramo de flores está formado por 19 margaritas y 14 claveles. Escribe la razón de los claveles y las margaritas de tres formas diferentes.

22. Escribe una tasa unitaria equivalente a $\frac{80 \text{ pies}}{20 \text{ segundos}}$.

23. ¿Qué es mejor: comprar una bolsa de 18 onzas de galletas a \$1.79 o una bolsa de 36 onzas a \$3.50?

24. El siguiente par de razones, ¿forma una proporción? Explica tu respuesta hallando un común denominador.
$\frac{42}{56} \stackrel{?}{=} \frac{6}{7}$

25. La razón de los lados correspondientes de las figuras similares es 3 : 2. ¿Cuál es la longitud del Lado *A*?

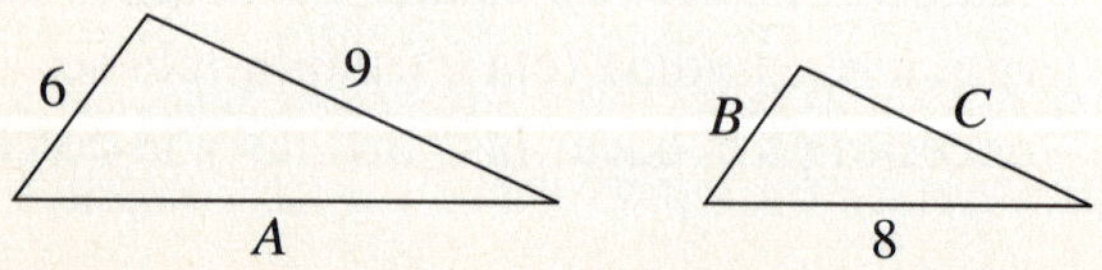

26. Ordena lo siguiente de menor a mayor.
$\frac{11}{24}$, 0.39, 42%, $\frac{2}{5}$

27. Escribe 120% en forma decimal y en forma de fracción.

28. ¿Qué porcentaje de 194 es 82? Si es necesario, redondea la respuesta a la décima más cercana.

29. ¿El 35% de qué número es 280?

30. ¿Cuál es el costo total de una comida si la cuenta es de \$13.34 y quieres dejar el 15% de propina?

31. Halla el área de esta figura.

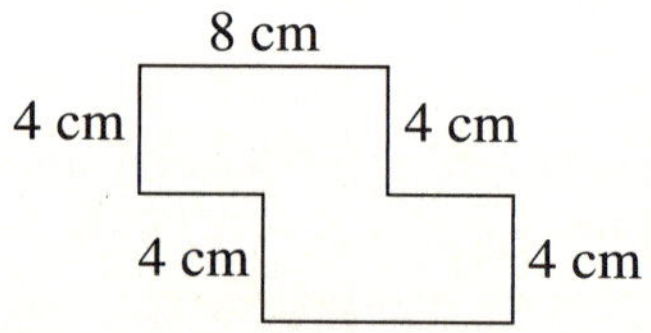

32. **a.** Nombra un par de rectas perpendiculares.
b. ¿Qué rectas son paralelas?
c. Nombra un par de ángulos suplementarios.

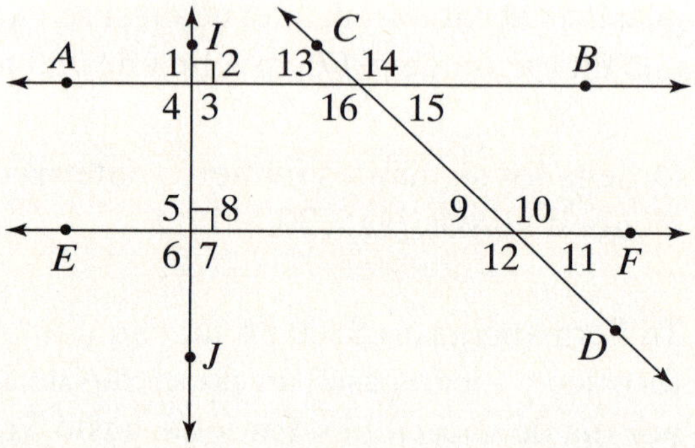

33. Usa el siguiente círculo. El punto *Y* es el centro del círculo. $\overline{BC} = \overline{YB}$. Clasifica $\triangle BYC$.

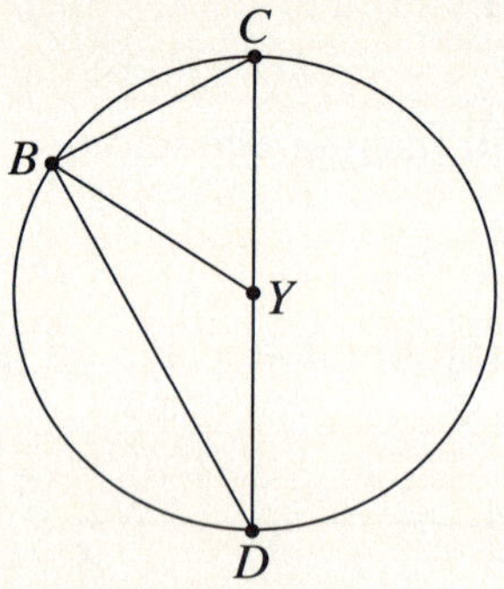

34. ¿Cuál es el perímetro de un triángulo que es congruente con el que aparece a continuación?

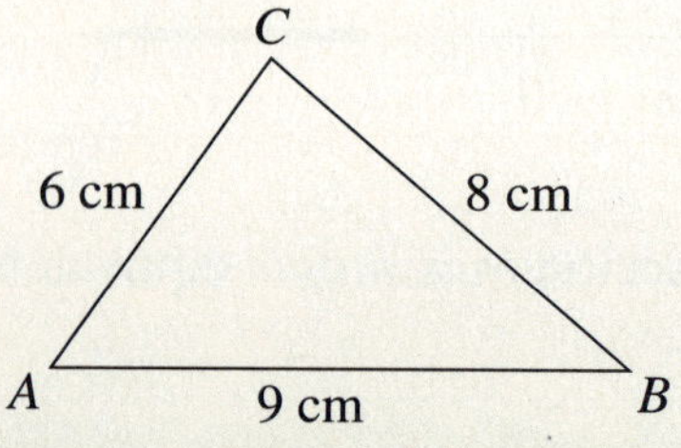

Prueba de final de curso (continuación) Versión B

Capítulos 1 a 12

35. El cuarenta por ciento de las plantas que compró un jardinero eran rosas, el veinte por ciento eran pensamientos, y el resto eran hierbas. Halla los ángulos centrales de una gráfica circular que muestra cada uno de estos porcentajes.

36. Halla el área del siguiente paralelogramo.

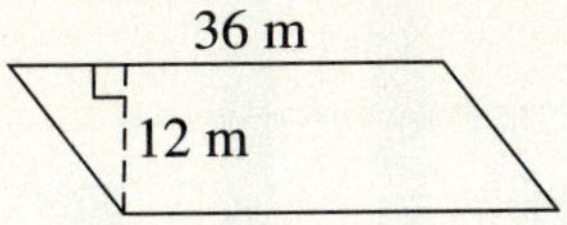

37. Halla la longitud del lado que falta.

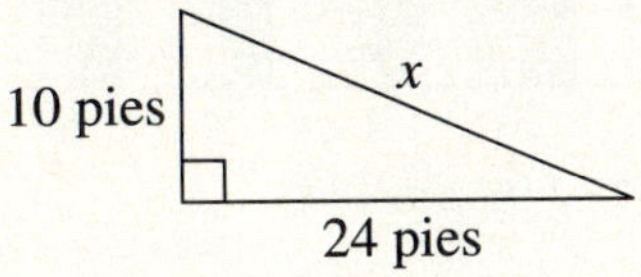

38. Halla el volumen de un cilindro que tiene 22 pies de diámetro y 14 pies de altura. Redondea al pie cúbico más cercano.

39. Halla el volumen del prisma triangular.

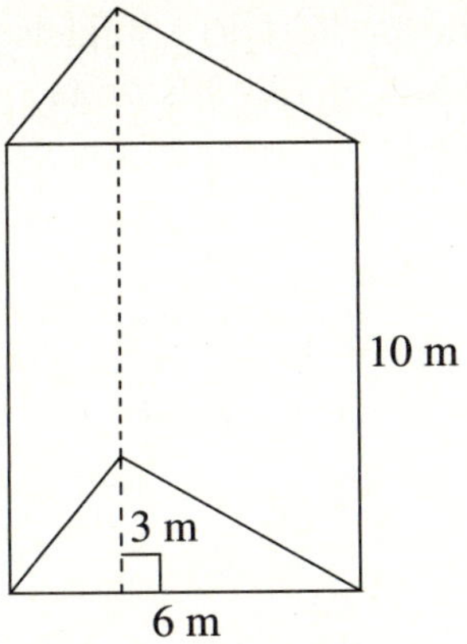

40. El volumen de un cubo es 1,331 pulg^3. ¿Cuál es el área de cada cara? Redondea a la pulgada cuadrada más cercana.

41. ¿En qué se parecen las pirámides y los prismas? ¿En qué se diferencian?

42. Completa la tabla de función.

entrada (n)	salida ($n + 2$)
1	
3	
7	

43. Describe una situación de la realidad que pueda representarse mediante la siguiente gráfica.

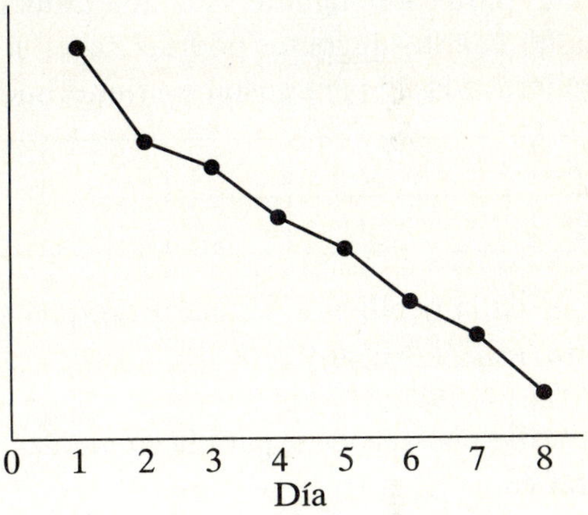

44. Observa la siguiente gráfica. ¿Qué distancia puede recorrer una barracuda en 6 horas? ¿Cuánto tiempo le llevaría a una ballena recorrer esa misma distancia?

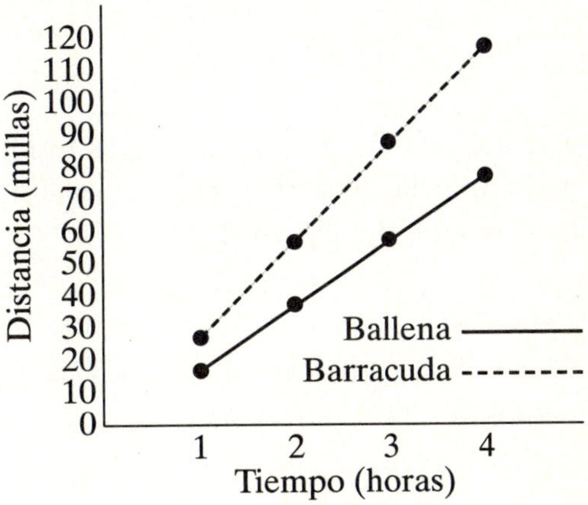

Prueba de final de curso (continuación) Versión B

Capítulos 1 a 12

45. Un pariente te prestó $200 por seis meses. Acordaste pagar un interés compuesto del 1% mensual. ¿Cuánto le pagarás de intereses a tu pariente cuando le devuelvas el dinero al finalizar el período de seis meses?

46. ¿En qué cuadrante la coordenada x es negativa y la coordenada y, positiva?

47. Los materiales para fabricar juguetes cuestan $2.25 para cada juguete. Haz una tabla para hallar cuántos juguetes podrías hacer si tuvieras $11.25 para gastar en materiales.

x					
y					

48. Calcula la pendiente de una recta que atraviesa el origen y $(-6, 3)$.

49. Escribe una ecuación para la siguiente gráfica.

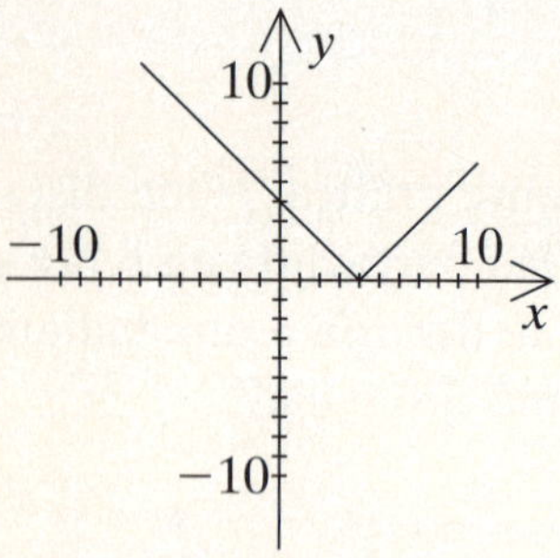

50. El punto $A(-3, 0)$ se traslada tres unidades a la izquierda. ¿Cuáles son las coordenadas de la imagen del punto A'?

51. El siguiente diagrama de puntos muestra las edades de los niños en un grupo de juegos. Halla la moda de estos datos.

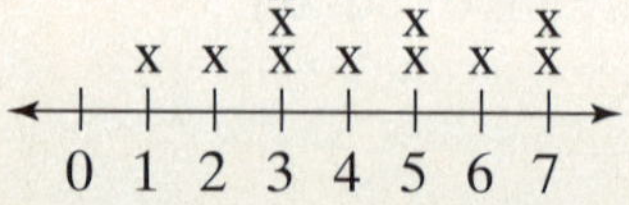

52. ¿Qué página tiene más tinta negra?

Cantidad de tinta negra y espacios en blanco en las páginas de impresión

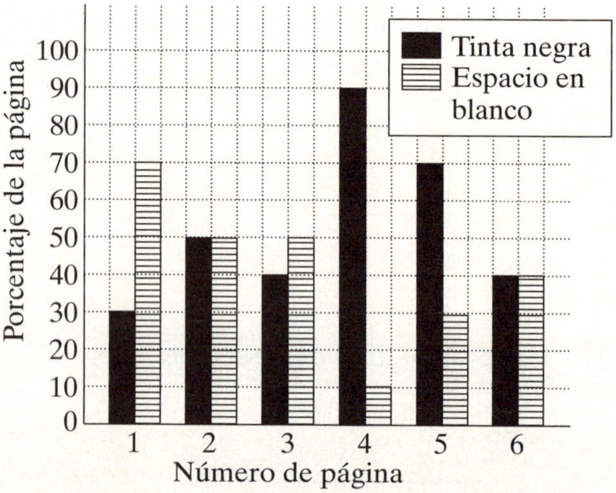

53. ¿Cuál es el mejor tipo de gráfica para mostrar las ventas mensuales de dos tipos diferentes de autos en el transcurso de un año?

54. El siguiente diagrama de tallo y hojas se creó para mostrar los resultados de la prueba de ciencias. ¿Cuál es la moda de estos datos?

Tallo	Hoja
10	0 0 0 0
9	0 0 2 2 4 6 6 8 8
8	0 4 4 6 6

Clave: 9 | 2 = 92

55. ¿Cuál es la probabilidad de extraer un marcador azul de una bolsa que contiene 7 marcadores azules y 3 blancos? Expresa la probabilidad en forma de fracción, porcentaje y decimal.

Respuestas

Prueba de diagnóstico de principio de curso

1. 5 centésimas **2.** 6 décimas **3.** 51.006 **4.** siete con trescientos veinticinco milésimas **5.** > **6.** = **7.** <
8. 0.32, 0.321, 2.31, 3.21, 32.1 **9.** 7.7777, 77.7, 77.777, 777.7
10. 76,000 **11.** 256 **12.** 546.3 **13.** 2.59 **14.** 9.514
15. 20.09 **16.** 15.556 **17.** 1.98 **18.** 3.5 **19.** 3.86
20. 3.22 **21.** 2.3576 **22.** 38.192 **23.** 0.014 **24.** 0.00192
25. 0.0196 **26.** 0.012 **27.** 2.032 **28.** 2.686 **29.** 13.525
30. 0.0015 **31.** 70 **32.** 4.7824 **33.** 0.00004 **34.** 900
35. 0.0604 **36.** 1.68 **37.** 3.2 **38.** 12.9 **39.** 0.65 **40.** 4.8
41. 0.0015 **42.** 0.02 **43.** $4\frac{3}{5}$ **44.** $1\frac{7}{12}$ **45.** $\frac{29}{8}$ **46.** $\frac{30}{7}$
47. $\frac{7}{9}$ **48.** $\frac{1}{3}$ **49.** $10\frac{1}{4}$ **50.** $2\frac{1}{5}$ **51.** recto **52.** agudo
53. obtuso **54.** llano **55.** 150° **56.** 26°

57.
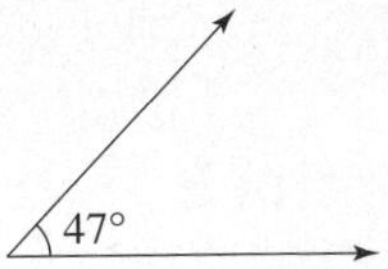

58.

59.
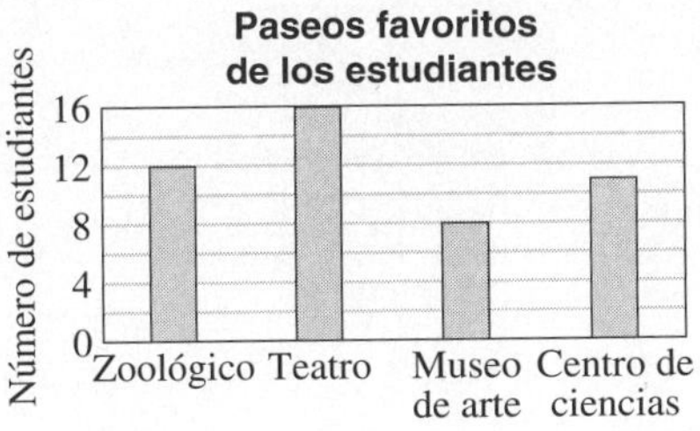

60.
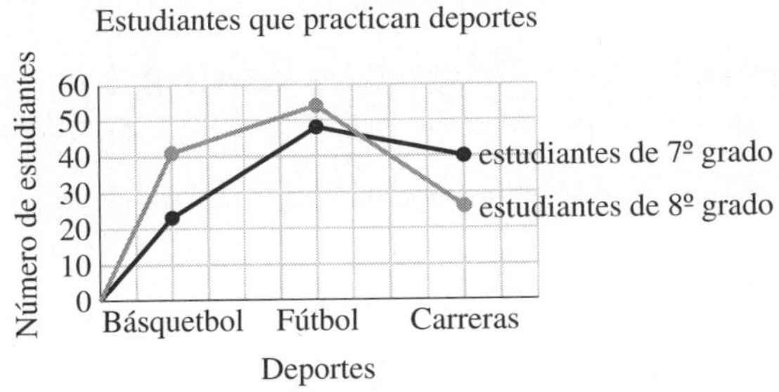

Capítulo 1 Prueba de control 1

1. 40 **2.** \$10 **3.** 2 **4.** 28.34
5. 41.56 **6.** 4.446 **7.** 22.5 **8.** $5.\overline{3}$
9. 35.5 **10.** 40 ml

Capítulo 1 Prueba de control 2

1. < **2.** > **3.** > **4.** <
5. 2 **6.** −18 **7.** −11 **8.** 13
9. −72 **10.** 42 **11.** 9 **12.** −4
13. 70 **14.** 5 **15.** −10 **16.** −300
17. 6 cortes

Capítulo 2 Prueba de control 1

1. $x - 5$ **2.** $7x$ **3.** $\frac{2}{n}$ **4.** $x + 8$
5. $h = -4$ **6.** $y = 7$ **7.** $x = -6$
8. $y = 12$ **9.** $n = 8$ **10.** $y = 4$

Capítulo 2 Prueba de control 2

1. $h = 6$ **2.** $y = 39$ **3.** $x = 1$
4. $3x + 4 = 19; 5$ **5.** $2x - 15 = \$78; \$46.50$

6.
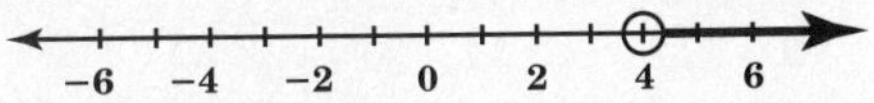

7.
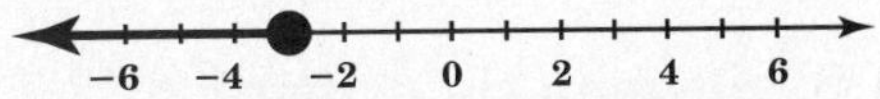

8.
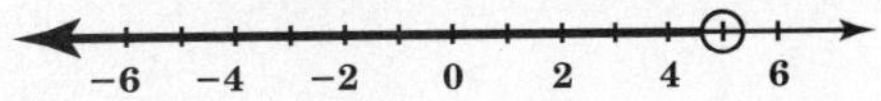

9.
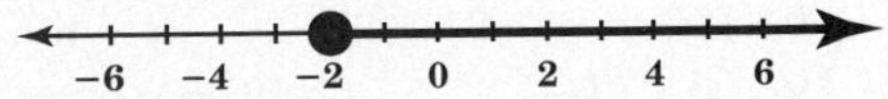

Capítulo 3 Prueba de control 1

1. 11 **2.** 108 **3.** 49 **4.** −27
5. 3,250,000 **6.** 2.105×10^6 **7.** 5.28×10^5
8. 12,300 **9.** primo, compuesto; 2
10. ambos compuestos; 3 **11.** ambos compuestos; 5
12. ambos primos; 1 **13.** $\frac{3}{5}$ **14.** $\frac{5}{6}$
15. $\frac{2}{3}$ **16.** $\frac{3}{4}$ **17.** $\frac{5}{12}$

Capítulo 3 Prueba de control 2

1. $\frac{7}{8}$ **2.** $5\frac{4}{6}$ o $5\frac{2}{3}$ **3.** $\frac{21}{5}$ **4.** $8\frac{1}{8}$ **5.** $\frac{13}{10}$
6. $\frac{27}{7}$ **7.** 31 páginas

Capítulo 4 Prueba de control 1

1. 8 **2.** 5 **3.** 3 **4.** 6 **5.** $1\frac{7}{8}$ pulg
6. $\frac{7}{10}$ **7.** $5\frac{1}{15}$ **8.** $\frac{1}{9}$ **9.** $5\frac{11}{30}$

Capítulo 4 Prueba de control 2

1. $\frac{1}{3}$ **2.** 3 **3.** $-2\frac{2}{15}$ **4.** $\frac{5}{10}$ ó $\frac{1}{2}$
5. 2 **6.** 76 **7.** $2\frac{1}{2}$ **8.** 50
9. 10 **10.** 72 **11.** 5 **12.** 660
13. 8 **14.** $\frac{9}{26}$ **15.** $3\frac{1}{8}$ **16.** $4\frac{12}{13}$

Capítulo 5 Prueba de control 1

1. 4 a 60; $\frac{4}{60}$ **2.** 5 a 2; 5 : 2 **3.** 3 : 15; $\frac{3}{15}$
4. 3 a 5 **5.** $\frac{5}{9}$ **6.** 1 : 4
7. 12 oz
8. Sam y Ralph trabajaron un total de 6.5 horas. Divide \$234 por 6.5 horas. La tasa por hora es \$36. Multiplica \$36 por 4 horas. La parte del dinero que le corresponde a Sam es \$144.

Capítulo 5 Prueba de control 2

1. sí **2.** no **3.** sí
4. $x = 72$ **5.** $x = 9$ **6.** $x = 8$
7. 253 min **8.** $x = 10$ **9.** 11 pies

Respuestas (continuación)

Capítulo 6 Prueba de control 1

1. $0.6, \frac{3}{5}$ **2.** $1.25, \frac{5}{4}$ **3.** $0.008, \frac{1}{125}$ **4.** 90%
5. 112.5% **6.** 0.8% **7.** 25% **8.** 40%
9. 6 **10.** 20.8 **11.** 80%

Capítulo 6 Prueba de control 2

1. 20 **2.** 60% **3.** 27 **4.** 12.5%
5. 62.5% **6.** 160 **7.** 20% **8.** 40.5
9. \$20 **10.** \$158.61

Capítulo 7 Prueba de control 1

1. 60°, agudo **2.** 120°, obtuso **3.** 180°, llano
4. recto **5.** 48°; 138° **6.** 72°; 162°
7. 16°; 106°

Capítulo 7 Prueba de control 2

1.–4. Se dan ejemplos.

1.

2.

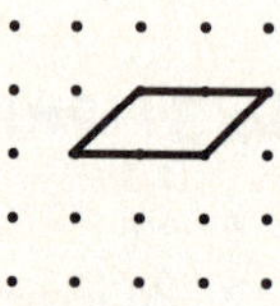

3.

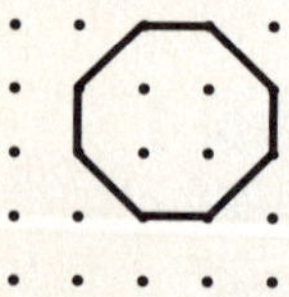

4.

5. Colores de automóviles

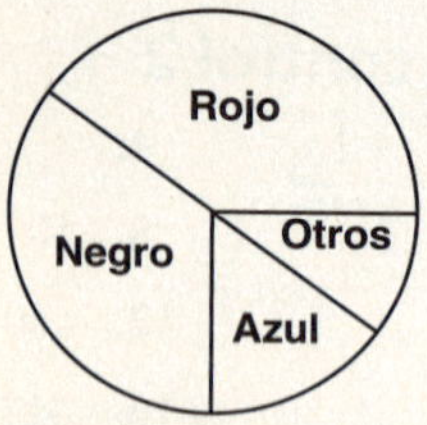

6. $\overline{AB}$ ó $\overline{AC}$ **7.** AC
8. $\angle AXB$ ó $\angle BXC$ **9.** $\angle Y; \overline{YZ}$

Capítulo 8 Prueba de control 1

1. 6.25 cm^2 **2.** 84 cm^2 **3.** 153 m^2
4. 40.82 $pulg^2$ **5.** yd^2

Capítulo 8 Prueba de control 2

1. 5 cm **2.** 9.8 m **3.** 14.4 m
4. 122 m^2; 84 m^3
5. 102 cm^2; 54 cm^3
6. 348 m^2; 360 m^3
7. 230.8 cm^2; 269.4 cm^3

Capítulo 9 Prueba de control 1

1. Comenzar con 0.6 y multiplicar varias veces por 3; 48.6, 145.8, 437.4.
2. Comenzar con 25 y restar 7 varias veces; −3, −10, −17.
3. Ejercicio 1. **4.** $m = 5, n = 11$
5.

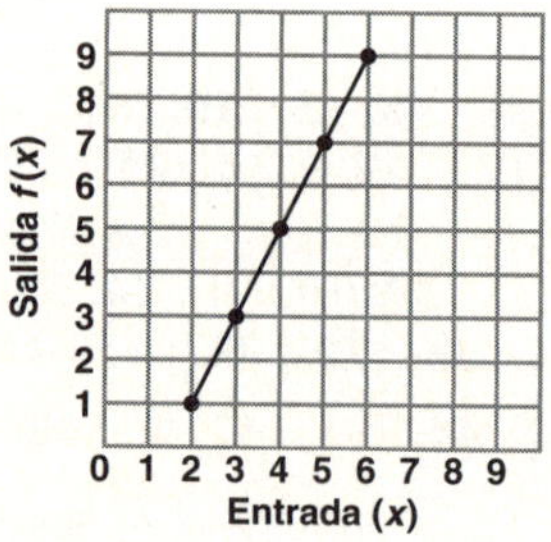

6. aproximadamente 27
7. $y = 3x - 3$ **8.** $y = 27$

Capítulo 9 Prueba de control 2

1.

x	y
1	2
2	3
3	4
4	5

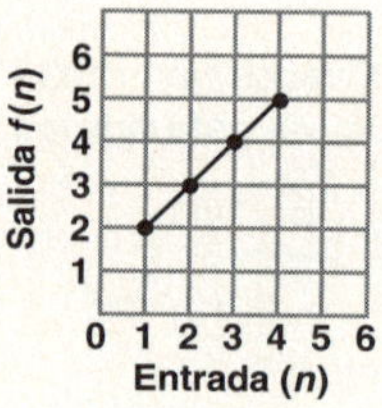

2. $y = 5x$ **3.** $y = x - 4$ **4.** $y = 2x + 1$
5. \$70

Capítulo 10 Prueba de control 1

1. II **2.** IV **3.** III **4.** I
5a.

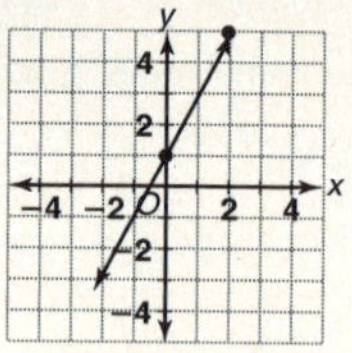

5b. 2

6.

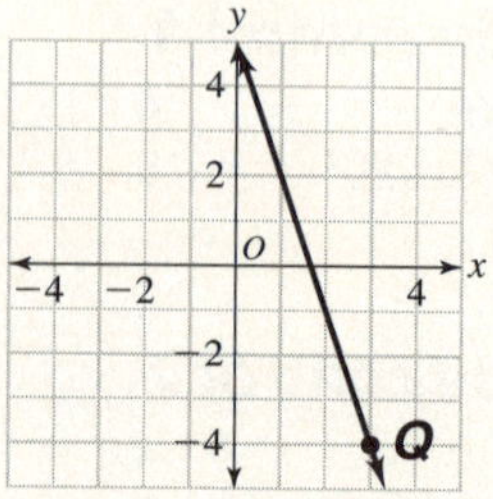

7.

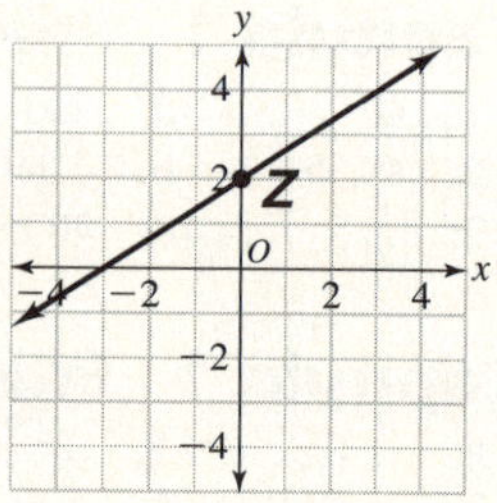

8.

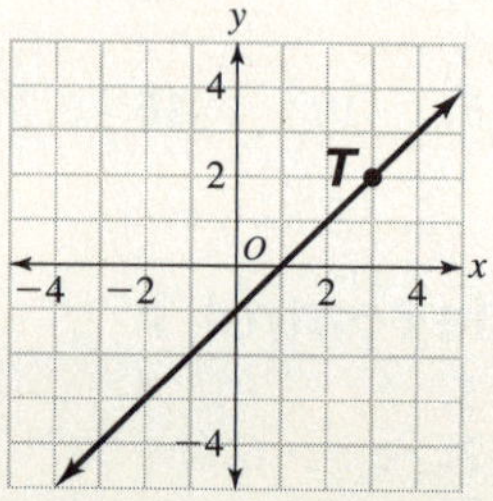

Respuestas (continuación)

Capítulo 10 Prueba de control 2

1a. Respuesta de ejemplo: $25 = 0.50n - 5$

1b. 60 *muffins* **2.** 7 a la derecha, 2 hacia abajo

3.

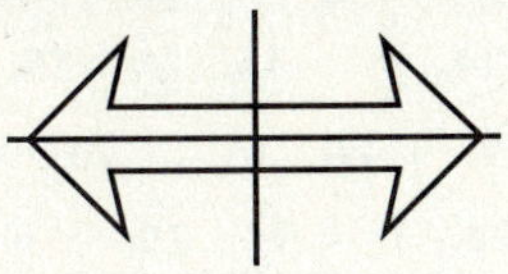

4. Verifique las respuestas de los estudiantes. Ejemplo:

4a.

x	*y*
0	2
1	3
2	6
−1	3
−2	6

4b.

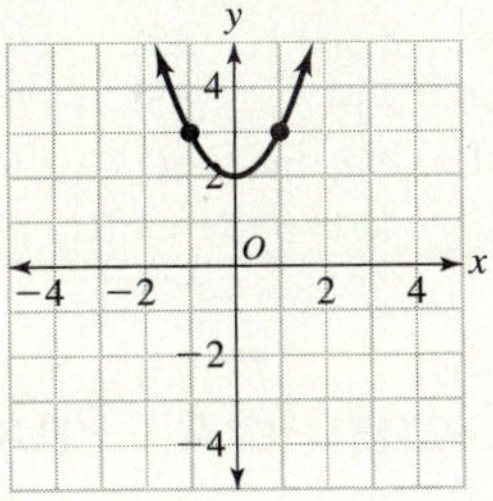

Capítulo 11 Prueba de control 1

1. filas 2 y 5

2a.

Número	Cuenta	Frecuencia
7	//	2
8	//	2
9	/	1
10	////	4
11	/	1
12	/	1

2b. 9.27; 10; 10

3.

1	6 7 8 8
2	1 2 3 3 5 6
3	1 2 5

1 | 6 es igual a 16

Capítulo 11 Prueba de control 2

1. Alvin juega al fútbol; Betina juega al *racquetball*; Chang juega al tenis.

2. Verifique las respuestas de los estudiantes. **3.** 2,300

Capítulo 12 Prueba de control 1

1. $\frac{2}{5}$; 0.40, 40% **2.** $\frac{4}{5}$; 0.80, 80% **3.** $\frac{3}{5}$; 0.60, 60%

4. 8 opciones

5. Respuesta de ejemplo: Lanzar 5 monedas simultáneamente varias veces. Anotar los resultados. Calcular la probabilidad de cada intento.

Capítulo 12 Prueba de control 2

1. 2; 1 **2.** 60; 10 **3.** 12; 6 **4.** 120 maneras

5. $\frac{1}{22}$

Capítulo 1 Prueba Versión A

1. aproximadamente 1,100 **2.** aproximadamente 9
3. 20.17 **4.** 6.265 **5.** 12.36 **6.** 6.361
7. 1.04 **8.** 91.8 **9.** 20.7 **10.** 51.06
11. 1.888 **12.** 0.2692 **13.** 25 **14.** 0.052
15. 2,405 cm **16.** 5.24 kg **17.** 11.017 L **18.** kg
19. cm **20.** L **21.** mm
22. Había 25 triciclos en el desfile.
23. −10, −6, −4, −3, 0, 7 **24.** −1,000, −100, −10, −1, 0, 100
25. $>$ **26.** $=$ **27.** $<$ **28.** $<$
29. 10°C **30.** 0 **31.** 29 **32.** −5
33. −23 **34.** −8 **35.** −16 **36.** 88
37. −250 **38.** dividir 30 por 2
39. Multiplicar $.25 por 100, luego sumar ese producto a $35.
40. 215; aumenta la media en aproximadamente10 puntos.
41. 0

Capítulo 1 Prueba Versión B

1. aproximadamente 15 **2.** aproximadamente 12
3. 11.67 **4.** 17.295 **5.** 2.18 **6.** 8.242
7. 1.06 **8.** 91.65 **9.** 10.1 **10.** 52.17
11. 5.658 **12.** 0.2805 **13.** 74.4 **14.** 0.132
15. 64.08 m **16.** 5,067 g **17.** 15,037 ml **18.** kg
19. m **20.** cm **21.** L **22.** 55
23. −12, −9, −7, −4, 0, 3 **24.** −200, −20, −2, , 0, 20, 2,000
25. $<$ **26.** $<$ **27.** $>$ **28.** $<$
29. −4°C **30.** −11 **31.** 1 **32.** −1
33. −34 **34.** 3 **35.** −72 **36.** −48
37. −126 **38.** Multiplicar 29 y 5.
39. Multiplicar $.33 por 225, luego sumar $14 al producto.
40. No hay valor extremo; verifique las respuestas de los estudiantes.
41. 2

Capítulo 2 Prueba Versión A

1. 6 **2.** 13 **3.** 2 **4.** 28
5. 27 **6.** 24 **7.** $x = 5$ **8.** $m = 30$
9. $a = 11$ **10.** $y = 9$ **11.** $n = 14$ **12.** $y = 32$
13. $y = 45$ **14.** $n = -3$ **15.** $y = 5$ **16.** $5.50
17. 165 jugadores **18.** $1.25 **19.** 27 bloques
20. $t \leq 85°$ **21.** $h \geq 48$ **22.** $t < 200$

23. $n \geq 6$;

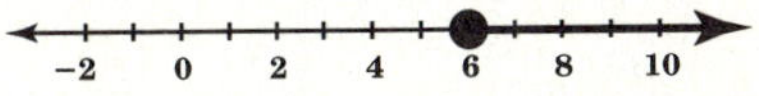

24. $y > 28$;

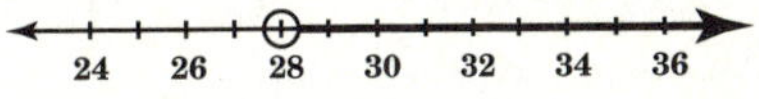

25. $x < -5$;

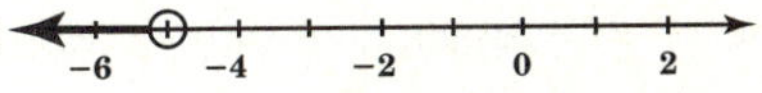

26. $p \geq 8$;

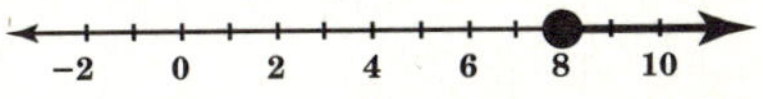

27. $x > 2$;

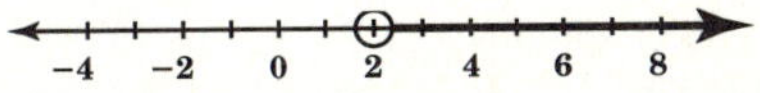

28. $y \geq -14$;

29. $34 + p > 175; p > \$141$ **30.** $50b \geq 25{,}000; b \geq 500$

Respuestas (continuación)

Capítulo 2 Prueba Versión B

1. 8 2. 9 3. 3 4. 21
5. 20 6. 12 7. $x = 5$ 8. $m = 28$
9. $a = 9$ 10. $y = 10$ 11. $n = 25$ 12. $y = 45$
13. $y = 80$ 14. $n = -7$ 15. $y = 7$
16. $325p = 162.50; p = \$.50$ 17. $1.50d = 4.50; d = 3$ días
18. $4.50h = 18; h = 4$ horas
19. $13m + 45 = 175; m = 10$ meses
20. $i < \$27$ 21. $h \geq 54$ 22. $t > 421$
23. $n \geq -6$;
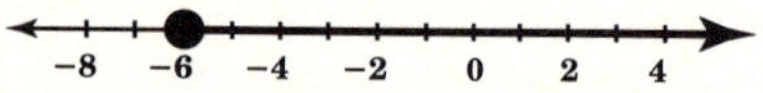

24. $y > 20$;
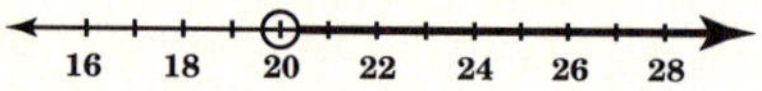

25. $x < -10$;
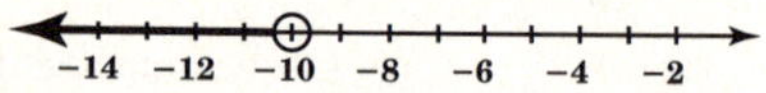

26. $p \leq -27$;

27. $x > 4$;
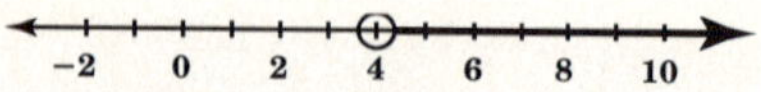

28. $y \leq 21$;

29. $46 + p \geq 75; p \geq 29$; por lo menos 29 puntos
30. $3a < 15; a < 5$; 4 aperitivos.

Capítulo 3 Prueba Versión A

1. 66 2. 25 3. $\frac{7}{9}$ 4. $\frac{5}{6}$
5. $\frac{2}{8}, \frac{7}{11}, \frac{5}{6}$ 6. $-0.51, -\frac{1}{2}, \frac{1}{2}, 0.\overline{5}$
7. $2^2 \cdot 13$ ó $2 \cdot 2 \cdot 13$ 8. $2^2 \cdot 3 \cdot 5$ ó $2 \cdot 2 \cdot 3 \cdot 5$
9. $\frac{33}{10}$ 10. $8\frac{2}{3}$ 11. 1.325×10^6 12. 83,500
13. No, porque la suma de los dígitos no es divisible por 3.
14. Respuesta de ejemplo: $\frac{2}{6}, \frac{3}{9}, \frac{4}{12}$ 15. 1, 3 16. 6^4
17. $>$ 18. 9 19. Respuesta de ejemplo: 19, 23
20. Respuesta de ejemplo: 18, 20
21. 11, 5 ó 13, 3 22. $\frac{3}{4}$
23. 40 24. 121 25. 0.4 26. $\frac{14}{25}$ 27. $\frac{13}{9}$ 28. 3
29. Respuesta de ejemplo: Son decimales periódicos con dígitos que corresponden a los numeradores.

Capítulo 3 Prueba Versión B

1. 33 2. -16 3. $\frac{2}{3}$ 4. $\frac{5}{6}$ 5. $\frac{5}{8}, \frac{3}{4}, \frac{5}{6}$
6. $-0.31, -\frac{3}{10}, 0.33, \frac{1}{3}$ 7. $2 \cdot 2 \cdot 2 \cdot 3 \cdot 3$ 8. $5 \cdot 3 \cdot 3$
9. $\frac{21}{8}$ 10. $6\frac{1}{4}$ 11. 2.45×10^3 12. 83,500
13. Sí, porque 56 es divisible por 4.
14. Respuesta de ejemplo: $\frac{4}{10}, \frac{6}{15}, \frac{8}{20}$ 15. 1, 2, 4, 8
16. 3^6 17. $>$ 18. 12
19. Respuesta de ejemplo: 29, 31
20. Respuesta de ejemplo: 24, 25
21. 13, 17 22. $\frac{7}{8}$ 23. 4 24. -8
25. 0.4 26. $\frac{6}{25}$ 27. $\frac{34}{28}$
28. Respuesta de ejemplo: 2 canicas rojas, 6 azules y 4 verdes
29. 84

Capítulo 4 Prueba Versión A

1. 4 2. 10 3. 80 4. 15 5. 2 6. 2
7. $\frac{1}{4}$ 8. $\frac{1}{4}$ 9. $6\frac{14}{15}$ 10. $12\frac{3}{4}$ 11. $\frac{6}{17}$ 12. $\frac{11}{40}$
13. $25\frac{7}{8}$ dólares por acción 14. $\frac{1}{6}$ 15. $1\frac{2}{7}$ 16. $11\frac{2}{5}$
17. $\frac{4}{7}$ 18. $19\frac{1}{2}$ 19. $1\frac{2}{5}$ 20. 6 21. $8\frac{3}{4}$
22. $n = 9\frac{2}{9}$ 23. $j = 42$ 24. $p = 9\frac{3}{4}$ 25. $x = 33\frac{3}{5}$
26. $n = -3\frac{1}{5}$ 27. $k = -\frac{4}{5}$ 28. $\frac{1}{4}$ 29. 66
30. 8,800 31. 6,800 32. 6 oz 33. 12 pies
34. 3 p 35. 15 min 36. 12 oz 37. 35 lbs
38. No, divide un círculo en dos partes iguales. Luego divide cada parte en tres partes iguales. Ahora tienes seis partes iguales, no cinco.

Capítulo 4 Prueba Versión B

1. 2 2. 12 3. 40 4. 18 5. 6
6. 3 7. $\frac{7}{10}$ 8. $\frac{20}{21}$ 9. $2\frac{5}{16}$ 10. $16\frac{5}{18}$
11. $\frac{9}{11}$ 12. $2\frac{7}{12}$ 13. $2\frac{1}{5}$ mi 14. $\frac{2}{7}$ 15. $\frac{1}{6}$
16. $16\frac{1}{2}$ 17. 5 18. $\frac{3}{4}$ 19. $1\frac{2}{7}$
20. 16 paquetes 21. $6\frac{1}{8}$ tz 22. $k = 3\frac{7}{12}$
23. $h = \frac{5}{8}$ 24. $d = 6$ 25. $x = 20$ 26. $w = -\frac{2}{3}$
27. $y = -2\frac{4}{5}$ 28. 18 29. $\frac{3}{4}$ 30. 288
31. $1\frac{1}{2}$ 32. 52 pulg 33. 12 oz líq 34. 2 ct
35. 54 pulg
36. No; sólo quedan 7 oz de espaguetis y Lindsay necesita 9 oz para hacer otra comida.
37. $\frac{3}{8}$ lb 38. 4:00 p.m.

Capítulo 5 Prueba Versión A

1. 7 : 8 2. no 3. sí 4. no
5. 5 manzanas por \$1.20; la tasa unitaria, $\$.24 < \$.29$.
6. 0.42 km/min 7. \$.24/min
8. 0.6 paneles de cortinas por día
9. \$72; respuesta de ejemplo: trabajar en sentido inverso
10. 5 a 9; 5 : 9 11. 8 : 3; $\frac{8}{3}$ 12. 12 a 15; $\frac{12}{15}$
13. $n = 5$ 14. $x = 9.15$ 15. $t = 16$
16. Sí; respuesta de ejemplo: Las razones forman una proporción: 24 min/3 mi = 16 min/2 mi.
17. aproximadamente \$.10/oz 18. $x = 26; y = 24$
19. 10 pulg 20. 240 km 21. 64 km
22. 336 km 23. 10, 12, 14
24. Sí. Usa 3 palillos para hacer un triángulo. Usa 6 para hacer un segundo triángulo con dos palillos para cada lado.

Capítulo 5 Prueba Versión B

1. 3 : 4 2. sí 3. no 4. no
5. 6 peras por \$3.00; la tasa unitaria, $\$.50 < \$.55$
6. 3.75 km/h 7. 4.5 cm/mes 8. 0.16 lb/día

Nombre ______________________ Clase ______________ Fecha ______________

Respuestas (continuación)

Capítulo 5 Prueba Versión B (continuación)

9. 20 millas; 9 millas hacia el sur de su casa. Respuesta de ejemplo: usar un diagrama; resolver un problema más simple.
10. 18 a 4; 18 : 4 **11.** 2 : 9; $\frac{2}{9}$ **12.** 102 a 175; $\frac{102}{175}$
13. $n = 2.5$ **14.** $x = 2.1$ **15.** $t = 4$
16. Sí; respuesta de ejemplo: las razones forman una proporción; 32 estudiantes es una cantidad razonable.
17. aproximadamente \$.68/lb **18.** $x = 15; y = 12$
19. 81 cm **20.** 62.5 pies **21.** 25 pies
22. 250 pies **23.** 17, 19, 21
24. Sí. Usa 35 palillos—11, 11 y 13—para hacer un triángulo semejante cuyos lados midan 44 cm, 44 cm y 52 cm.

Capítulo 6 Prueba Versión A

1. 0.04 **2.** 60% **3.** 2.25 **4.** 0.32%
5. 0.0072 **6.** 520% **7.** $\frac{17}{20}$ **8.** 60% **9.** $\frac{3}{50}$
10. 37.5% **11.** $3\frac{1}{2}$ **12.** 160% **13.** 50%
14.

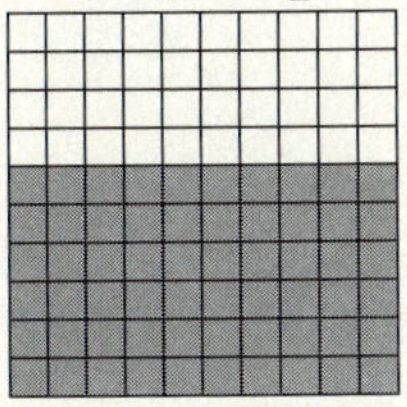

15.

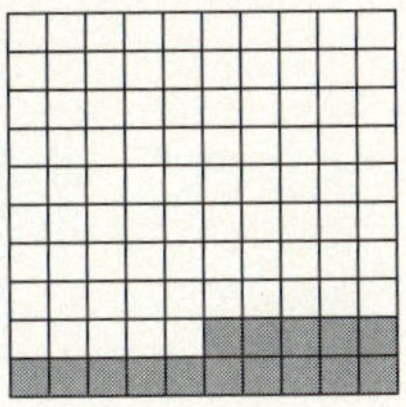

16. 52.5% **17.** 52% **18.** 56 **19.** 25%
20. $63 = 0.25x; x = 252$ **21.** $0.2x = 80; x = 400$
22. $\frac{x}{100} \cdot 72 = 12; x = 16\frac{2}{3}\%$ **23.** $0.12 \cdot 600 = x; x = 72$
24. 41.7%; aumento **25.** 20.3%; disminución
26. 9.6%; aumento **27.** 15% **28.** \$25,000
29. 980 empleados **30.** \$97.50
31. aproximadamente 15% **32.** 6% **33.** 18 y 60
34. 89, 91, 93 **35.** 492 boletos

Capítulo 6 Prueba Versión B

1. 0.07 **2.** 55% **3.** 1.35 **4.** 45% **5.** 0.96
6. 140% **7.** $\frac{3}{5}$ **8.** 48% **9.** $\frac{2}{25}$ **10.** 30%
11. $1\frac{21}{50}$ **12.** $266\frac{2}{3}\%$ **13.** 80%
14.

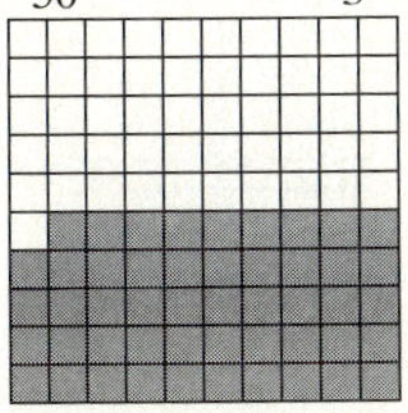

15.

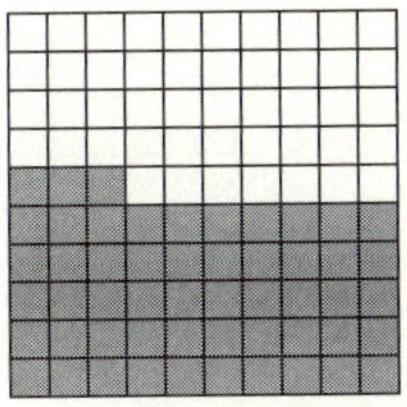

16. 28% **17.** 40% **18.** 34 **19.** 65%
20. $45 = 0.6x; x = 75$ **21.** $0.4x = 130; x = 325$
22. $\frac{x}{100} \cdot 88 = 22; x = 25\%$ **23.** $0.15 \cdot 500 = x; x = 75$
24. 57.9%; aumento **25.** 38.3%; disminución
26. 10.4%; aumento **27.** 52.6% **28.** \$150,000
29. 20 sabores **30.** \$1.60
31. aproximadamente 25% **32.** 8.25% **33.** 40 y 22
34. 72, 74, 76, 78 **35.** 100 porciones

Capítulo 7 Prueba Versión A

1. $\overline{JK}, \overline{QR}$ **2.** $\overline{JK}, \overline{KM}, \overline{PR}, \overline{NP}$
3. $\overline{NJ}, \overline{PK}, \overline{JL}, \overline{KM}$ **4.** 168° **5.** 36°
6. 52°; 142° **7.** 52°; 142° **8.** 78°; 168° **9.** 39°; 129°
10.

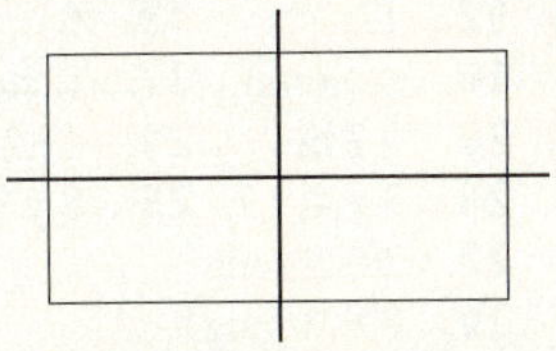

11.

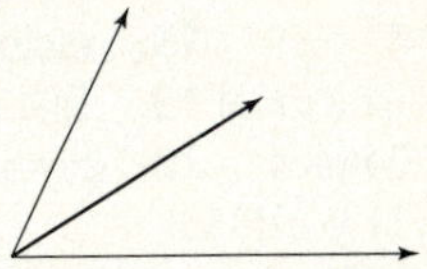

12. $x = 75°$; escaleno; agudo. **13.** $x = 45°$; recto; isósceles
14. pentágono **15.** trapecio **16.** hexágono
17.

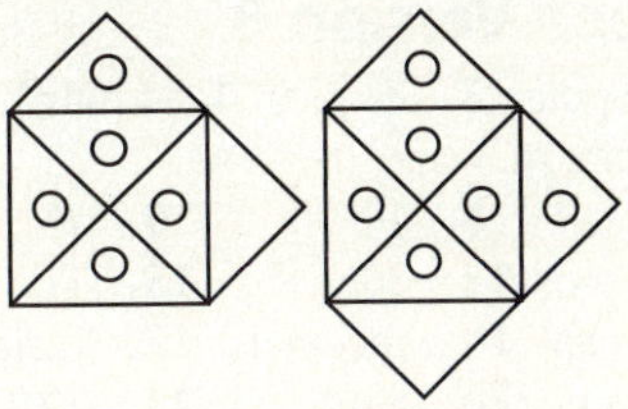

18. $\overline{SU}$
19. $\overline{RQ}$
20. $\angle S$
21. $\angle Q$
22. 13
23. 40°
24. 18
25. 40° **26.** $\overline{NS}; \overline{MS}; \overline{QS}$ **27.** $\overline{MP}; \overline{NQ}$
28. $\angle NSQ; \angle MSN; \angle MSQ$
29. $\overline{MQ}$ **30.**

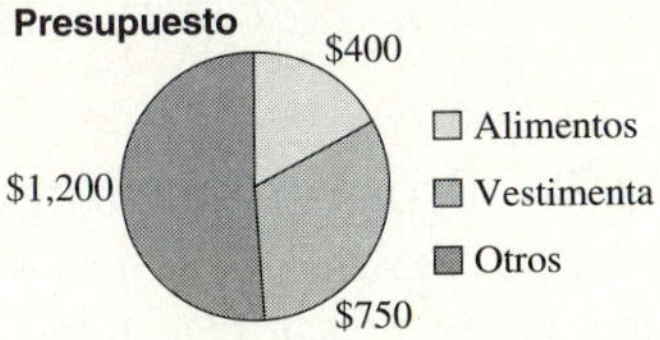

Capítulo 7 Prueba Versión B

1. $\overline{FK}, \overline{GL}, \overline{HM}$ **2.** $\overline{FH}, \overline{HM}, \overline{GL}, \overline{EG}$
3. $\overline{GL}, \overline{HM}, \overline{EG}, \overline{FH}$ **4.** 118° **5.** 42°
6. 74°; 164° **7.** 59°; 149° **8.** 7°; 97° **9.** 27°; 117°
10.

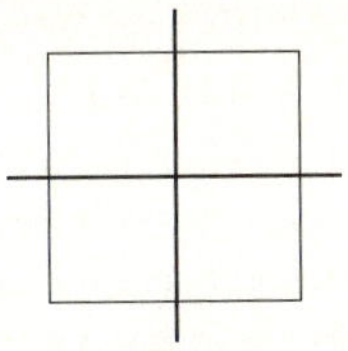

11.

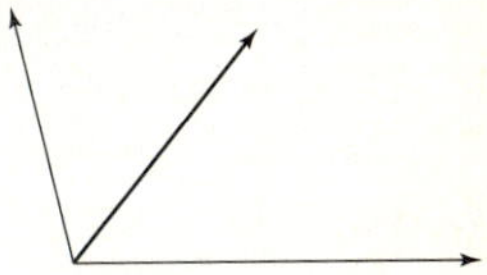

12. $x = 120°$; isósceles; obtuso **13.** $x = 30°$; recto; escaleno
14. rectángulo **15.** octágono **16.** paralelogramo
17.

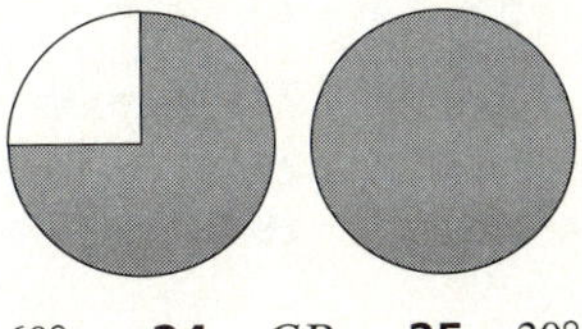

18. $\overline{FG}$
19. $\overline{AC}$
20. $\angle G$
21. $\angle A$
22. 60
23. 60° **24.** CB **25.** 30° **26.** $\overline{EG}; \overline{GH}; \overline{GJ}$
27. $\overline{HJ}; \overline{EF}$ **28.** $\angle EGJ; \angle JGH; \angle EGH$
29. $\overline{EJ}$ **30.**

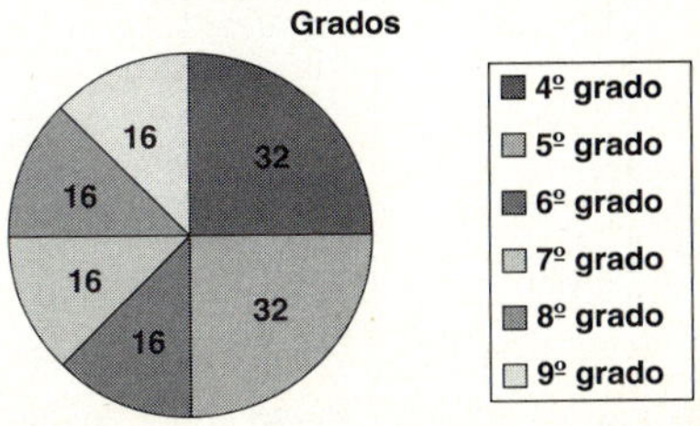

Respuestas (continuación)

Capítulo 8 Prueba Versión A

1. 1,200 $pulg^2$ 2. 900 $pulg^2$ 3. 216 $pies^2$
4. 60 $pulg^2$ 5. 96 m^2 6. 25.1 cm; 50.7 cm^2
7. 37.7 cm; 113.1 cm^2 8. 15 9. 4
10. 18 11. 20 12. 17 13. 6
14. 44 pies 15. racional 16. racional 17. racional
18. irracional 19. 14.4 m 20. 9.2 m 21. 13.2 m
22. 24 pies 23. 5 y 6; 5.5 24. 3 y 4; 3.7 25. 8 y 9; 8.9
26. 11 y 12; 11.8 27. 263.9 $pulg^2$
28. 248 $pulg^2$ 29. 301.6 $pulg^3$
30. 80 $pulg^3$ 31. 30 pies y 90 pies

Capítulo 8 Prueba Versión B

1. 360 $pulg^2$ 2. 1,040 $pulg^2$ 3. 84 $pies^2$ 4. 64 $pulg^2$
5. 396 $pies^2$ 6. 18.8 cm; 28.3 cm^2
7. 56.5 cm; 254.5 cm^2 8. 10 9. 13
10. 25 11. 22 12. 30 13. 11
14. 160 pies 15. irracional 16. racional 17. racional
18. irracional 19. 10.6 cm 20. 8 m 21. 19.0 m
22. 28 pies 23. 10 y 11; 10.2 24. 7 y 8; 7.1
25. 1 y 2; 1.7 26. 14 y 15; 14.8 27. 377 $pulg^2$
28. 432 $pulg^2$ 29. 282.7 $pies^3$ 30. 270 $pulg^3$
31. 14 pies y 28 pies

Capítulo 9 Prueba Versión A

1. Comenzar con 8 y sumar 6 en forma repetida; 32, 38, 44
2. Comenzar con 96 y restar 12 en forma repetida; 48, 36, 24
3. Comenzar con 1 y elevar al cuadrado el número del término; 25, 36, 49
4. Comenzar con 300 y dividir por 2 en forma repetida; 18.75, 9.375, 4.6875
5. Comenzar con 248 y restar el siguiente número par cada vez; 228, 218, 206
6. Comenzar con 6 y multiplicar por 2; 96, 192, 384
7. Ejercicio 1: aritmética 8. Ejercicio 2: aritmética
9. Ejercicio 3: ninguna 10. Ejercicio 4: geométrica
11. Ejercicio 5: ninguna 12. Ejercicio 6: geométrica
13. geométrica 14. la novena semana
15. −10, −9, −6 16. 2, 5, 8 17. −3, −2, −1
18. $n = 2xp - 3$ 19. $n = 3m - 4s$ 20. $n = \frac{r}{p - 2}$
21. $n = \frac{t}{100} - 3$ 22. $n = \frac{PV}{RT}$ 23. $n = 3b - 4a$
24. $y = 4x + 1$ 25. $y = -2x + 6$ 26. $y = -x - 3$
27. \$5,408 28. $y = 1.06x$ 29. 8 cm
30. 15, 17, 19
31. Programa de entrenamiento de Nikki

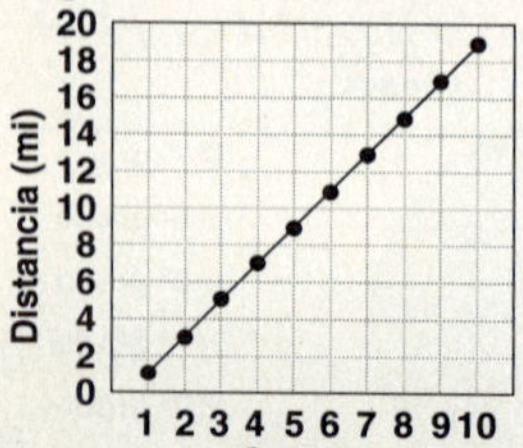

32. de 0 min a 20 min y de 50 min a 70 min

Capítulo 9 Prueba Versión B

1. Comenzar con 5 y multiplicar por 4 en forma repetida; 1,280; 5,120; 20,480
2. Comenzar con 15 y sumar 5 en forma repetida; 35, 40, 45
3. Comenzar con 243 y multiplicar por $\frac{1}{3}$; 3, 1, $\frac{1}{3}$
4. Comenzar con 1 y sumar 1; luego sumar 2; luego sumar 3, etc; 16, 22, 29
5. Comenzar con 4 y multiplicar por $\frac{1}{2}$; 0.25, 0.125, 0.0625
6. Comenzar con 103 y restar 4 en forma repetida; 87, 83, 79
7. Ejercicio 1: geométrica 8. Ejercicio 2: aritmética
9. Ejercicio 3: geométrica 10. Ejercicio 4: ninguna
11. Ejercicio 5: geométrica 12. Ejercicio 6: aritmética
13. geométrica 14. la onceava semana
15. −6, −5, 0 16. 3, 2, 27 17. −2, 2, 22
18. $n = 6y - 3z$ 19. $n = 2 - 5j$ 20. $n = \frac{s - r}{2}$
21. $n = \frac{h + 15}{5}$ 22. $n = \frac{PV}{RT}$ 23. $n = 3c + 5d$
24. $y = 5x + 7$ 25. $y = -x - 2$ 26. $y = 2x + 4$
27. \$26,000 28. $y = 1.10x$ 29. 20 pulg
30. 9, 10, 11 31.

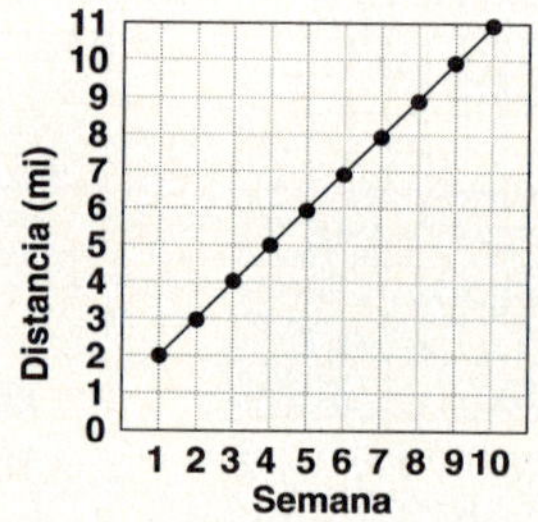

32. de 20 min a 50 min

Capítulo 10 Prueba Versión A

1.–6.

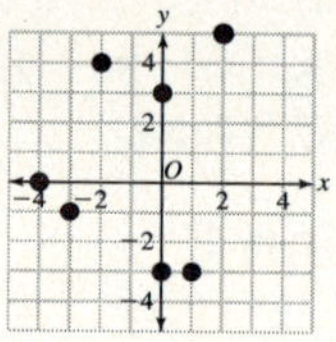

7. horizontal

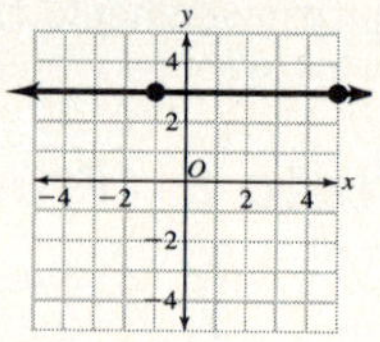

8. vertical

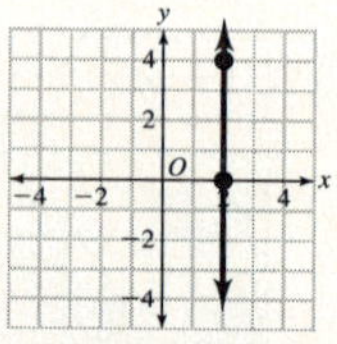

9. horizontal

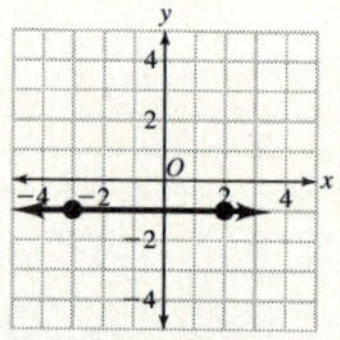

10. sí 11. sí 12. no

13.

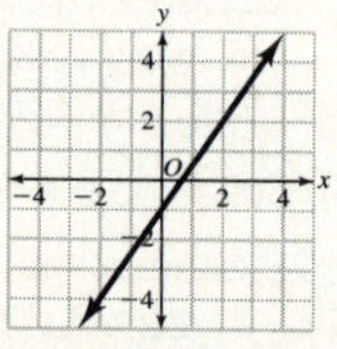

14.

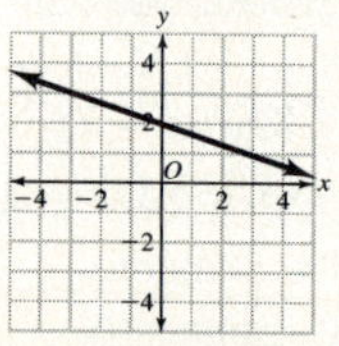

Respuestas (continuación)

Capítulo 10 Prueba Versión A (continuación)

15.

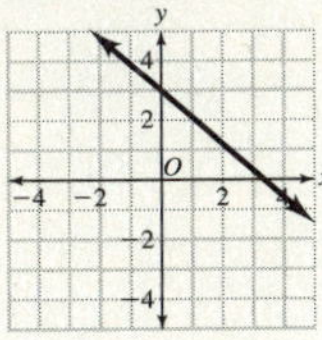

16. -1

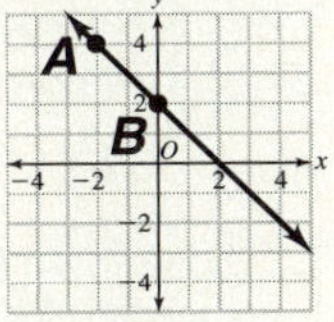

17. 3

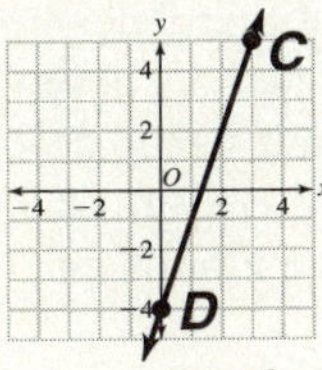

18.

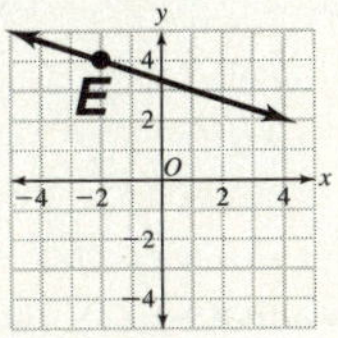

19.

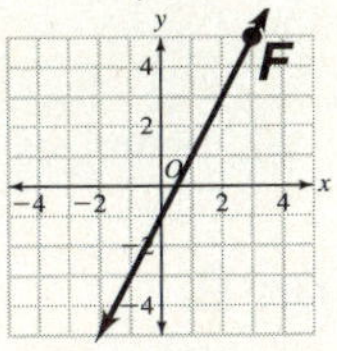

20.

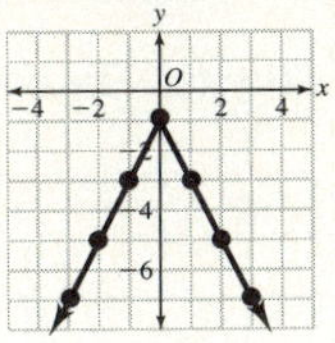

x	*y*
−3	−7
−2	−5
−1	−3
0	−1
1	−3
2	−5
3	−7

21.

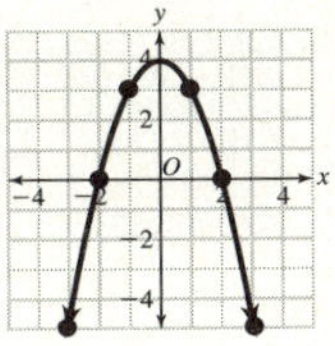

x	*y*
−3	−5
−2	0
−1	3
0	4
1	3
2	0
3	−5

22.

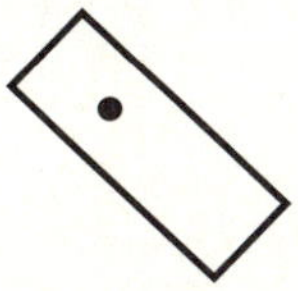

23.

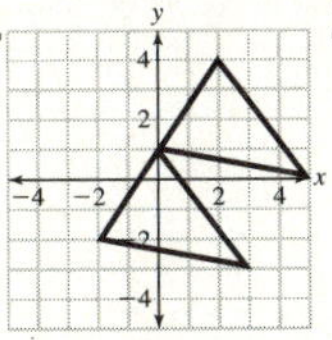

24.

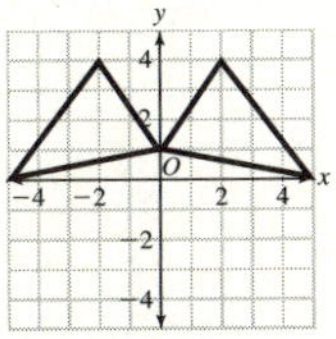

25.

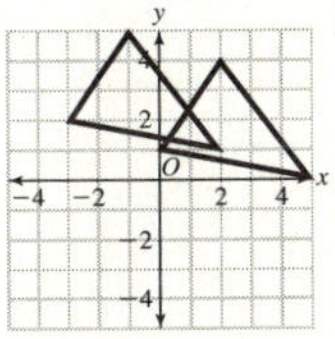

26.

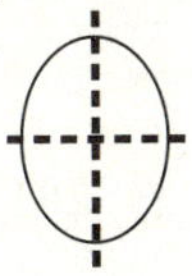

27.

28.

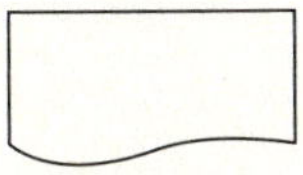

ninguno

29.

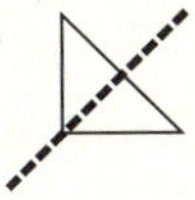

Capítulo 10 Prueba Versión B

1.–6.

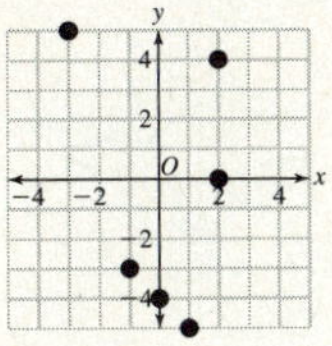

7. vertical

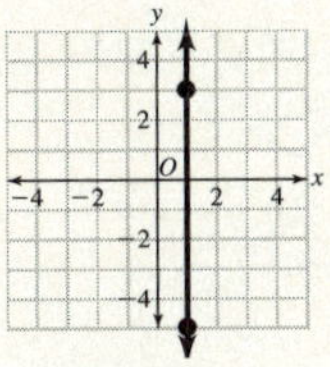

8. vertical

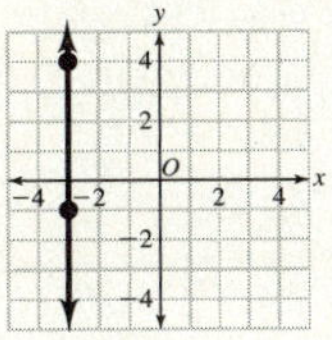

9. horizontal

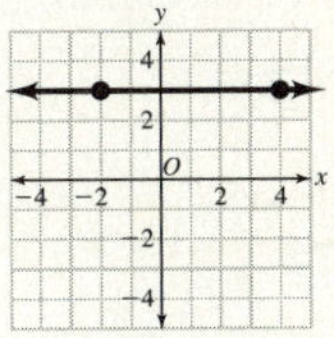

10. no

11. no

12. sí

13.

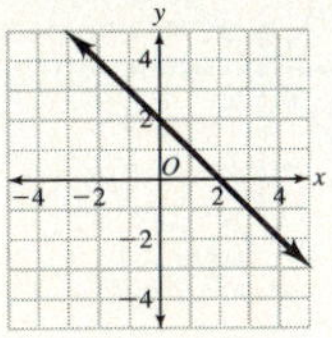

14.

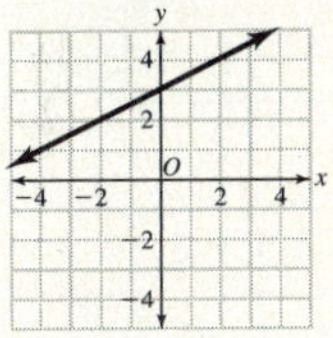

15.

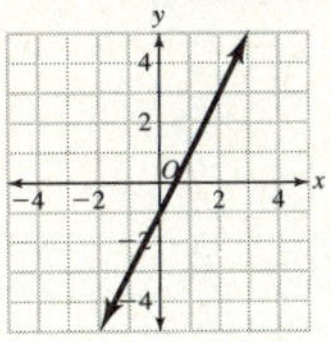

16. $-\frac{3}{2}$

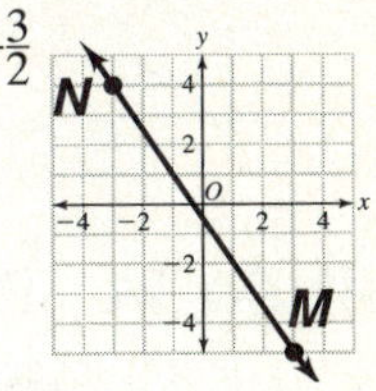

17. $\frac{1}{3}$

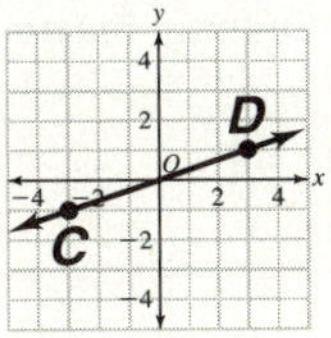

18.

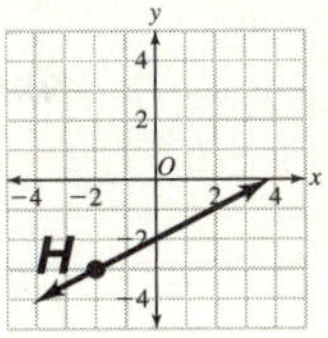

19.

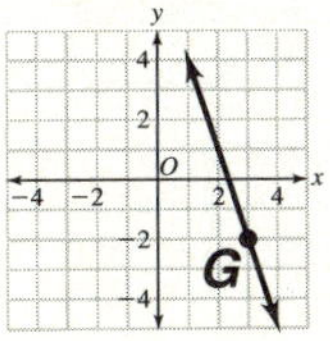

20.

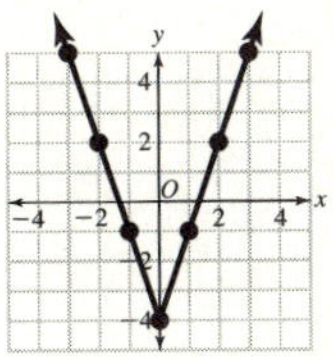

x	*y*
−3	5
−2	2
−1	−1
0	−4
1	−1
2	2
3	5

21.

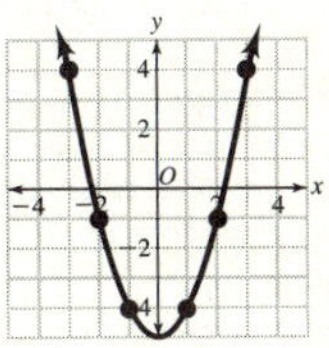

x	*y*
−3	4
−2	−1
−1	−4
0	−5
1	−4
2	−1
3	4

22.

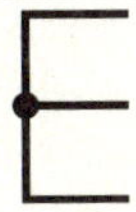

Nombre ______________________________ Clase ____________________ Fecha ____________________

Respuestas (continuación)

Capítulo 10 Prueba Versión B (continuación)

23.

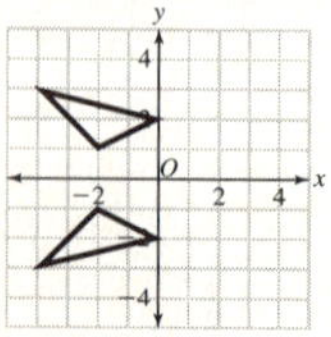

24.

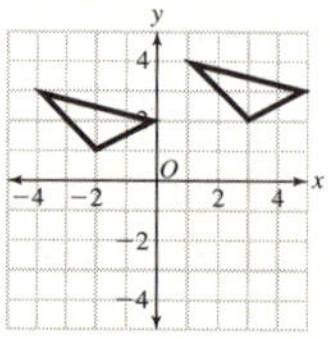

25.

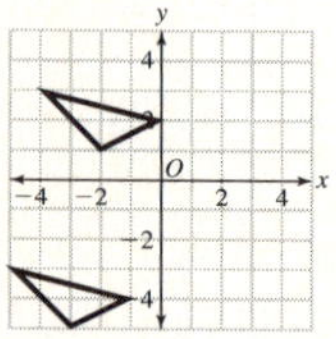

26.

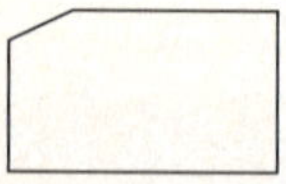

27.

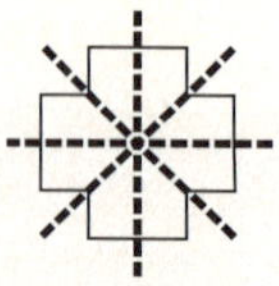

28.

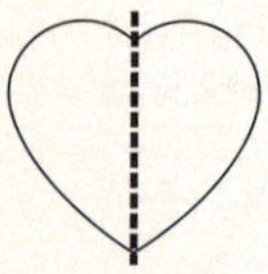

29.

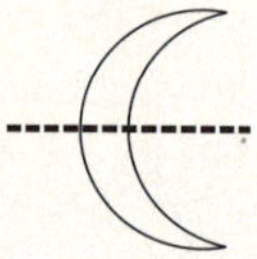

4.

Tallo	Hojas
0	0
1	0 0 0 5
2	0 5 5
3	5 5 5
4	0 0
5	5
6	0

Clave: 6 | 0 es igual a 6.0

5a.

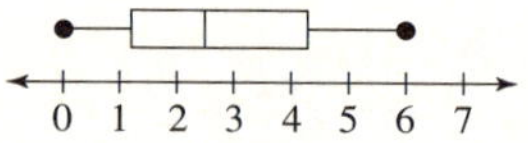

5b. El cuartil inferior sería de 1.5, el cuartil del medio sería de 3.5 y el superior seguiría siendo de 4.

6. 27 7. D2 8. 11 9. B2

10. Tendenciosa, porque la opinión es que Florida es agradable y el Ártico, no

11. Imparcial, porque no se da una opinión

12. semana 1 13. semana 4

14. 123 ciervos 15. 760 pájaros 16. 3 amigos

Capítulo 11 Prueba Versión A

1. tabla de frecuencia

Número de horas	Cuenta	Frecuencia
0	I	1
1	III	3
1.5	I	1
2	I	1
2.5	II	2
3.5	III	3
4	II	2
5.5	I	1
6	I	1

2. diagrama de puntos

	x				x			
	x			x	x	x		
x	x	x	x	x	x	x	x	x
0	1	1.5	2	2.5	3.5	4	5.5	6

3.

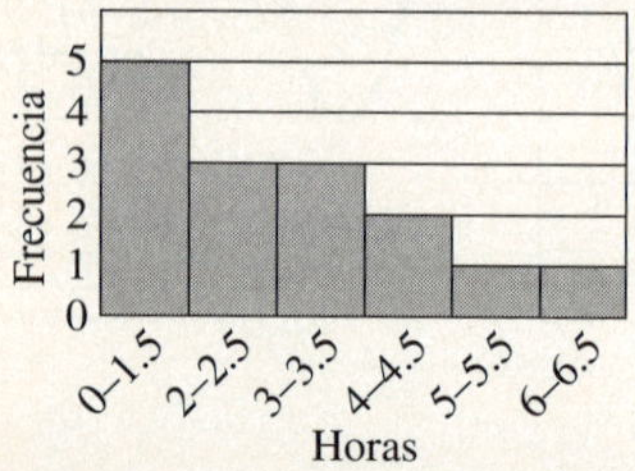

Capítulo 11 Prueba Versión B

1. tabla de frecuencia

Número de minutos	Cuenta	Frecuencia
0	I	1
10	II	2
15	I	1
20	I	1
25	II	2
30	III	3
35	II	2
40	I	1
45	II	2
50	II	2
60	II	2
90	I	1

2. diagrama de puntos

					x						
	x			x	x	x		x	x	x	
x	x	x	x	x	x	x	x	x	x	x	x
0	10	15	20	25	30	35	40	45	50	60	90

3.

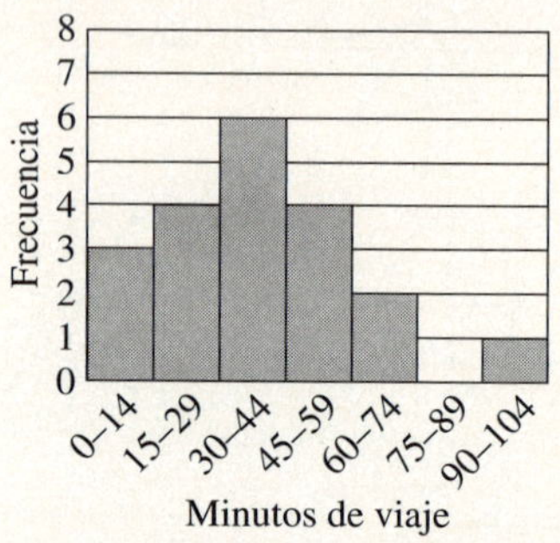

Nombre ______________________ Clase ______________ Fecha ______________

Respuestas (continuación)

Capítulo 11 Prueba Versión B (continuación)

4.

Tallo	Hojas
0	0
1	0 0 5
2	0 5 5
3	0 0 0 5 5
4	0 5 5
5	0 0
6	0 0
9	0

Clave: 6 | 0 es igual a 60

5a.

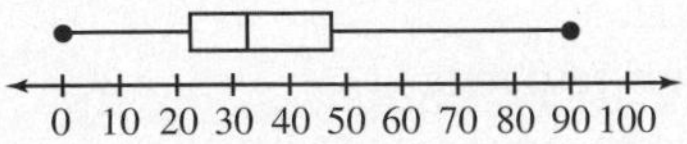

5b. El cuartil inferior sería de 25, el cuartil del medio sería de 35 y el superior sería de 50.

6. 1 **7.** C3 **8.** 2 **9.** A3

10. Tendenciosa, porque la opinión es que no es justo.

11. Imparcial, porque no se da una opinión.

12. febrero **13.** abril **14.** 57 alces

15. 1,411 coyotes **16.** Troy, Thomas, Terry, Ted

Capítulo 12 Prueba Versión A

1. $\frac{2}{3}$; $0.\overline{6}$; $66\frac{2}{3}\%$ **2.** $\frac{1}{3}$; $0.\overline{3}$; $33\frac{1}{3}\%$ **3.** 12%

4. 240 camisetas **5.** $\frac{3}{8}$ **6.** $\frac{3}{8}$ **7.** $\frac{1}{4}$

8. $\frac{3}{4}$ **9.** $\frac{5}{8}$ **10.** $\frac{1}{4}$ **11.** $\frac{3}{10}$ **12.** $\frac{2}{5}$

13. $\frac{4}{5}$ **14.** $\frac{7}{10}$ **15.** $\frac{1}{45}$ **16.** $\frac{2}{5}$ **17.** $\frac{1}{32}$

18. $\frac{1}{64}$ **19.** CCC, CXC, CXX, XCC, XXC, XCX, XXX, CCX

20. $\frac{3}{8}$ **21.** $\frac{1}{2}$ **22.** 60 gansos

23. 20 permutaciones **24.** 10 combinaciones

25. Respuesta de ejemplo: haz una rueda con los números 1 a 9. Luego, gira la rueda hasta que todos los números salgan por lo menos una vez. Cuenta el número de vueltas.

26. 36 combinaciones **27.** 72 combinaciones

Capítulo 12 Prueba Versión B

1. $\frac{5}{9}$; $0.\overline{5}$; $55\frac{5}{9}\%$ **2.** $\frac{4}{9}$; $0.\overline{4}$; $44\frac{4}{9}\%$ **3.** 4.4%

4. 57 cámaras **5.** $\frac{1}{6}$ **6.** $\frac{1}{2}$ **7.** $\frac{5}{6}$

8. $\frac{1}{2}$ **9.** $\frac{1}{2}$ **10.** $\frac{1}{3}$ **11.** $\frac{1}{5}$ **12.** $\frac{8}{15}$

13. $\frac{4}{5}$ **14.** $\frac{2}{3}$ **15.** $\frac{1}{10}$ **16.** $\frac{7}{15}$ **17.** $\frac{1}{12}$

18. $\frac{1}{36}$

19. CCCC, CCCX, CCXC, CXCC, XCCC, CCXX, CXXC, CXCX, XXCC, XCCX, XCXC, XXXC, XXCX, XCXX, CXXX, XXXX

20. $\frac{1}{4}$ **21.** $\frac{11}{16}$ **22.** 64 gansos

23. 120 permutaciones **24.** 5 combinaciones

25. Respuesta de ejemplo: haz una rueda con los números 1 a 4. Luego, gira la rueda hasta que todos los números salgan por lo menos una vez. Cuenta el número de vueltas.

26. 24 combinaciones **27.** 48 combinaciones

Capítulo 1 Repaso acumulativo

1. A **2.** H **3.** A **4.** G **5.** A **6.** F
7. B **8.** G **9.** A **10.** I **11.** C **12.** I
13. D **14.** H **15.** A **16.** H **17.** A **18.** F
19. D **20.** I **21.** A **22.** −2; 1; 3

Capítulo 2 Repaso acumulativo

1. D **2.** F **3.** C **4.** G **5.** D **6.** F
7. D **8.** G **9.** B **10.** H **11.** A **12.** H
13. A **14.** G **15.** C **16.** I **17.** C **18.** G
19. C **20.** H **21.** D **22.** suma y multiplicación

Capítulo 3 Repaso acumulativo

1. A **2.** H **3.** B **4.** H **5.** D
6. I **7.** B **8.** F **9.** C **10.** H
11. D **12.** H **13.** B **14.** I **15.** D
16. H **17.** D **18.** F **19.** D **20.** H
21. 60 **22.** 3 mesas de 5 y 8 mesas de 8

23. Max anduvo más porque $1\frac{2}{3} > 1.6$.

24. Un número primo no tiene factores; sólo el 1 y él mismo. Un número compuesto tiene, al menos, otro factor además del 1 y él mismo. Respuesta de ejemplo: primo: 5; compuesto: 6

Capítulo 4 Repaso acumulativo

1. B **2.** I **3.** B **4.** F **5.** C
6. G **7.** B **8.** I **9.** B **10.** H
11. A **12.** G **13.** D **14.** F **15.** D
16. G **17.** A **18.** I **19.** C **20.** I
21. B **22.** I **23.** C **24.** 7:00 a.m.

Capítulo 5 Repaso acumulativo

1. A **2.** I **3.** B **4.** I **5.** B
6. G **7.** C **8.** I **9.** C **10.** I
11. B **12.** H **13.** A **14.** I **15.** C
16. H **17.** C **18.** H **19.** 120

20. Si los productos cruzados no son iguales, entonces, la razón no es una proporción; respuesta de ejemplo: cambia 39 por 38.

21. $0.09\overline{09}$; $0.18\overline{18}$; $0.27\overline{27}$; $0.36\overline{36}$; predicción: $0.45\overline{45}$; $0.54\overline{54}$

Capítulo 6 Repaso acumulativo

1. A **2.** G **3.** B **4.** H **5.** D **6.** F
7. C **8.** H **9.** D **10.** I **11.** B **12.** F
13. D **14.** I **15.** C **16.** H **17.** D **18.** I
19. A **20.** I **21.** B **22.** H **23.** B **24.** I
25. A **26.** 42%

27. Dado que $\frac{8}{24}$, ó $\frac{1}{3}$, no se relaciona con ningún decimal o porcentaje preciso, usar una fracción sería la única medición exacta.

28. Los decimales y los porcentajes se parecen, porque ambos son fracciones con denominadores que son múltiplos de diez.

Nombre ____________________ Clase ______________ Fecha ______________

Respuestas (continuación)

Capítulo 7 Repaso acumulativo

1. A	**2.** G	**3.** D	**4.** G	**5.** A
6. I	**7.** B	**8.** I	**9.** B	**10.** G
11. C	**12.** F	**13.** C	**14.** G	**15.** C
16. G	**17.** B	**18.** I	**19.** A	**20.** F
21. $\overline{FC}, \overline{FB}, \overline{FD}$		**22.** 4		

Capítulo 8 Repaso acumulativo

1. C	**2.** I	**3.** D	**4.** G	**5.** D
6. H	**7.** D	**8.** H	**9.** D	**10.** G
11. C	**12.** F	**13.** C	**14.** G	**15.** C
16. F	**17.** D	**18.** H	**19.** D	**20.** G

21. Igual; ambas razones, $\frac{32}{40}$ y $\frac{16}{20}$, se simplifican a $\frac{4}{5}$.

22.

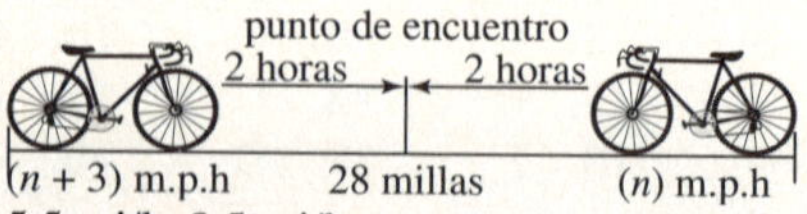

5.5 mi/h; 8.5 mi/h

Capítulo 9 Repaso acumulativo

1. A	**2.** I	**3.** C	**4.** I	**5.** B	**6.** H
7. D	**8.** F	**9.** C	**10.** G	**11.** D	**12.** H
13. C	**14.** F	**15.** C	**16.** I	**17.** C	**18.** I

19. Respuesta de ejemplo: los estudiantes ven menos televisión los martes o más televisión los sábados.

20. La familia de Justin.

Capítulo 10 Repaso acumulativo

1. C	**2.** G	**3.** D	**4.** G	**5.** A	**6.** G
7. D	**8.** H	**9.** B	**10.** H	**11.** D	**12.** G
13. A	**14.** H	**15.** B	**16.** F	**17.** 16 pies	

18. Respuesta de ejemplo: negativo por negativo es igual a positivo.

19. Ambas calificaciones son iguales porque 32 de 40 es $\frac{8}{10}$ ó $\frac{4}{5}$ y 24 de 30 también es $\frac{8}{10}$ ó $\frac{4}{5}$.

Capítulo 11 Repaso acumulativo

1. D	**2.** G	**3.** B	**4.** G	**5.** A
6. G	**7.** B	**8.** I	**9.** C	**10.** H
11. A	**12.** H	**13.** F	**14.** D	**15.** H
16. B	**17.** A	**18.** I		

19. Puede usar la tecla "más" para sumar números negativos.

20. Sería mejor la cuerda de tres pies porque se necesitarían menos mediciones para hallar el perímetro.

Capítulo 12 Repaso acumulativo

1. B	**2.** G	**3.** C	**4.** H	**5.** B
6. I	**7.** A	**8.** I	**9.** D	**10.** H
11. B	**12.** G	**13.** C	**14.** H	**15.** C
16. I	**17.** D	**18.** F	**19.** D	**20.** 2

21. Pendiente = 2; la pendiente es igual a la tasa de ahorro.

Capítulo 1 Evaluación alternativa Criterios de calificación

Ejercicio	Puntos	Explicación
1.	3	El pase de verano para el cine sería más barato si una persona viera más de 20 películas antes de las 5:00 p.m. o más de 12 a partir de las 5:00 p.m. O algún otro razonamiento similar.
	2	Razonamiento similar, pero con un error de cálculo
	1	Otro razonamiento O un razonamiento parcial
	0	No hay respuesta
2.	1	Cualquier respuesta justificada
	0	No hay una respuesta justificada
3.	1	Cualquier respuesta justificada sin un error de cálculo
	0	No hay respuesta O la respuesta es otra
4.	3	Entre \$165 y \$220; una entrada por semana es igual a \$4.50. El mínimo semanal por los refrigerios sería \$3.75 por persona. El máximo semanal sería \$6.50 por persona. Por lo tanto, $(2 \times \$4.50 \times 10) + (2 \times \$3.75 \times 10) = \$90.00 + \$75.00 = \$165.00$; $(2 \times \$4.50 \times 10) + (2 \times \$6.50 \times 10) = \$90.00 + \$130.00 = \$220.00$.
	2	El proceso es correcto pero usa un número incorrecto de semanas O halla el rango correcto de \$82.50 − \$110.00 para un solo niño
	1	Otro proceso parcialmente correcto O una respuesta parcialmente correcta.
	0	No hay respuesta O la respuesta es otra
5.	2	Al menos 3 tareas con cantidades razonables
	1	Una o dos tareas con cantidades razonables
	0	No hay respuesta O la respuesta es otra
Incursión en el tema	5	La cantidad de horas en las que se vio televisión o se usó Internet antes y después de las 5:00 p.m.; multiplicada por las tasas correspondientes; proceso y totales correctos; explicaciones lógicas para comparar las películas vistas en televisión o en la computadora; exposición precisa de los datos y explicación por escrito.
	4	Igual que el caso anterior, excepto por 1 o 2 errores de cálculo o estimación
	3	Igual que el caso anterior, excepto por 3 o 4 errores
	2	Igual que el caso anterior, excepto por 5 o 6 errores
	1	Proceso parcialmente correcto
	0	No hay respuesta O la respuesta es otra

Respuestas (continuación)

Capítulo 2 Evaluación alternativa Criterios de calificación

Ejercicio	Puntos	Explicación
1.	2	\$15; 2(\$1.50) + 3(\$2) + 2(\$3)
	1	Proceso correcto con un error de cálculo
	0	Proceso incorrecto
2.	1	Seis cualesquiera, con la clase correcta al menos en cinco de las seis
	0	No hay respuesta O la respuesta es otra
3. a.	1	Expresión correcta para seis identificadas en la pregunta 2
	0	Expresión incorrecta
b.	1	Costo total correcto para seis identificadas en la pregunta 2
	0	Respuesta incorrecta
4.	1	Suma simplificada de las dos expresiones
	0	Respuesta incorrecta
5.	1	Respuesta aceptable que satisface los requisitos
	0	Respuesta incorrecta
6.	2	Con el paquete pequeño se ahorra \$6; \$21 − \$15 Con el paquete regular, \$10; \$35 − \$25 y con el paquete grande, \$22.50; \$87.50 − \$65
	1	Una cantidad incorrecta
	0	Dos o tres cantidades incorrectas O no hay respuesta
7.	1	Dos cualesquiera de la Clase A, tres de la Clase B y cuatro de la Clase C
	0	Número incorrecto de cualquier clase
Incursión en el tema	5	3 paquetes regulares + 2A = 3(\$25) + 2(\$1.50) = \$78; \$21 ahorrados
	4	3 paquetes regulares + 2A; no hay fallas en el razonamiento, parcialmente completo
	3	3 paquetes regulares + 2A; fallas en el razonamiento; parcialmente completo
	2	Respuesta incorrecta por error o errores de cálculo O razonamiento parcialmente correcto
	1	Respuesta incorrecta debido al proceso; razonamiento parcialmente incorrecto
	0	Otra respuesta incorrecta O no hay respuesta.

Capítulo 3 Evaluación alternativa Criterios de calificación

Ejercicio	Puntos	Explicación
1.	2	$\frac{1}{3}$, $\frac{19}{24}$, $\frac{11}{24}$, $\frac{3}{8}$, $\frac{1}{4}$
	1	Se enumeran las fracciones pero no en su mínima expresión O con algún otro error
	0	No hay respuesta O múltiples fracciones incorrectas
2.	1	Respuesta razonable con explicación
	0	No hay respuesta O la respuesta no es razonable O hay una respuesta razonable sin explicación
3.	3	Conjunto completo de respuestas razonables y fracciones correctamente expresadas
	2	Igual que el caso anterior pero con algunos errores al expresar las fracciones
	1	Conjunto incompleto de respuestas O conjunto completo de respuestas pero con muchos errores en las entradas y las fracciones
	0	No hay respuesta
4.	1	Respuesta razonable expresada en horas que muestra el método
	0	No hay respuesta O la respuesta no es suficiente O no se muestra el método
5.	3	Conjunto completo de respuestas (al menos 4) y fracciones correctamente expresadas.
	2	Al menos 3 respuestas O 4, pero 1 error en las fracciones
	1	Menos de 3 respuestas O 4 respuestas con más de un error en las fracciones
	0	No hay respuesta
Incursión en el tema	5	Identificación de la persona y justificación de la elección; al menos 2 tareas y fracciones correctas en su mínima expresión; al menos 3 actividades y fracciones en su mínima expresión
	4	Identificación de la persona y justificación, al menos 1 tarea y fracción correcta; al menos 2 actividades y fracciones (no es necesario que las fracciones estén en su mínima expresión)
	3	Identificación de la persona y justificación; al menos 1 tarea y fracción correcta; al menos 1 actividad y fracción
	2	Igual que en el caso anterior, excepto que no hay identificación de la persona O justificación
	1	Faltan elementos importantes y no contiene fracciones
	0	No hay respuesta

Respuestas (continuación)

Capítulo 4 Evaluación alternativa Criterios de calificación

Ejercicio	Puntos	Explicación
1.	2	$4\frac{1}{3}$ h; $21\frac{2}{3}$ h
	1	Una respuesta incorrecta
	0	Ambas respuestas son incorrectas
2.	2	Dos rutas con la explicación adecuada. (Las rutas posibles incluyen *E*→*D*→*A*→Casa y *E*→*A*→*B*→Casa→*A*→*E*)
	1	Dos rutas sin explicación O una ruta con una explicación adecuada
	0	No hay una respuesta razonable O rutas incorrectas sin explicación
3.	2	$7\frac{9}{10}$ h; 447 min
	1	Una respuesta correcta
	0	Ambas respuestas son incorrectas
4.	2	La ruta comienza en Casa (o Punto *B*) y termina en el Punto *B* (o Casa); $15\frac{1}{2}$ h (Casa→*D*→*E*→*A*→*B*→*C*→*D*→*A*→Casa→*B*)
	1	Ruta incorrecta con tiempo correcto O tiempo incorrecto con ruta correcta
	0	No hay una respuesta razonable O ruta incorrecta con tiempo incorrecto
5.	2	17 mi ($2\frac{5}{6} \div \frac{1}{6}$) con una explicación adecuada
	1	Respuesta incorrecta con una explicación adecuada O respuesta correcta con una explicación inadecuada
	0	No hay una respuesta razonable O respuesta incorrecta con explicación inadecuada
Incursión en el tema	5	Mapa que muestra las rutas con el tiempo estimado. El plan de entrenamiento es adecuado y está en coordinación con el mapa de modo tal que el tiempo total es aproximadamente 3 h por día. Explicación completa
	4	Mapa completo con la explicación como en el caso anterior; el plan de entrenamiento es incorrecto por error o errores de cálculo
	3	Mapa incompleto O explicación incompleta O plan de entrenamiento incompleto
	2	2 de los 3 puntos anteriores incompletos
	1	Los 3 puntos anteriores incompletos con mapa, plan de entrenamiento y explicación parciales
	0	No hay una respuesta razonable

Capítulo 5 Evaluación alternativa Criterios de calificación

Ejercicio	Puntos	Explicación
1.	2	Aproximadamente 1.6 millas; se considera que Martina está en buen estado físico
	1	Respuesta fuera del rango o criterio incorrecto
	0	No hay respuesta O la respuesta es incorrecta sin criterio
2.	2	Jeb no se encuentra en buen estado físico. Respuesta justificada por medio de un razonamiento proporcional
	1	La respuesta es incorrecta o la justificación no es suficiente
	0	No hay respuesta O respuesta incorrecta sin justificación
3.	2	Ambos estudiantes se encuentran casi en el mismo estado físico, de regular a bueno; respuesta justificada
	1	Respuesta correcta con justificación O respuesta incorrecta con justificación
	0	No hay respuesta O respuesta incorrecta sin justificación
4.	2	Explicación correcta del método; respuesta de 880 pies
	1	Método correcto con respuesta incorrecta O respuesta correcta sin explicación
	0	No hay respuesta O método incorrecto con respuesta incorrecta
5.	2	Gráfica correcta del tipo adecuado
	1	Gráfica incompleta, confusa o incorrecta
	0	No hay respuesta O el tipo de gráfica no es adecuado
Incursión en el tema	5	El plan incluye el objetivo y un cronograma de entrenamiento que aumenta la distancia o la velocidad
	4	El plan incluye el objetivo y presenta un cronograma de entrenamiento, pero le falta el concepto de dificultad en aumento
	3	El plan incluye el objetivo, pero sólo da una idea general del cronograma de entrenamiento
	2	El plan no incluye el objetivo, pero sí incluye un cronograma de entrenamiento
	1	El plan no incluye ni el objetivo ni el cronograma de entrenamiento
	0	No hay respuesta

Respuestas (continuación)

Capítulo 6 Evaluación alternativa Criterios de calificación

	1%	2%	3%	4%	5%	6%	7%	8%	9%
$1,000	$1,010	$1,020	$1,030	$1,040	$1,050	$1,060	$1,070	$1,080	$1,090
$2,000	$2,020	$2,040	$2,060	$2,080	$2,100	$2,120	$2,140	$2,160	$2,180
$3,000	$3,030	$3,060	$3,090	$3,120	$3,150	$3,180	$3,210	$3,240	$3,270
$4,000	$4,040	$4,080	$4,120	$4,160	$4,200	$4,240	$4,280	$4,320	$4,360
$5,000	$5,050	$5,100	$5,150	$5,200	$5,250	$5,300	$5,350	$5,400	$5,450
$6,000	$6,060	$6,120	$6,180	$6,240	$6,300	$6,360	$6,420	$6,480	$6,540
$7,000	$7,070	$7,140	$7,210	$7,280	$7,350	$7,420	$7,490	$7,560	$7,630
$8,000	$8,080	$8,160	$8,240	$8,320	$8,400	$8,480	$8,560	$8,640	$8,720
$9,000	$9,090	$9,180	$9,270	$9,360	$9,450	$9,540	$9,630	$9,720	$9,810

Ejercicio	Puntos	Explicación
1.	2	Todas las 75 partes de la tabla son correctas. Vea la tabla para las respuestas.
	1	Por lo menos 37 de las 75 partes de la tabla son correctas.
	0	No hay respuesta O menos de 37 de las 75 partes son incorrectas.
2.	1	0.01, 0.02, 0.03, 0.04, 0.05, 0.06, 0.07, 0.08, 0.09
	0	No hay respuesta o algunas son incorrectas.
3.	2	Halla el número intermedio entre $1,010 y $1,020; halla el número intermedio entre $5,400 y $5,450.
	1	Una respuesta es incorrecta.
	0	No hay respuesta o ambas son incorrectas.
4.	2	Halla el número intermedio entre $1,010 y $2,020; halla el número intermedio entre $6,360 y $7,420.
	1	Una respuesta es incorrecta.
	0	No hay respuesta o ambas son incorrectas.
5.	2	Respuesta de ejemplo: en la fila de $1,000, suma los montos del 1% y 9%; en la fila de $5,000, multiplica el monto del 6% por 2
	1	Una respuesta es correcta.
	0	No hay respuesta o ambas son incorrectas.
6.	1	$A = I + (I \times T)$
	0	No hay respuesta o la respuesta es incorrecta.
Incursión en el tema		Respuesta de ejemplo: Jocelyn necesita aproximadamente $15,000 para su primer año en la universidad. Usa $A = I + (I \times T)$ para calcular cuánto dinero necesitan darle a Jocelyn sus abuelos. $\$15{,}000 = I + (I \times 0.2)$ $I = \$12{,}500$ $\$15{,}000 = I + (I \times 0.3)$ $I = \$11{,}538.46$ $\$15{,}000 = I + (I \times 0.4)$ $I = \$10{,}714.29$ $\$15{,}000 = I + (I \times 0.5)$ $I = \$10{,}000$ $\$15{,}000 = I + (I \times 0.6)$ $I = \$9{,}375$
	5	Hay una estimación bien pensada, una tabla bien organizada, y se hace la conexión entre el interés y la cantidad total de dinero ahorrado.
	4	Hay una estimación bien pensada, la tabla está organizada, se establece la conexión entre el interés y la cantidad total de dinero ahorrado, pero la respuesta no está muy organizada.
	3	Hay una estimación bien pensada, la tabla está organizada, se establece la conexión entre el interés y la cantidad de dinero ahorrado, pero la respuesta no está muy organizada y algunos de los cálculos son incorrectos.
	2	La estimación no es realista. La respuesta carece de organización o hay algunos errores de cálculo.
	1	La estimación no es realista. La respuesta carece de organización y hay varios errores de cálculo.
	0	No hay respuesta.

Capítulo 7 Evaluación alternativa Criterios de calificación

Ejercicio	Puntos	Explicación
1	1	Diseño con cuadrados rotados o cambiados Ejemplo: 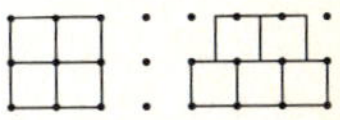
	0	Respuesta incorrecta.
2	1	No; los triángulos no son equiláteros (regulares).
	0	Respuesta incorrecta O no hay explicación
3	1	Cuatro triángulos equiláteros dentro de cada uno de los triángulos de Ira Ejemplo: 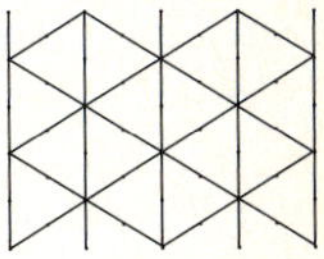
	0	No hay respuesta.
4	1	No, o un intento incorrecto pero razonable.
	0	No hay respuesta.
5	1	Sí Ejemplo: 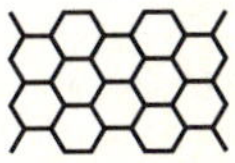
	0	Respuesta incorrecta.
6a–c	1	360°
	0	Respuesta incorrecta.

Respuestas (continuación)

Capítulo 7 Evaluación alternativa Criterios de calificación (continuación)

7	2	La suma de las medidas de los ángulos en cualquier vértice de estos patrones es 360º.
	1	Conclusiones incorrectas debido a un error de cálculo
	0	Respuesta totalmente incorrecta O no hay respuesta
Incursión en el tema	5	Dos diseños que siguen las indicaciones
	4	Igual que en el caso anterior, pero con un polígono irregular
	3	Igual que en el caso anterior, pero sin cubrir todas las áreas
	2	Un diseño correcto
	1	Se muestran los polígonos en un intento de hallar el diseño
	0	No hay respuesta

Ejemplo del primer diseño

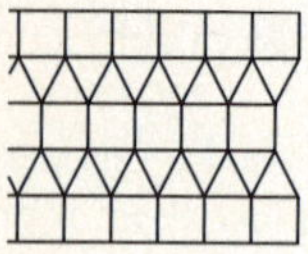

Ejemplos del segundo diseño

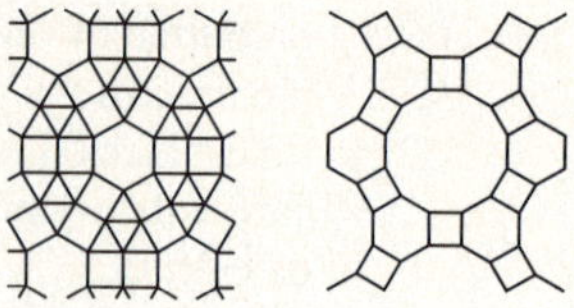

Capítulo 8 Evaluación alternativa Criterios de calificación

Ejercicio	Puntos	Explicación
1.	4	Círculo con una escala dada; el camino en zigzag dibujado en un ángulo de 45º respecto del viento; hay segmentos del camino correctamente rotulados
	3	Círculo con una escala dada; el camino en zigzag dibujado en un ángulo de 45º respecto del viento; hay segmentos del camino incorrectamente rotulados
	2	Círculo con una escala dada; parte del camino dibujado en un ángulo de 45º respecto del viento
	1	Círculo con una escala incorrecta; todo el camino incorrectamente dibujado
	0	No hay respuesta
2. a.	1	Estimación aproximada de 1,400 yd
	0	Incorrecta O no hay respuesta
b–c.	1	No
	0	Incorrecta O no hay respuesta
d.	1	Todos los caminos tendrían la misma longitud total y serían iguales al camino extremo, es decir, un viraje de 45º hacia la izquierda para la mitad del viaje y luego un viraje de 45º hacia la derecha para la segunda mitad del viaje; un total aproximado de 1,400 yd
	0	No hay respuesta
3.	2	Aproximadamente 87.5 pies^2 (0.5 $\times$ 17.5 pies $\times$ 10 pies)
	1	Respuesta incorrecta debido a un error de cálculo
	0	Proceso y respuesta incorrectos
Incursión en el tema	5	Dimensiones rotuladas; barco *a.* aproximadamente 88 pies^2; barco *b.* aproximadamente 95 pies^2. El barco más largo tiene la vela más pequeña. No, el barco más largo necesitaría probablemente una vela más grande
	4	Igual que en el caso anterior, excepto con un área incorrecta
	3	Igual que en el caso anterior, excepto con una dimensión incorrecta
	2	*Proceso* correcto para hallar las dimensiones y las áreas
	1	Intento parcialmente correcto de hallar las dimensiones y las áreas
	0	Otra respuesta incorrecta O no hay respuesta

Capítulo 9 Evaluación alternativa Criterios de calificación

Ejercicio	Puntos	Explicación
1.	2	No se muestra un patrón en los datos. Aunque en algunos casos la altura es mayor que la extensión, esto no siempre es verdadero O hay otra respuesta justificada
	1	Respuesta acerca de la ausencia de patrón sin explicación
	0	Se responde acerca del patrón O no hay respuesta
2.	2	El patrón se considera probable y se da una explicación
	1	El patrón se considera probable pero no se da una explicación
	0	El patrón se considera improbable O no hay respuesta
3. a.	2	Se da una tabla de función correcta; se muestran los rótulos La tabla debería asemejarse a la siguiente:

Circunferencia en pulgadas	5	10	15
Edad del árbol	5	10	15

	1	Tabla de función incompleta o incorrecta
	0	No hay respuesta

Respuestas (continuación)

Ejercicio	Puntos	Explicación
b.	2	Se da una tabla de función correcta; se muestran los rótulos La tabla debería asemejarse a la siguiente:

Circunferencia en centímetros	10	20	30
Edad del árbol	4	8	12

Ejercicio	Puntos	Explicación
	1	Tabla de función incompleta O incorrecta
	0	No hay respuesta
4.	2	Se opta por la gráfica C y se da una explicación
	1	Se opta por la gráfica C sin explicación O por las gráficas A ó B y se da una explicación
	0	No hay respuesta O la respuesta es otra
Incursión en el tema	5	La carta incluye los siete elementos que se piden
	4	La carta cubre cinco o seis elementos, incluyendo las medidas
	3	La carta cubre tres o cuatro elementos, incluyendo las medidas
	2	La carta cubre al menos tres elementos, pero no incluye las medidas
	1	La carta cubre menos de tres elementos
	0	No hay respuesta

Capítulo 10 Evaluación alternativa Criterios de calificación

Ejercicio	Puntos	Explicación
1.	1	La montaña B parece más empinada y, por lo tanto, más difícil de escalar
	0	No hay respuesta O la respuesta es incorrecta
2.	1	Se marca un sendero de círculo, uno de cuadrado y uno de diamante, y a cada uno se le asigna un nombre adecuado
	0	No hay respuesta O la respuesta es incorrecta
3.	1	Cada pendiente está perfilada con precisión
	0	No hay respuesta O la respuesta es incorrecta
4. a.	2	Cualquier parte del sendero Marlboro de 1,900 a 2,200; cualquier parte del sendero Dublín de 2,000 a 2,400
	1	La parte más empinada de un sendero está correctamente marcada
	0	No hay respuesta O ambos senderos están incorrectamente marcados
b.	2	Cualquier parte del sendero Marlboro desde la calle hasta 1,800; cualquier parte del sendero Dublín desde la calle hasta 1,900
	1	La parte menos empinada de un sendero está correctamente marcada
	0	No hay respuesta O ambos senderos están incorrectamente marcados
c.	2	El sendero Marlboro es un poco más empinado o los senderos son casi iguales; buena explicación
	1	El sendero Marlboro es un poco más empinado o los senderos son casi iguales pero no hay explicación O el sendero Dublín es más empinado y hay justificación
	0	No hay respuesta O la respuesta es incorrecta y no hay explicación
d.	1	Cualquier respuesta justificada
	0	No hay respuesta O la opción se dio sin justificación
Incursión en el tema	5	Se dan al menos 4 ejemplos, con clasificación Las posibilidades incluyen montañas, calles, juegos, parques de diversiones, rampas de acceso para discapacitados, escaleras, techos, elevadores, etc.; elección justificada de la pendiente más empinada
	4	Se dan 4 ejemplos pero falta la clasificación, la elección o la justificación
	3	Se dan al menos 3 ejemplos, pero faltan otros elementos
	2	Se dan al menos 2 ejemplos, pero faltan otros elementos
	1	Se da un ejemplo O varios ejemplos pero faltan otros elementos
	0	No hay respuesta

Capítulo 11 Evaluación alternativa Criterios de calificación

Ejercicio	Puntos	Explicación
1.	2	Gráfica rotulada y precisa
	1	Gráfica parcialmente correcta
	0	No hay respuesta
2.	4	Horario con una persona identificada como cajero y la cantidad correcta de asistentes por cada hora. (Nadie puede trabajar menos de dos horas o más de cuatro.)
	3	Uno o dos errores
	2	Tres o cuatro errores
	1	Cinco o seis errores
	0	Siete errores o más
3.	1	Sí o no con una explicación satisfactoria
	0	No hay una respuesta justificada
4.	2	Muestra las ventas totales según la cantidad de clientes; aproximadamente $2; los puntos estarían todos en línea recta
	1	Muestra las ventas totales según la cantidad de clientes; monto incorrecto por cliente debido a un error o errores de cálculo; no hay una conclusión válida
	0	Respuesta incorrecta O no hay respuesta

Respuestas (continuación)

Capítulo 11 Evaluación alternativa Criterios de calificación (continuación)

Incursión en el tema	5	Descripción completa de un trabajo realista, las actividades, el horario y la cantidad de dinero ganado en una hora, una semana y un mes
	4	Descripción completa de lo anterior; salario semanal o mensual incorrecto debido a un error o errores de cálculo
	3	Descripción completa; ingreso por hora no realista; proceso correcto para el salario semanal y mensual
	2	Descripción parcial; no hay salario o éste no es realista o el proceso es incorrecto
	1	Descripción parcial del trabajo
	0	No hay respuesta

Capítulo 12 Evaluación alternativa Criterios de calificación

Ejercicio	Puntos	Explicación
1.	1	Se observa correctamente que los nombres populares de varones cambian menos O que cambia el orden de los nombres de varones pero la mayor parte de los nombres permanece en la lista O que los nombres de las niñas cambian en forma más permanente, etc.
	0	No hay respuesta O la observación es incorrecta
2.	1	Se elige un nombre de varón como más fácil de predecir y se da una explicación
	0	No hay respuesta O la respuesta carece de explicación
3. a y b.	1	26 porque hay 26 letras en el alfabeto inglés
	0	No hay respuesta O la respuesta es incorrecta O no hay justificación
4.	1	Diagrama parcialmente correcto con diversificación que indica que la primera inicial puede combinarse con 26 iniciales finales diferentes
	0	No hay respuesta O el diagrama es incorrecto
5.	2	676 posibilidades; se da el método y la explicación
	1	Explicación y método correctos pero hay un error de cálculo
	0	No hay respuesta O el método es incorrecto
6.	1	Elección razonable de iniciales con explicación
	0	No hay respuesta O ésta no tiene explicación

Incursión en el tema	5	Reglas correctas; cálculo correcto basado en las reglas dadas; evaluación correcta de las necesidades futuras
	4	Reglas claras; error menor de cálculo O evaluación deficiente
	3	Se dan reglas; cálculo insuficiente; no hay evaluación
	2	Las reglas no son claras O no hay cálculo ni evaluación
	1	Las reglas no son claras; no hay cálculo ni evaluación O no hay reglas
	0	No hay respuesta

Prueba del 1er cuarto de curso, Versión A

1. 65 **2.** 0.5366 m **3.** \$28.67 **4.** 2,500 **5.** 16 **6.** -3 **7.** -50 metros por minuto **8.** $5(1.25) + 5(2.5) = 18.75$ horas **9.** $-2, \frac{-7}{8}, \frac{1}{4}, 0.3$ **10.** 25 **11.** $d = 13$ **12.** $p = 105$ **13.** $x = -40$ **14.** $x - 4 = 3$ **15.** $15x = 60; x = 4$ **16.** Suma -11 a ambas partes de la ecuación y después divide por 3 para hallar $t = -7$. **17.** $\$0.79c + \$3.98 = \$7.93$ **18.** la cantidad total dividida por 4 más 5 **19.** $x < -3$ **20.** $x \geq 7.255$ **21.** $m > -30$ **22.** 675 **23.** 7.0×10^9 **24.** 90 **25.** $\frac{6}{7}$ **26.** $\frac{8}{11}, \frac{7}{9}, \frac{9}{10}$ **27.** Hay 6 opciones: *henley* en rojo, *henley* en verde, *henley* en azul, con cuello redondo en rojo, con cuello redondo en verde, con cuello redondo en azul **28.** $2\frac{1}{7}$ **29.** 11 negativos **30.** 77 **31.** media = 12.625; mediana = 11; moda = 8 **32.** Las calificaciones son iguales: $\frac{32}{40} = 0.8$ y $\frac{24}{30} = 0.8$ **33.** El mecánico trabajó 3 horas arreglando tu barco. $42x + 72.16 = 198.16; 42x = 126; x = 3$

Prueba del 1er cuarto de curso, Versión B

1. 175 **2.** 1.33 segundos **3.** \$19.16 **4.** 0.320 **5.** 21 **6.** 70 puntos **7.** -325 **8.** $5(1.25 + 1.5) = 13.75$ **9.** $-2, \frac{-1}{2}, 0.5, \frac{2}{3}$ **10.** 17 **11.** $e = 13.9$ **12.** $t = 17.2$ **13.** $x = -7$ **14.** $x - 72 = 12$ **15.** $5x = 30; x = 6$ **16.** Restar 3 de ambos lados de la ecuación, luego multiplicar por 4 para hallar $j = -40$. **17.** $\$.30j + \$1.19 = \$2.99$ **18.** 5 menos 2 veces la cantidad **19.** $x \geq -1$ **20.** $x \leq 5.6$ **21.** $m < -40$ **22.** 70 **23.** 5.96×10^5 **24.** Respuestas de ejemplo: 12, 24, 36, 48, 60, 72, 84, ó 96 **25.** $\frac{7}{12}$ **26.** $\frac{1}{4}, \frac{5}{6}, \frac{11}{12}$ **27.** 6 opciones; *henley*-amarilla, *henley*-violeta, *henley*-azul; cuello en v-amarilla, cuello en v-violeta, cuello en v-azul **28.** $2\frac{5}{6}$ **29.** 20 minutos **30.** 14 **31.** Media = 13.14; mediana = 11; moda = 9 **32.** Lauren fue la más exitosa con $\frac{7}{10} = 0.7$. Erin tuvo $\frac{3}{7} = 0.428$. **33.** Llevó 3 horas reparar tu computadora. $\$45x + \$32.16 = \$167.16; \$45x = \$135; x = 3$

Respuestas (continuación)

Prueba del 2º cuarto de curso, Versión A

1. 13 **2.** 2 **3.** 2 **4.** 8 **5.** 5 libras **6.** $\frac{5}{12}$ **7.** $\frac{43}{48}$ **8.** $5\frac{7}{12}$ yd **9.** Marissa; $\frac{3}{8}$ millas **10.** 7 **11.** $\frac{7}{16}$ **12.** $x = \frac{3}{4}$ **13.** 2:35 p.m. **14.** 0.25 **15.** $5\frac{1}{5}$ porciones **16.** 42 minutos **17.** 24 : 18, $\frac{24}{18}$ **18.** 4 intentos de pase por cada pase realizado. **19.** 256 puntos **20.** no; $\frac{12{,}000}{8} \neq \frac{8{,}000}{5}$ **21.** 4 **22.** 75 pies **23.** 5 millas = 1 pulgada **24.** 2.3% **25.** 0.4 **26.** 140% **27.** $\frac{47}{100}$ **28.** $33\frac{1}{3}\%$ **29.** 980 **30.** 569 **31.** \$61.56 **32.** 14% **33.** 28 **34.** 80 **35.** Respuesta de ejemplo: un dibujo ampliado o reducido de un objeto que es similar a un objeto real **36.** $12x + \$750 = \$2{,}250$; \$125 **37.** \$466

Prueba del 2º cuarto de curso, Versión B

1. 15 **2.** 9 **3.** 2 **4.** $5\frac{1}{2}$ **5.** 6 **6.** $\frac{47}{60}$ **7.** $\frac{5}{8}$ **8.** $15\frac{13}{20}$ millas **9.** Martha; $\frac{3}{8}$ millas **10.** $7\frac{1}{2}$ **11.** $\frac{49}{80}$ **12.** $\frac{1}{3}$ **13.** \$9.35 **14.** 2,800 **15.** 4 trozos **16.** 40 horas **17.** 16 : 14, $\frac{16}{14}$ **18.** 4 lanzamientos por foul **19.** 48 goles **20.** no; $\frac{12{,}000}{11} \neq \frac{9{,}000}{9}$ **21.** 18 **22.** 225 pies **23.** 5 millas = 1 pulgada **24.** 5.8% **25.** 0.72 **26.** 112.5% **27.** $\frac{7}{20}$ **28.** 25% **29.** \$100 **30.** 452 **31.** El par de esquíes de \$95 que tienen un 10% de descuento **32.** 25% **33.** 45 **34.** \$25,000 **35.** Respuesta de ejemplo: la razón que compara la longitud de un dibujo con la longitud correspondiente de un objeto real **36.** $24x + \$300 = \$2{,}100$; \$75.00 **37.** \$442.40

Prueba del 3er cuarto de curso, Versión A

1. 

2. agudo **3.** 61° **4.** *D* es el punto medio de $\overline{LM}$. **5.** recto, obtuso y agudo. **6.** 58° **7.** hexágono **8.** 142.8 millas **9a.** $\triangle FDE$ **9b.** $\triangle DEF$ **10.** $\overline{RT}$ **11.** 43.4% **12.** 10.07 cm^2 **13.** 162 $pulg^2$ **14.** 10 **15.** 19.2 **16.** prisma rectangular **17.** 1,350 m^2 **18.** −243, 729 **19.** \$4.76, \$5.95 **20.** $f(n) = n^2$ **21.** \$306.31 **22.** $a = 4(c + b)$ **23.** 8 cm^2 **24.** 240 $pulg^3$ **25.** 90°, 48°; $180 = 90 + 42 + x$ **26.** paralelogramo **27.** $C = 84.78$ pies; $A = 572.3$ $pies^2$

Prueba del 3er cuarto de curso, Versión B

1. 

2. obtuso **3.** 151° **4.** $\overline{AC}, \overline{GE}, \overline{DB}$ **5.** escaleno, equilátero, isósceles. **6.** 86° **7.** octágono **8.** 15 partidos **9a.** $\angle Q$ **9b.** $\angle R$ **10.** $\overline{XT}, \overline{XR}, \overline{TS}$, o $\overline{RS}$ **11.** \$510 **12.** 999 m^2 **13.** 110 dm^2 **14.** 12 **15.** 12 **16.** cono **17.** 132 $pies^2$ **18.** 12.5, 6.25 **19.** \$19.96; \$24.95 **20.** $f(n) = n^3$ **21.** \$552.90 **22.** $\frac{A}{2\pi} = r$ **23.** 16 cm^2 **24.** 1,260 $pulg^3$ **25.** 39°; $180 = 102 + x + x$; $2x = 78$; $x = 39°$ **26.** cuadrado, rectángulo, rombo y paralelogramo. **27.** $C = 201.0$ pies; $A = 3{,}215.4$ $pies^2$

Prueba del 4º cuarto de curso, Versión A

1. cuarto cuadrante **2.** (−3, −1) **3.** $y = -2x + 1$, porque la pendiente es negativa. **4.** punto *D* **5.** $y = |x - 4|$ **6.** (1, 2) **7.** $(3, -2) \rightarrow (5, -5)$ **8.** 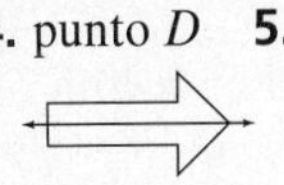 **9a.** no **9b.** 90° o $\frac{1}{4}$ giro **10.** \$110 **11.** $\frac{99}{436} = \frac{1{,}151}{x}$; $x = 5{,}069$ peces **12.** $\frac{1}{4}$ **13.** $\frac{2}{5}$ **14.** $\frac{1}{64}$ **15.** 840 **16.** 6 **17.** 2 **18.** 120 **19.** 20 **20.** Respuesta de ejemplo: *a*; al caminar por los pasillos de la escuela es más probable que halles una muestra más grande y variada de estudiantes; no todos los estudiantes usan una entrada en especial. **21.** media, más alta; moda, más baja; las respuestas varían **22.** Respuesta de ejemplo: debería incluir 3 unidades por intervalo para acomodar el patrón de datos de 21

Prueba del 4º cuarto de curso, Versión B

1. 3er cuadrante **2.** no **3.** $y = -5x - 1$ porque la pendiente es negativa **4.** punto *G* **5.** $y = -\frac{1}{4}x^2$ **6.** (1, −5) **7.** $(8, 3) \rightarrow (4, -3)$ **8.**  **9a.** no; **9b.** 180° ó $\frac{1}{2}$ giro **10.** 792 **11.** $\frac{50}{70} = \frac{436}{x}$; $x = 610$ aves **12.** $\frac{3}{4}$ **13.** $\frac{7}{16}$ **14.** $\frac{7}{30}$ **15.** 120 **16.** 720 **17.** 9 **18.** 30 **19.** 72 **20.** Respuesta de ejemplo: *b;* al estar parado frente a la biblioteca desde que abre hasta que cierra, es más probable que obtengas una muestra mayor y más variada. Puede haber más estudiantes (no votantes) que concurren a la biblioteca de 4 a 6 p.m. **21.** media, más alta; moda, más baja; las respuestas varían. **22.** Respuesta de ejemplo: el diagrama de puntos muestra 28 respuestas de solamente 24 estudiantes. Es probable que algunos estudiantes hayan participado en más de un deporte.

Prueba de mitad de curso, Versión A

1. \$31 **2.** \$18.70 **3.** \$34.02 **4.** 4.052 kg **5.** −13, −1, 3, 17, 19 **6.** 14,397 ft **7.** −\$2,250 **8.** 53,000 ft^2 **9.** 11 **10.** 5 **11.** 50 **12.** 24 **13.** 155 − (55 + 42) = 58 ratones **14.** El número es negativo porque un número positivo multiplicado por uno negativo es negativo. **15.** $3x + 6$ **16.** $y = -6$ **17.** $x = 24$ **18.** $150 = \frac{1}{2}x - 60$; $x = 420$ calorías **19.** $x < 7$ ó $7 > x$ **20.** $t \leq 28$ **21.** $t > 120$ **22.** 6 **23.** 5,930 **24.** 12 **25.** $\frac{1}{2}$ **26.** $\frac{1}{2} > \frac{13}{28}$; Liz **27.** 100 **28.** $\frac{20}{3}$ **29.** $-1, \frac{-2}{3}, \frac{1}{8}, 0.3$ **30.** $3 + 4\frac{1}{2} \approx 7\frac{1}{2}$ **31.** $\frac{1}{6}$ **32.** $\frac{3}{8}$ libra **33.** $2\frac{1}{2} \times 1\frac{2}{3} = 4\frac{1}{6}$ taza **34.** aproximadamente 260 clavos **35.** $\frac{1}{6}$ **36.** 3:30 p.m. **37.** 30 **38.** centímetro **39.** 5 a 9, 5:9, $\frac{5}{9}$ **40.** 1.7 **41.** 1.05 puntos/partido **42.** 3 latas por \$2 **43.** $\frac{2}{5}$ **44.** 10 horas **45.** 360 km **46.** 20% **47.** $\frac{2}{5}$, 0.53, $\frac{7}{12}$, 72% **48.** 40% **49.** 4% **50.** 144 **51.** 21 **52.** $34 \div 8 \approx 4\frac{1}{4}$ ó 4 **53.** 28.8

Respuestas (continuación)

Prueba de mitad de curso, Versión A (continuación)

54. Respuesta de ejemplo: -8 y 104. **55.** 8.49×10^4 millas **56.** Sí, los últimos tres dígitos (6, 4 y 0) son divisibles por 8; entonces, el número es divisible por 8. **57.** $2,976.80 **58.** 66% **59a.** $\frac{375}{60} = 6\frac{1}{4}$ horas **59b.** aproximadamente $300 **60.** $24.20 adicionales

Prueba de mitad de curso, Versión B

1. 102 **2.** $48.70 **3.** 76.5 libras **4.** 3,260 g **5.** $-12, -2, 4, 16, 20$ **6.** 7 yardas de pérdida **7.** 20 segundos **8.** 161 pulg^2 **9.** 16 **10.** 14 **11.** 4 **12.** 192 **13.** $x + 975 = 1{,}500$; 525 m^3 **14.** Stuart dividió -100 por 5 en lugar de multiplicar 5 por -100 para hallar $x = -500$. **15.** $\frac{n}{4} - 10$ **16.** $y = 4$ **17.** $x = 20$ **18.** $225 = \frac{1}{4}x - 20$; 980 calorías **19.** $7 \leq y$ ó $y \geq 7$ **20.** $n \geq 2$ **21.** $y \leq 7$ **22.** 33 **23.** 82,700 **24.** 15 **25.** $\frac{2}{5}$ **26.** El primer amigo es el que leyó menos. El segundo es el que leyó más. **27.** 72 m^2 **28.** $\frac{25}{7}$ **29.** $-2, \frac{-3}{4}, 0.6, \frac{2}{3}$ **30.** $6 + 2$ ó 8 **31.** $1\frac{5}{8}$ yd **32.** $2\frac{1}{2} + 3\frac{2}{3}$ ó $6\frac{1}{6}$ tazas **33.** $\frac{2}{3} \times \frac{3}{4}$ ó $\frac{1}{2}$ taza **34.** $12\frac{3}{4} \div \frac{3}{4}$ ó 17 cuadras **35.** $\frac{26}{55}$ **36.** 2:00 p.m. **37.** 1 lb 3 oz **38.** onzas **39.** 9:20, 9 a 20, $\frac{9}{20}$ **40.** 0.6 **41.** $2.95 **42.** 50 por $3.25 **43.** $\frac{3}{10}$ **44.** 20 meses **45.** 132 pies **46.** 70% **47.** 81%, $\frac{11}{13}, \frac{6}{7}$, 0.89 **48.** 27.7% **49.** $75,000 **50.** 61 **51.** 8 **52.** 3 **53.** 7 **54.** Respuesta de ejemplo: $-2, 15, 40$ **55.** Pacífico, 6.41863×10^7 mi^2; Atlántico, 3.342×10^7 mi^2 **56.** Sí, 8,592 es divisible por 3 porque la suma de los dígitos 8, 5, 9 y 2 es divisible por 3. **57.** $1,170.40 **58.** $29.40 **59a.** $\frac{435}{60} = 7\frac{1}{4}$ **59b.** aproximadamente $315; las respuestas varían. **60.** No; paga $12.00.

Prueba de final de curso, Versión A

1. 8 **2.** $2.20 **3.** $143.64 **4.** 5 yardas de pérdida **5.** $20, 0, -11, -12$ **6.** 20 semanas **7.** $r = 24$ **8.** Veintisiete negativo es tres veces un número. **9.** $x > -4$

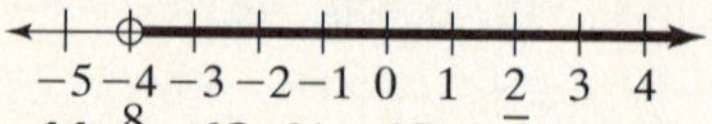

10. $x \leq -3$ **11.** $\frac{8}{9}$ **12.** 21 **13.** $0.\overline{6} < 0.75$ **14.**

15. 2, 3^2, y 7 **16.** $15\frac{9}{20}$ millas **17.** 28 oz **18.** $2\frac{1}{8}$ oz **19.** $\frac{1}{12}$ **20.** 5 lb 4 oz **21.** 16 a 11, 16:11, $\frac{16}{11}$ **22.** 365 **23.** $19.60 por 8 latas de chile **24.** sí, $\frac{55}{95} = \frac{55}{95}$ **25.** 12 **26.** 72%, $\frac{11}{15}, \frac{7}{9}$, 0.79 **27.** 0.009, $\frac{9}{1000}$ **28.** 66% **29.** 268 **30.** $92.98 **31.** 90 pies^2 **32a.** Respuesta de ejemplo: $\angle 13$ y $\angle 14$ ó $\angle 16$ y $\angle 17$ **32b.** $\overleftrightarrow{GH}$ **32c.** $\overleftrightarrow{AB} \parallel \overleftrightarrow{EF}$ **33.** isósceles **34.** 30° **35.** 80% de 360° ó 288° **36.** 480 cm^2 **37.** 12 pulgadas **38.** 1,846 pies^3 **39.** 2,232.5 m^2 **40.** 5.3 cm **41.** Respuesta de ejemplo: Ambos tienen un vértice y una base. Un cono tiene una superficie curva; todas las superficies de una pirámide son polígonos. **42.** $-3, -2, -1$ **43.** Respuesta de ejemplo: el nivel de gasolina en un tanque de combustible durante un viaje **44.** ballena: $d = 20t$; barracuda: $d = 30t$ **45.** $140.71 **46.** cuadrante 3

47.

x	1	2	3	4	5
y	$0.75	$1.50	$2.25	$3.00	$3.75

48. $\frac{1}{4}$ **49.** $y = |x - 3|$ **50.** $(3, -2)$ **51.** 21, 22, 22, 22, 23, 23, 24, 26, 29, 29 **52.** Hay 60 libros de ficción más en la biblioteca de la escuela C. **53.** una gráfica de doble barra **54.** 92.5 **55.** $\frac{8}{25}$

Prueba de final de curso, Versión B

1. 12 **2.** $38.78 **3.** $94.35 **4.** 925 m **5.** $-17, -15, 5, 30$ **6.** 8 días **7.** $j = -6$ **8.** un número menos 4 es tres negativo **9.** $x \leq -1$

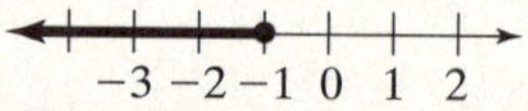

10. $x > 2$ **11.** $\frac{2}{3}$ **12.** 87 **13.** $\frac{20}{24} < \frac{21}{24}$ **14.** 29 **15.** 3, 5, y 7^2 **16.** $7\frac{3}{4}$ yardas **17.** 1,050 estampas **18.** 6 tablas **19.** 8 amigas **20.** 29 yardas 1 pie **21.** 14 a 19, 14:19, $\frac{14}{19}$ **22.** $\frac{4 \text{ pies}}{\text{seg}}$ **23.** la bolsa de 36 onzas **24.** no; $\frac{42}{56} \neq \frac{48}{56}$ **25.** 12 **26.** 0.39, $\frac{2}{5}$, 42%, $\frac{11}{24}$ **27.** 1.20, $1\frac{1}{5}$ **28.** 42.3% **29.** 800 **30.** $15.34 **31.** 64 cm^2 **32a.** Respuesta de ejemplo: $\overleftrightarrow{AB} \perp \overleftrightarrow{IJ}$ **32b.** $\overleftrightarrow{AB} \parallel \overleftrightarrow{EF}$ **32c.** Respuesta de ejemplo: $\angle 1$ y $\angle 2$ **33.** equilátero **34.** 23 cm **35.** Cuarenta por ciento para las rosas y las hierbas o 144°; veinte por ciento para los pensamientos o 72° **36.** 432 m^2 **37.** 26 pies **38.** 5,319 pies^3 **39.** 90 m^3 **40.** 121 pulg^2 **41.** Respuesta de ejemplo: Ambos tienen caras que son polígonos. Un prisma tiene dos pases paralelas; una pirámide tiene sólo una base. **42.** 3, 5, 9 **43.** Respuesta de ejemplo: la temperatura del cuerpo de una persona con fiebre después de haber tomado un medicamento. **44.** La barracuda habría recorrido una distancia de 180 millas. La ballena tardaría 9 horas en recorrer la misma distancia. **45.** $12.30 **46.** cuadrante 2

47.

x	1	2	3	4	5
y	$2.25	$4.50	$6.75	$9.00	$11.25

48. $-\frac{1}{2}$ **49.** $y = |x - 4|$ **50.** $(-6, 0)$ **51.** 3 **52.** 4 **53.** gráfica de doble línea **54.** 100 **55.** $\frac{7}{10}$, 70%, 0.7